史記

全本 全注 全译

〔汉〕司马迁 著
杨燕起 译注

三

书

岳麓書社·长沙

书

《史记》有八书。《太史公自序》说:“礼乐损益,律历改易,兵权山川鬼神,天人之际,承敝通变,作八书。”“书”是文化史、典章制度史。八书大体可分为政治(礼、乐、律、封禅)、自然科学(历、天官)、经济(河渠、平准)三类。除了历史变化的观点之外,司马迁强调“天人之际”,关注这些文化典制的思想价值;强调“承敝通变”,关注政治上适时变革的重要意义。故其中《天官》《封禅》《平准》三书显得特别重要,为历代学者所重视,尤其是《平准书》。“书”残缺较为严重,《史记》十篇“有录无书”,它占了三篇,故难以见司马迁思想的全貌。后来《汉书》则改“书”为“志”,将《礼》《乐》二书并为《礼乐志》,《律》《历》二书并为《律历志》,《天官书》改称《天文志》,《封禅书》改称《郊祀志》,《河渠书》改称《沟洫志》,《平准书》改称《食货志》,并增加了相关的内容。班固还增设了《刑法》《地理》《五行》《艺文》四志,《刑法》记法律,《地理》记区划,《五行》记灾异,《艺文》记图书,于政治思想统治都很重要,这比《史记》在记载上有了大的发展和进步,也反映了东汉时期统治手段更加严密,典章制度更加完善,这是司马迁所处时代难以表现的。“书”是司马迁所创设的重要史书体裁,后代发展为一种专门的“书志体”史家著述体例。

史记卷二十三

礼书第一[1]

原文

太史公曰：洋洋美德乎！[2]宰制万物，役使群众，岂人力也哉？[3]余至大行礼官，观三代损益，乃知缘人情而制礼，依人性而作仪，其所由来尚矣。[4]

原文

太史公说：美好盛大是礼的优良品格啊！主宰统治天地万物，奴役驱使广大群众，难道是人的强力所能做到的吗？我到过主管礼仪的大行官署，考察夏、商、周三代礼制减少或增加的情况，才知道根据人情来确定礼制，依照人性来规定仪则，这种情形由来已久了。

注释　**1** 本文为八书的第一篇，所以《史记索隐》有解释，说“八书，记国家大体”，是指记载重要的典章制度。而《史记正义》对“礼书”有解释，说“天地位，日月明，四时序，阴阳和，风雨节，群品滋茂，万物宰制，君臣朝廷尊卑贵贱有序，咸谓之礼。五经六籍，咸谓之书。故《曲礼》云‘道德仁义非礼不成，教训正俗非礼不备，分争辩讼非礼不决’云云”。这可以看出，古人对礼的认识是将它的概念放大了，除了指社会的行为规范之外，还包括自然现象的正常存在和一般的运行规律，在其机械的比附之中，含有一种深刻的哲理，是说礼具有调节人与自然、人与社会关系的双重职能,这对把人看作是社会历史的主体从而发挥其主观能动性,具有一定的积极意义。本篇开始所说的“宰制万物,役使群众”,大概也可以做这样的理解。 **2** 洋洋:美好盛大的样子。 德:指品格。 此句是赞美礼,而不是指天地。 **3** 宰制:主宰统治。 役使:奴役指使。 人力:指纯粹外在的、人为的强迫命令。 **4** 大行:秦官名,汉继之。主礼仪。汉景帝时改称大鸿胪,掌九宾之仪。 官:官府。《史记新证》以为大行礼官,谓大行治礼丞也,直至西汉末仍旧未改。 损益:增减。 缘:依缘,依据。 人情:人的感情。《礼记·礼运》:“何谓人情?喜、怒、哀、惧、爱、恶、欲,七者弗学而能。” 人性:人所共同具有的特点。历来不同思想家对此有着完全不同的解释。 仪:指人们行为的准则、法度。礼、仪连用,礼常指对人们的思想要求,仪则指体现礼的各种表现形式,故古代典籍有《礼记》,有《仪礼》。 尚:久远。 此句将礼仪的产生与发展,与人的情性和社会发展相结合,有其客观的现实意义。

人道经纬万端,规矩无所不贯,诱进以仁义,束缚以刑罚,故德厚者位尊,禄重者宠荣,所以总一海内而整齐万民也。[1]人体安驾乘,为之金舆错衡以繁其饰;[2]目好五色,为之黼黻文章以表其能;[3]耳乐钟磬,为之调谐八音

做人的道理纵横交错千头万绪,礼仪规矩没有一处不是贯通存在的,用仁义来诱导人们进取,用刑罚来约束人们的越轨行为,因此,道德修养高的人地位尊贵,俸禄优厚的人备受荣耀恩宠,这是统一海内而使万众人心一致的方法呀。人的身体以安然地驾车乘马为舒适,为此在车子上装饰黄金,在车前横木上镶嵌雕刻彩纹,用来增加饰物;人的眼睛喜欢五彩缤纷的颜色,为此在服装上刺绣花纹和图案,用来美化他的外表形态;人的耳朵爱听钟磬的声音,为此调和金石

以荡其心；[4]口甘五味，为之庶羞酸咸以致其美；[5]情好珍善，为之琢磨圭璧以通其意。[6]故大路越席，皮弁布裳，朱弦洞越，大羹玄酒，所以防其淫侈，救其凋敝。[7]是以君臣朝廷尊卑贵贱之序，下及黎庶车舆衣服宫室饮食嫁娶丧祭之分，事有宜适，物有节文。[8]仲尼曰："禘自既灌而往者，吾不欲观之矣。[9]"

丝竹匏土革木八种乐器，用来激荡人的内心；人嘴爱好五味，为此调制甜辣酸咸各种滋味，用来达到美食的目的；人的常情喜好珍贵美好的东西，为此雕琢打磨圭璧等玉器，用来顺适自己的心意。所以，古代帝王祭天用大路车、蒲草席，戴鹿皮帽，穿布衣裳，演奏用底部有孔的红弦瑟，祭祀用清肉汤、淡水酒，这是因为要防止奢侈，挽救讲求雕饰排场的衰败风气。因此上自朝廷君臣尊卑贵贱的秩序，下至黎民百姓的车马、衣服、住房、饮食、嫁娶、丧祭的等级区分，万事都有适当的分寸，万物都有节制的文饰。孔子说："鲁国的禘祭礼，从第一项献酒灌地往后，我就不想看下去了。"

注释　**1** 人道：关于处理人际之间等级关系的义理。　经纬万端：有纵横交错的万千端绪。经纬，纺织物的经线、纬线。竖为经，横为纬。　规矩：准则，规范。即指礼仪制度。　贯：贯通，贯穿。　禄：官阶，俸禄。**2** 驾乘：指驾车乘马。　金舆：用金装饰的车子。《史记集解》："《周礼》王之五路有金路。郑玄曰：'以金饰诸末。'"　错衡：涂饰着花纹的车轭。错，用金涂饰。衡，即轭，车辕头上的横木。　**3** 五色：指青、黄、赤、白、黑五种颜色。此泛指悦目的色彩。　黼黻（fǔ fú）：衣裳上所绣的花纹。黑白相间绣成斧形叫黼，黑青相间绣成两己相背（亞）的叫黻。　文章：错杂的色彩或花纹。青与赤相间叫文，赤与白相间叫章。　能：通"态"，形态。**4** 八音：以金、石、土、革、丝、木、匏、竹制作的乐器所发之音。金为钟,石为磬,土为埙,革为鼓,丝为琴瑟,木为柷敔,匏为笙等,竹为萧管。 荡:指荡涤邪秽。 5 五味:辛、酸、咸、苦、甘,此泛指各种美味。 庶羞:指众多的荤食。《史记集解》:"《周礼》曰:'羞用百有二十品。'郑玄曰:'羞出于牲及禽兽,以备其滋味,谓之庶羞。'"庶,众多。6 珍善:珍贵美好的物品。 琢磨:玉、石的加工方法。玉谓之琢,石谓之磨。 圭璧:泛指各种美玉。上尖下方的瑞玉叫圭,圆形的瑞玉叫璧。 7 大路:即"大辂(lù)",天子祭天时使用的木制车,取其质朴。 越(huó)席:结蒲为席,即蒲草席。越,一种蒲属植物。其茎可编席。 皮弁:以白鹿皮做的帽子。 布裳:白缯布所做的裳(下身所着)。 朱弦:用在琴瑟上的红色丝弦。 洞越(huó):瑟底开着小孔。 越,孔洞。《礼记·乐记》:"清庙之瑟,朱弦而疏越。" 大羹:又作"泰羹",不加调味的肉汤。 玄酒:行祭礼时当酒用的水。以其色黑故称为玄,当酒用,故称为玄酒。 凋敝:衰败。 8 序:等级,秩序。 分(fèn):名分。 节文:有节制的纹饰。 9 禘(dì):天子祭祀祖先的一种极为隆重的大祭之礼。周成王曾特许周公旦举行此祭,以后鲁国沿用。 灌:本作"祼(guàn)",代死者受祭的活人"尸"受祭酒后不饮而灌于地。这是祭祀中的一个环节,第一次献酒给尸这个环节叫"祼"。 不欲观之:鲁僖公是鲁闵公的哥哥,但做君主在后,当是闵公的臣子,而鲁文公祭祀时把僖公的神主排在闵公的前面,孔子认为乱了君臣尊卑名分,就不愿意看下去了。

周衰,礼废乐坏,大小相逾,管仲之家,兼备三归。[1]循法守正者见侮于世,奢溢僭差者谓之显荣。[2]自子夏,门人

周朝衰败以后,礼仪被荒废,乐制遭破坏,各等级的人们不分大小尊卑相互逾越本分,管仲是大夫之家,却有只应归于国君的市租常例。循规蹈矩守法正派的人在社会上被欺侮,奢侈过分越级悬殊的人被说成是显贵荣

之高弟也，犹云“出见纷华盛丽而说，入闻夫子之道而乐，二者心战，未能自决”，而况中庸以下，渐渍于失教，被服于成俗乎？[3]孔子曰“必也正名”，于卫所居不合。[4]仲尼没后，受业之徒沈湮而不举，或适齐、楚，或入河、海，岂不痛哉！[5]

耀。即使是子夏，这位孔子门下的高才生，还说“出门看到许多繁华艳丽的事物就非常高兴，回来听先生传授道理也十分快乐，这两种情绪在内心斗争，不能自己决定取舍”，何况那些中等才能以下的人，为不良教化的环境所浸染，为世俗所熏陶呢？孔子说“一定要正名”，因为他在卫国的所见所闻多数不合礼仪。孔子死后，那些接受过他传道授业的学生们沉沦湮没不被任用，有的人逃到齐国、楚国，有的人入居黄河、东海之滨，难道不痛心吗？

至秦有天下，悉内六国礼仪，采择其善，虽不合圣制，其尊君抑臣，朝廷济济，依古以来。[6]

到秦国统一天下以后，接受了六国的全部礼仪，选择其中好的施用，虽然不合乎圣人的制度，但是它尊崇君主，抑制臣僚，朝廷上下庄严恭敬的气氛，还是保存了依照古代制度所沿袭下来的礼仪。

注释　1 乐：有礼必有乐，故《史记》在《礼书》之后为《乐书》。　大小：不同等级身份的人。　逾：超越。此指超越礼制规范。　三归：《史记集解》引包氏曰：“三归，娶三姓女也。妇人谓嫁曰归。”近代郭嵩焘《史记札记》云：“此盖《管子》九府轻重之法，当就管子书求之。《山至数》篇曰：‘则民之三有归于上矣。’三归之名，实本于此……是所谓三归者，市租之常例之归之公者也。”郭说较为合理。还有另外的解释，或以为管仲的采邑名，或以为藏泉币的府库。　2 见：被。　奢溢：奢侈。溢，超过限度。　僭差(cī)：超越等级。僭，超越本分。差，分别等级。

3 自:连词,即使,纵然。 高弟:弟子中学识高者。 说:同“悦”。 夫子:对孔子的尊称。 中庸:中等才能的平常人。 渐渍(jiān zì):浸染。渐,浸润。渍,沾染。 被服:感受,蒙受。 4 必也正名:一定要把不相符的名分纠正过来使它与实际符合。语见《论语·子路》。公元前489年,孔子第二次到卫国,卫出公打算让孔子治理卫国,子路问孔子首先要做的是什么事,孔子回答了这句话,子路以为迂腐。 子卫所居不合:孔子曾多次进入卫国,又一次次离去。他的主张与卫国的习俗不相合。合,融洽,投契。 5 没:通“殁”,去世。 沈(chén)湮:沉沦埋没。沈,旧同“沉”。 举:选拔,任用。《史记正义》:“《论语》云:‘大师挚适齐,亚饭干适楚,鼓方叔入于河,少师阳、击磬襄入于海。’鲁哀公时,礼坏乐崩,人皆去也。”《史记新证》以为此可能出于壁中《论语》之古文。 6 内:“纳”的古字,采纳。 济济:庄严恭敬的样子。

至于高祖,光有四海,叔孙通颇有所增益减损,大抵皆袭秦故:自天子称号下至佐僚及宫室官名,少所变改。[1] 孝文即位,有司议欲定仪礼,孝文好道家之学,以为繁礼饰貌,无益于治,躬化谓何耳,故罢去之。[2] 孝景时,御史大夫晁错明于世务刑名[3],数干谏孝景

到了汉高祖,拥有广阔的天下以后,叔孙通对礼仪颇有些增加或删减,大体上都是沿袭秦代原来的礼制:从皇帝称号下至辅佐的官僚以及宫室官府名称,很少有改变的地方。孝文帝登上皇位,主管部门建议要重新制定礼仪,孝文帝爱好道家清静无为的学说,认为用烦琐的礼仪装饰外表,对治国安民没有益处,身体力行倡导节俭,因此停止讨论这件事。孝景帝时,御史大夫晁错通晓社会政务,又精通刑名法术的学问,多次不顾君主的意愿而劝谏孝景帝说:“诸

曰:“诸侯藩辅,臣子一例,古今之制也。今大国专治异政[4],不禀京师,恐不可传后。”孝景用其计,而六国畔逆[5],以错首名,天子诛错以解难。事在《袁盎》语中[6]。是后官者养交安禄而已,莫敢复议[7]。

侯是国君的屏障和辅佐,与臣僚属于同列,这是从古到今的制度。现在大的诸侯国专权治理,施行和朝廷不统一的政令,有事也不禀告京城,恐怕不可以让这种情况传给后代吧。”孝景帝采用晁错的削藩计策,七国以诛杀晁错为借口反叛朝廷,皇上就杀死晁错来解除危难。这件事的详细情况记载于《袁盎晁错列传》和《吴王濞列传》中。从这以后,当官的人都只培养交情,安享俸禄罢了,没有谁敢再议论礼制的事了。

注释 1 光:通“广”,广阔。 叔孙通:汉初儒生。《太史公自序》言“叔孙通定礼仪”,即指此。事详《刘敬叔孙通列传》。 大抵:大略,大归。 2 道家之学:指先秦以来主张听任自然、无为而治的一种学术主张。 躬化:以亲身的模范行为感化。《史记正义》:“《孝文本纪》云‘上身衣弋绨,所幸慎夫人令衣不曳地,帏帐不得文绣,治霸陵皆以瓦器。是躬化节俭,谓何嫌耳,不须繁礼饰貌也’。” 3 刑名:亦作“形名”,本指形体(或实际)和名称。先秦名家研究二者的关系,故又称刑名家或形名家。先秦法家主张循名责实,慎赏明罚,将“名”引申为法令、名分等,故又称刑名法术之学。晁错是汉初的法家人物,属后一类。 干谏:不顾君主的意志而劝说。 4 专治:不请示中央自行专擅而治。 异政:施行与朝廷政策相违背的政令。 5 六国畔逆:《史记志疑》案:“六”乃“七”字之误,《正义》甚谬。七国,指吴、楚、赵、济南、菑川、胶西、胶东。畔,通“叛”。 6 事在《袁盎》语中:《史记志疑》:“《盎传》止载解七国之策,不及诛晁错事,故《盎传》云‘其语具在《吴事》中’,则此处当云‘事在《袁盎》《吴王》

语中'。" 7 养交安禄:保持住交往关系而安于禄位。指官吏不过问国事,不图进取。

今上即位,招致儒术之士,令共定仪,十余年不就。或言古者太平,万民和喜,瑞应辨至[1],乃采风俗,定制作。上闻之,制诏御史曰:"盖受命而王,各有所由兴,殊路而同归,谓因民而作,追俗为制也。议者咸称太古,百姓何望[2]?汉亦一家之事,典法[3]不传,谓子孙何?化隆者闳博,治浅者褊狭,可不勉与?[4]"乃以太初之元改正朔,易服色,封太山,定宗庙百官之仪,以为典常,垂之于后云。[5]

当今皇上登临帝位,招揽通晓儒学的人士,下令共同制定礼仪,十多年没有成功。有的人说,古代太平盛世,万众和睦安乐,祥瑞兆应纷纷出现,于是采集各地风情民俗,确定礼仪制度。皇上听了这些话,颁发制书诏告御史说:"凡是接受天命做帝王的人,各自都有兴盛的条件,不同的道路共同归到一个原则,那就是根据民众实际制定礼仪,追随民情风俗建立制度。讨论礼制的人都称道遥远的古代,今天的百姓还能效法什么呢?汉朝也是一家帝王事业,自己的典章法度不能流传下去,对我们的子孙又说什么呢?教化兴隆时候的典仪气魄恢宏广博,政绩浅薄时候的典仪显得偏颇狭隘,可以不自勉吗?"于是从太初元年起,改用正月为一年的开始,改换服饰崇尚的颜色,封禅泰山,确定宗庙祭祀和百官的仪制,作为汉朝的常法,传给后人。

注释 1 瑞应:祥瑞的兆应。意谓上天对君主德政所传达的一种信息,即一种反应。内容广杂,随意而释。 辨:通"遍"。 2 望:人所瞻仰。此处为效法、遵循的意思。 3 典法:成为典则的法制。 4 化隆:教化兴隆。 治浅:政绩微薄。 5 太初之元:即太初元年(前 104)。从这年起汉行夏正,改以正月为岁首。 典常:常道,常法。

礼由人起。人生有欲,欲而不得则不能无忿,忿[1]而无度量则争,争则乱。先王恶其乱,故制礼义以养人之欲,给人之求,使欲不穷于物,物不屈于欲,二者相待而长,是礼之所起也。[2]故礼者养也。稻粱五味,所以养口也;椒兰芬茝,所以养鼻也;钟鼓管弦,所以养耳也;刻镂文章,所以养目也;疏房床笫几席,所以养体也。[3]故礼者养也。

礼是由于人产生的。人有欲望,欲望得不到满足,就难免会有愤怨,愤怨到没有分寸时就会有争斗,有争斗就会混乱。古代圣王厌恶这种混乱局面,因此制定礼仪来调护涵养人的身心,满足人的要求,使人的欲望不会因物质匮乏而感到不满足,物质也不因为满足人的欲望而显得缺少,物质和欲望两者互相协调才能长久,这就是礼产生的缘由。因此礼就是调护涵养。稻米高粱等五味食品,是用来调养口腹所需要的东西;椒树兰花芬芳的香草,是用来调养鼻子所需要的东西;钟鼓管弦音乐,是用来调养耳朵所需要的东西;雕刻镂制花纹图案,是用来调养眼睛所需要的东西;通明的房屋和舒适的床垫、几案、卧席,是用来调养身体所需要的东西。所以礼就是一种调养。

注释 1 忿:同“愤”,愤怒,愤恨。 2 恶(wù):憎恨,讨厌。 穷:尽。 屈(jué):竭。 3 茝(chǎi,又读 zhǐ):香草名。 刻镂:雕刻。 疏房:通明的房屋。疏,窗户。 笫(zǐ):床上竹编的垫子。 几:凭倚所用的长形小桌。 席:铺垫用具。

君子既得其养，又好其辨[1]也。所谓辨者，贵贱有等，长少有差，贫富轻重皆有称[2]也。故天子大路越席，所以养体也；侧载臭茝[3]，所以养鼻也；前有错衡，所以养目也；和鸾之声，步中《武》《象》，骤中《韶》《濩》，所以养耳也；[4]龙旂九斿，所以养信也；[5]寝兕持虎，鲛韅弥龙，所以养威也。[6]故大路之马，必信至教顺[7]，然后乘之，所以养安也。孰知夫出死要节之所以养生也，孰知夫轻费用之所以养财也，孰知夫恭敬辞让之所以养安也，孰知夫礼义文理之所以养情也。[8]

有道德修养的人已经获得了调护涵养，又喜好对调护涵养加以区别。所谓区别，是指高贵的和低贱的人应有等级，年长的和年幼的人要有差别，贫穷的富贵的、轻微的重要的都要与身份相称。所以天子乘大辂车用蒲草席，这是用来调护涵养身体的需要；车子两侧置放着香草，这是用来调护涵养鼻子嗅觉的需要；车子前面的横木镶嵌雕刻着彩图，这是用来调护涵养眼睛视觉的需要；和铃与鸾铃的叮当声，慢走时合乎《武》《象》音乐的节奏，快走时合乎《韶》《濩》音乐的节奏，这是用来调养耳朵听觉的需要；龙旗上装饰着九旒，这是用来确立信用标志或凭据的需要；车身上绘画着伏卧的犀牛和蹲着的猛虎，用鲛鱼皮做成马肚带，车箱两旁的扶手上装饰着金龙，这是用来保持和增加威严的需要。所以大辂车的马匹，一定要驯服到遵守信号顺从教令，然后才可以用它乘驾，这是用来提供安全的需要。谁不知道为树立名节而牺牲生命是为了使生命永垂不朽，谁不知道减少费用就是为了养蓄财货，谁不知道对人恭敬辞让就是为了养体安身，谁不知道讲究礼节仁义就是为了培养性情啊。

注释 1 辨:《荀子》作“别”,分别,辨别。指分别贵贱长幼贫富的等差。 2 称:谓各当其宜,即相称。 3 侧载:身旁放置。侧,指天子身旁、左右。载,置。 臭(xiù):气味。此指香气。 4 和鸾:挂在车和马上的两种铃。《说苑·谈丛》:“鸾设于镳(biāo,在马口旁),和设于轼,马动而鸾鸣,鸾鸣而和应行之节也。” 步:车缓行。 中:符合。《武》:周武王之乐名。《象》:周武王之舞名。 骤:车速行。 《韶》:舜之乐名。 《濩(huò)》:汤之乐名。 《史记正义》:“缓车则和鸾之音中于《武》《象》,骤车中于《韶》《濩》也。” 5 旂(qí):一种绣着一升一降的交龙、杆上挂有铃的旗帜。 斿(liú):同“旒”,旌旗的下垂饰物。 信:指为民众看见就认识和相信的标志。 6 寝兕持虎:把伏着的犀牛和蹲着的虎画在车上作为装饰。寝,伏。兕,雌性犀牛。持,或作“跱(zhì)”,蹲或坐着。有说画在车轮上,非。此不从《史记索隐》。 鲛韅(xiǎn):用鲛鱼皮做的马腹带。鲛,即鲨鱼。 弥龙:在倚较(车两旁扶手木,竖立者为倚,倚上横置者为较)上刻为交龙之形,饰之以金。 养威:保持和增加威严。 7 信至教顺:即指训练到最佳状态。发出信号就能按要求做到,发出教令就能完全顺从。 8 出死要节:出生入死,要立名节。 轻:减少,削弱。《荀子》作“出”。 文理:即礼。礼之饰叫文,礼之质叫理。

人苟生之为见,若者必死;苟利之为见,若者必害;怠惰之为安,若者必危;情胜之为安,若者必灭。[1]故圣人一之于礼义,则两得之矣;一之于情性,则两失之矣。[2]故儒者

人如果只以重视生命为目的,像这样的人一定是虽生犹死;人如果只以重视利益为目的,像这样的人一定受害;人如果把怠惰看成安逸,像这样的人一定会陷入危险;人如果把恣情任性视为安分,像这样的人一定会毁灭。所以圣人用礼义来统一情性,那么情和礼两者都得到了;如果用情性来统一礼义,那么情和礼两者都失掉了。因此,儒家学说会

将使人两得之者也，墨者[3]将使人两失之者也：是儒墨之分[4]。

使人两者都能得到，墨家学说会使人两者都失掉。这便是儒、墨两家的差别。

注释 1 苟：假若，如果。 为见：作为目的。 若：如此，这样。 情胜：感情胜于理智。 2 一之于：专一于，统一。 两：指礼义、情性二者。 3 墨者：奉行墨家学说的人。 4 分：分别，差别。

治辨之极也，强固之本也，威行之道也，功名之总也。[1]王公由之，所以一天下、臣诸侯也；弗由之，所以捐社稷也。[2]故坚革利兵不足以为胜，高城深池不足以为固，严令繁刑不足以为威。由其道[3]则行，不由其道则废。楚人鲛革犀兕所以为甲，坚如金石；宛之钜铁施，钻如蜂虿，轻利剽遬，卒如熛风。[4]然而兵殆于垂涉，唐昧死焉；庄蹻起，楚分而为四参。[5]是岂无坚革利兵哉？其所以统之者非其道故也。

礼是治理天下辨正名分的最高准则，国家强大坚固的根本，威权推行的途径，成就功业声名的总汇。帝王三公遵循礼治才可以统一天下，使诸侯臣服；不遵循礼治，就要失去国家。所以说，坚硬的铠甲、锋利的兵器不能完全保证胜利，高耸的城墙、深深的护城河不能保证坚固不破，严苛的法令、繁杂的刑罚不能完全保证威权。遵循礼义之道就成功，不遵循礼义之道就失败。楚国人用鲛鱼皮、犀牛皮制作铠甲，坚硬得像铁和石头一样；用宛城特别刚硬的铁打制长矛，刺人像蜂蝎一样锋利迅速，像疾风一样突然射到。然而在垂涉楚怀王全军溃败，大将唐昧阵亡了；庄蹻一起兵作乱，楚国就形成了四分五裂的局面。这难道是没有坚硬的铠甲、锋利的武器吗？大概是他们统治的手段汝颍以为险，江汉以为池，阻之以邓林，缘之以方城。[6]然而秦师至，鄢郢举，若振槁。[7]是岂无固塞险阻哉？其所以统之者非其道故也。纣剖比干，囚箕子，为炮格，刑杀无辜，时臣下懔然，莫必其命。[8]然而周师至，而令不行乎下，不能用其民。是岂令不严，刑不陖[9]哉？其所以统之者非其道故也。

没有遵循礼治的缘故吧。楚国以汝水、颍水为天险，以岷江、汉水为护城河，靠邓林与中原相阻隔，以方城山为外沿。然而秦国的军队到来，攻取了鄢郢，就像击落枯叶那样容易。这难道是没有坚固的要塞和险要的屏障吗？还是他们统治的手段没有遵循礼治的缘故吧。商纣王曾剖开比干的胸腔挖心，囚禁箕子，想出了炮格酷刑的主意，严刑杀害没有罪过的人，当时大臣们战战兢兢，没有谁敢说一定能保全性命。但是，西周的大军一到，商纣王的命令在臣民下面就行不通了，百姓再也不听他使唤了。这难道是纣的政令不严，刑罚不重吗？也是他统治的手段没有遵循礼治的缘故吧。

注释　1 治辨：治理国家，辨正名分。《史记索隐》："自此已下，皆是儒分之功也。"　强固：强大坚固。《史记正义》："言国以礼义，四方钦仰，无有攻伐，故为强而且坚固之本也。"　威行：推行威权。《史记正义》："以礼义导天下，天下伏而归之，故为威行之道也。"　功名：立功成名。《史记正义》："以礼义率天下，天下咸遵之，故为功名之总。总，合也，聚也。"　2 由之：《史记正义》："言由礼义也。"　捐：抛弃，毁弃。　3 其道：指礼义之道。　4 宛(yuān)：战国楚邑名。在今河南南阳市。　钜铁：特别刚硬的铁。　施：鍦(shī)的简省，即矛。《方言》："自关而西谓之矛，吴扬之间谓之鍦。"　钻：穿刺。　蜂虿(chài)：此指蜂虿之尾。虿，蝎类毒虫。　剽遬：剽悍疾速。遬，同"速"。　卒：同"猝"，突然。　熛

(biāo):疾速。《荀子》作“飘”。 5 兵殆:兵败。 垂涉:楚地名,今地不详,或作“垂沙”。 唐昧:楚将名。昧,一作“蔑”。 庄蹻:楚将名。 起:指起兵作乱。 四参:《荀子》作“三四”。意为四分五裂。 6 汝颍:二水名,淮河支流。 江汉:岷江、汉水。 池:护城河。 邓林:地名,即今湖北襄阳市南之凤林山。 缘:沿,绕。 方城:楚北界山名。杨伯峻《春秋左传注》言:“凡今之桐柏、大别诸山,楚统名之曰方城。” 7 鄢郢:楚之别都,在今湖北宜城东南。 举:攻取。 振槁:击落枯叶。振,击,敲打。槁,枯叶。 8 炮格:酷刑名,此处《荀子》作“为炮烙刑,杀戮无时,臣下懔然,莫必其命”。 懔然:悚栗恐惧的样子。 莫必其命:没有谁敢说必保其性命。 9 陵:同“峻”,严厉。

古者之兵,戈矛弓矢而已,然而敌国不待试而诎[1]。城郭不集,沟池不掘,固塞不树,机变不张,然而国晏然不畏外而固者,无他故焉,明道而均分之,时使而诚爱之,则下应之如景响。[2]有不由命者,然后俟[3]之以刑,则民知罪矣。故刑一人而天下服。罪人不尤[4]其上,知罪之在己也。是故刑罚省而威行如流[5],无他

古代的兵器,只有铁戈、长矛、弯弓、羽箭罢了,但是,敌国不等使用任何武器就投降归服了。城郭不勤修,护城河也不挖掘加深,不建设坚固的要塞,机谋变诈也不施展,然而国家却平安无事而不怕外敌入侵,并且很稳固,没有其他原因啊,那就是因为能明白礼义的道理并且均衡地处理财产关系,按农时合理使用民力并且真心地爱护百姓,那么臣下百姓响应起来就像影子、回声一样。有个别不服从政令的人,然后用刑罚对待他,那么百姓便知道罪过服刑了。所以处罚一个人而天下的人都顺服了。罪犯不责怪上级,知道受刑的罪过在自己。因此,严刑处罚少,政令有权威,执行起来像流水一样畅通,没有

故焉，由其道故也。故由其道则行，不由其道则废。古者帝尧之治天下也，盖杀一人刑二人[6]而天下治。《传》曰“威厉而不试，刑措而不用[7]”。

其他原因，乃是遵循礼治的缘故。所以遵循礼治就会成功，不遵循礼治就会失败。古代尧帝治理天下，只是杀了一个鲧，处罚了共工和驩兜两个人，天下就治理得很好。《传》文讲“威严虽然猛厉，但是不轻易采用；刑罚虽然设置了，但是尽量不使用”。

注释 1 试：用。 诎：屈服。 2 集：构筑。《荀子》作“辨”。 树：修建。 机变：机谋变诈。 张：施展。 明道：明礼义之道。 均分：使大家都享有财产，不使贫富悬殊。 时使：适时使用。意为依据农时合理使用。 诚爱：诚心爱护。 景：“影”的古字。 3 俟：待，对待。 4 尤：责怪，怨恨。 5 流：像流水一样畅通。 6 杀一人刑二人：《史记会注考证》引杨倞曰：“杀一人，谓殛鲧于羽山；刑二人，谓流共工于幽州，放驩兜于崇山。” 7《传》：书传记载之统名。 措：《荀子》作“错”，设置。

天地者，生之本也；先祖者，类之本也；君师者，治之本也。[1]无天地恶[2]生？无先祖恶出[3]？无君师恶治？三者偏亡[4]，则无安人。故礼，上事天，下事地，尊先祖而隆[5]君师，是礼之三本也。

天地是生命的本原，祖先是种族的根本，国君是治国的基础。没有天地怎么会有生命？没有先人祖宗怎么会有子孙后代？没有国君怎么会有国家的治理？这三条偏失或者废弃一部分，那么就没有什么可以让百姓安居乐业的了。所以礼是上面敬奉天，下面敬奉地，尊敬先人祖宗并推重国君的地位，这是礼的三条基本原则。

注释 1 生之本：生命的本原。 类：种族。 君师：君长，君主。师，即长，亦即君。 2 恶(wū)：怎么，何。 3 出：出生。 4 偏亡：失去一部分。 5 隆：尊崇，推重。

故王者天太祖，诸侯不敢怀，大夫士有常宗，所以辨贵贱。[1]贵贱治，得[2]之本也。郊畴乎天子，社至乎诸侯，函及士大夫，所以辨尊者事尊，卑者事卑，宜巨者巨，宜小者小。[3]故有天下者事七世，有一国者事五世，有五乘之地者事三世，有三乘之地者事二世，有特牲而食者不得立宗庙，所以辨积厚者流泽广，积薄者流泽狭也。[4]

所以做帝王的人把天和先人祖宗相配加以祭祀，诸侯不敢有这个想法，士大夫有自己的宗法，目的是要分出高贵和低贱的差别。高贵的人、低贱的人不乱，这样便是德义的根本了。郊外祭天的仪式只有天子才有资格举行，诸侯只许进行社祭，社祭包括诸侯和士大夫，这种规定是为了区分尊贵的人应该敬奉尊贵的天帝，卑贱的人应该事奉卑贱的鬼神，适合做大事的做大事，适合做小事的做小事。所以占有天下的帝王可以敬奉七代祖先，有一国的诸侯可以敬奉五代祖先，有五乘土地的大夫可以敬奉三代祖先，有三乘土地的士可以敬奉两代祖先，有一牛而耕的像农工食力这样的庶人不允许设立宗庙祭祀祖先，这种规定是用来区分功业积累深厚的人恩泽流布广远，功业积累薄少的人恩泽流布狭窄。

注释 1 天太祖：始受封而建国者称太祖，因祭祀时配天，故称天太祖。 怀：心中存有。此句是说诸侯不敢怀有以始祖配天而血食的念头。 常宗：《礼记》曰：“别子为祖，继别为宗。百世不迁者，谓别子之后也。”这是说诸侯的庶子受封，则其后代之士大夫就永远尊崇他为始祖。

2 得:通"德"。 3 郊:祭天。 畤:止。《荀子》正作"止"。 社:祭地神。 函:包容,包括。 事:敬奉,祭祀。 4 七世:天子七庙,三昭三穆,与太祖之庙共七。于周则为太祖后稷,文王、武王、二昭二穆。 五世:诸侯五庙,二昭二穆,与太祖之庙共五。五乘之地:古代方十里为一成,一成出革车一乘。大夫有采地五成者得立三庙,一昭一穆,与太祖之庙共三。 二世:祖、考二庙。 有特牲而食:《史记会注考证》冈白驹曰:"盖谓有一牛而耕者也。"这是指农工食力的庶人。《礼记》曰:"庶人祭于寝。"寝,住宅。 积:通"绩",功业,功绩。 泽:恩泽,福泽。

大飨上玄尊,俎上腥鱼,先大羹,贵食饮之本也。[1]大飨上玄尊而用薄酒,食先黍稷而饭稻粱,祭哜先大羹而饱庶羞,贵本而亲用也。[2]贵本之谓文,亲用之谓理,两者合而成文,以归太一,是谓大隆。[3]故尊之上玄尊也,俎之上腥鱼也,豆之先大羹,一也。[4]利爵弗啐也,成事俎弗尝也,三侑之弗食也,

在太庙中合祭先王崇尚清水代酒,俎上讲究摆着生鱼,看重不加佐料的清肉汤,意在珍重饮食的本原。在太庙中合祭先王崇尚清水代酒,但饮食却是用薄味的酒,食以黍稷为先,还要用稻粱作加饭,月祭时先尝不加佐料的清肉汤,但让尸吃饱还得是多种佳肴,这是珍重本原又重视实用。形式上珍重本原是对礼的文饰,重视实用也就完全合乎情理,两者结合又形成了礼的外在形式,由此归结到天地始初混沌的元气状态,这就称为礼的特别隆盛的境界。因此樽酒崇尚清水代酒,俎上讲究摆出生鱼,祭器里以不加佐料的清肉汤为先,珍重本原的道理是一样的。佐食人员接过献给他的酒爵不能品尝就一饮而尽,既葬之后,将牌位祔于祖庙,转为吉礼,宾朋吃不到祭肉,三侑九饭之后,祝虽加劝,尸却不再食饭了,婚礼亲迎中从开始到新妇入门祭食

大昏之未废齐也，大庙之未内尸也，始绝之未小敛，一也。[5] 大路之素帱也，郊之麻絻，丧服之先散麻，一也。[6] 三年哭之不反也，《清庙》之歌一倡而三叹，县一钟尚拊膈，朱弦而通越，一也。[7]

之间，从始祭到尸入太庙之间，丧礼中从刚死到小殓前之间，行礼仪式简朴无文的始初状貌道理是一样的。天子的素车加上素帷，祭天时着无花纹的黑色麻布皮裘和麻布冠，小殓之后到穿正式丧服之间，大功以上的亲人要先束一根散麻腰带，与珍重本原的道理是一样的。三年斩衰丧期中哭声无曲折，《清庙》之歌一唱三和情致绵绵，虽悬一钟却击拊膈和朱弦华美的瑟却要在底下加上一个穿孔，重情不重声、礼贵本原的道理是一样的。

注释 1 大飨：在太庙中合祭先王。 上：通“尚”，崇尚。《荀子》正作“尚”。 玄尊：即清水。尊，本为酒器，此指酒。以清水代酒称玄酒。《史记正义》引皇侃云：“玄酒，水也。上古未有酒，而始之祭但酌水用之，至晚世虽有酒，存古礼，尚用水代酒也。” 俎：盛祭品的器皿。 腥鱼：没有煮熟的生鱼。 先：崇尚，看重。 大羹：没有调和五味的清肉汤。 贵……本：意为珍重、尊崇本原。 2 用薄酒：《荀子》作“用酒醴”。用，酌献。醴，一宿就熟的酒，亦即薄味的酒。 先：先陈上。 饭：加饭的意思。 祭：指月祭。 哜(jì)：浅尝，微尝。后亦谓吃。 饱：让尸吃饱。 庶羞：多种佳肴。 贵本：珍重本原。玄酒、黍稷、大羹是贵本。 亲用：重视实用。酒、稻粱、庶羞是亲用。 3 文：对礼的文饰。 理：理所当然。 太一：天地生成前始初状态时的混沌元气。 大隆：特别隆盛。《史记索隐》：“得礼文理，归于太一，是礼之盛者也。” 4 豆：盛祭品的器皿。 一也：一样的道理。 5 利：即佐食。佐食是参与祭祀事务助尸进食的下级人员。 爵：指接过献来的酒爵。 弗晬(cuì)：祭堂上没有为佐食摆放盛肉的案子，祭酒之后无俎可尝，于是一饮而尽，这就是“弗晬”。 成事：

卒哭之祭。卒哭是既葬之后，将死者牌位祔于祖庙，祭祀也就由凶转吉，此礼有献无酢，宾朋吃不到祭肉。 俎：祭肉。 尝：吃。 侑：劝食，祝劝尸。每侑三饭，一口谓之一饭，三侑九饭之后，礼已大成，祝虽仍加劝侑，但尸不再食饭了。《荀子·礼论》“三臭之不食也”下，有“一也”二字，此处脱漏。三条讲贵贱、始终、成与不成，是有所节制，趋于简易，同是礼贵本原的意思。 大昏：即大婚。婚礼中六个步骤的最后一步为亲迎，最为隆重，称为大婚。 废齐：废，当依《荀子》作“发”，开始。齐，通“斋”，即祭神。此句讲亲迎中从开始到新妇入门祭食之间行礼的状况。 大庙：即太庙，始祖庙。 内：“纳”的古字，入。 尸：代替死者受祭的人，一般是孙为祖尸，女尸不用同姓。这句是讲从始祭到尸入太庙之间行礼的状况。 始绝：始绝气，即人死。 小敛：即小殓，丧礼中给死者穿上寿衣。入棺为大殓。这句是讲丧礼中自始死到小殓前招魂、缀足、设奠、帷堂等的行礼状况。 一也：指以上三项行礼仪式均简朴无文，带有礼的初始状貌。 6 素帱(chóu)：不施丹漆的素色车帷。素车加素帷，象征天的质朴。 郊：祭天。 麻絻(miǎn)：即麻冕，麻布冠服。絻，通“冕”。此句是讲郊祭天时，着未绣花纹的黑色麻布皮裘和麻布冠。 丧服：居丧期间穿的孝服，按亲疏分斩衰(cuī)、齐(zī)衰、大功、小功、缌麻五服。 散麻：即散麻带，又称散带。 这句是讲小殓以后，到穿正式孝服之间，大功以上亲属要先束一根散麻腰带。 一也：以上三种情况同是礼贵质朴，乃贵本原。 7 三年：斩衰之丧期为三年。 不反：无曲折，意为没有固定腔调，因是至亲，故哭时重情不重声。 《清庙》：《诗经》篇名，祭祀文王时乐工唱的歌曲。 倡：发声先唱，领唱。引申为一般的歌唱。 叹：咏叹，与唱者相和。一人唱，三人和，情致绵绵，重情不重歌。 县：同“悬”。 拊：一种形如鼓的乐器。 膈：悬钟的木架。是说虽然悬上钟，但崇尚的是击拊膈，重情不重声。 朱弦而洞越：也表示不重音声。 一也：以上三种情况都是重情不重声，礼贵本原。

凡礼始乎脱，成乎文，终乎税。[1]故至备，情文俱尽；其次，情文代胜；其下，复情以归太一。[2]天地以合[3]，日月以明，四时以序，星辰以行，江河以流，万物以昌，好恶以节，喜怒以当。以为下则顺，以为上则明。[4]

一般地说，礼从疏略开始，加上修饰完成，最后能够和悦人情。所以最完备的礼，应该是人情和形式都尽善尽美；其次是或重视人情或重视形式；再次是人情形式全没有，达到远古混沌的状态。天与地依礼调和，太阳和月亮依礼明亮，四季依礼有顺序，星辰依礼运行，江河依礼奔流，万物依礼昌盛，喜好厌恶依礼得到节制，高兴恼怒依礼处置恰当。下面百姓依礼相待就和顺，上面帝王依礼行政就英明。

注释 **1** 脱：疏略。 文：文采，装饰。礼成就有文饰。 税：通“悦”，和悦。礼终卒和悦人情也。 **2** 至备：非常完备。 情文：哀、敬等人情及文采形式。 代胜：更代相胜，情或胜文，文或胜情。 复：失，除。《史记索隐》：“言其次情文俱失，归心浑沌天地之初，复礼之本，是归太一也。” **3** 合：调和。《史记正义》：“自‘天地’以下八事，大礼之备，情文俱尽。” **4** 下：下民。 上：君上。《荀子·礼论》此下有“万变不乱，贰之则丧也”。贰，背离。丧，失。

太史公曰：至[1]矣哉！立隆以为极，而天下莫之能益损也。[2]本末相顺，终始相应，至文有以辨，至察有以说。[3]天下从之者

太史公说：盛德极美的境界啊！制定隆盛的礼仪，使它成为事物、行为的最高准则，由此天下的人没有谁能够随便地增减它。礼的人情和文采紧密衔接，礼的和悦和疏略互相应合，极度的文采因而能辨别尊卑贵贱，高度的体察因而能使人心顺悦。天下依从礼仪就会得到

治，不从者乱；从之者安，不从者危。小人不能则[4]也。

治理，不依从礼仪就会出现混乱；依从礼仪就会平安，不依从礼仪就有危险。行为卑劣的人是不能取法礼仪的呀！

注释 1 至：指达到了盛德极美的境界。 2 立隆以为极：制定隆盛的礼仪，使之成为事物、行为的最高准则。隆，隆盛。极，本为房屋的栋，此指最高的准则。 益损：增减。 3 本末：人情与文采。人情，礼所据以产生，故为本；文采，礼所据以修饰，故为末。 顺：顺适，顺从。 终始：完备的礼和悦而起初的礼疏略。 应：应合。 至文：极度的文采。 辨：能辨尊卑贵贱。 至察：指对事物情理的高度体察。 说：通"悦"。
4 则：取法。《史记正义》："庶人据于事，不能法礼也。"

礼之貌诚深矣，坚白同异之察，入焉而弱。[1]其貌诚大矣，擅作典制褊陋之说，入焉而望。[2]其貌诚高矣，暴慢恣睢，轻俗以为高之属，入焉而队。[3]故绳诚陈，则不可欺以曲直；衡诚县，则不可欺以轻重；规矩诚错，则不可欺以方员；君子审礼，则不可欺以诈伪。[4]故绳者，直之至也；

礼通过它的外表所显示的内涵确实深厚啊，公孙龙和惠施的"离坚白""合同异"那样精微的名辩，进入礼的范围来讨论就显得懦弱败坏了。礼的内涵确实广大啊，擅自制作典章制度抱持褊狭浅陋的见解，进入礼的范围来讨论就会自感惭愧。礼的内涵确实高远啊，粗暴、傲慢，任情诋毁，轻视礼俗自认为了不起的观点，进入礼的范围来比较就会感到失落。所以墨绳弹画以后，就不能进行欺骗说曲道直了；秤锤挂平以后，就不能进行欺骗说轻道重了；圆规曲尺切实摆放在那里，就不能进行欺骗说方道圆了；有道德修养的人明辨礼义的是非，就不能衡者，平之至也；规矩者，方员之至也；礼者，人道之极也。然而不法礼者不足礼，谓之无方之民；法礼足礼，谓之有方之士。[5]礼之中，能思索，谓之能虑；能虑勿易，谓之能固。能虑能固，加好之焉，圣矣。[6]天者，高之极也；地者，下之极也；日月者，明之极也；无穷者，广大之极也；圣人者，道[7]之极也。

拿奸诈虚伪来欺骗他。因此，墨绳是直的最高标准；秤是平衡的最高标准；圆规曲尺是方圆的最高标准；礼是为人之道的最高标准。然而不遵循礼法的人不重视礼，就叫作没有道德规范的民众；遵循礼法重视礼仪，就叫作有道德规范的士人。在礼的范畴之中，能加以思考求索，就叫作能考虑问题；能考虑问题又不轻易改变，就叫作能固守信义。能考虑问题又能固守信义，加上诚心喜好，那就是圣人了。天是高的顶点，地是低的顶点，太阳月亮是光明的顶点，无边的宇宙是广大的顶点，圣人是遵行礼义大道的顶峰了。

注释　1 貌：外表形式。此指通过它的外表形式所显示的内在事理。《荀子·礼论》正作“理”。　诚：确实，果真。　深：深奥，深厚。　坚白：指公孙龙“离坚白”的名家学说。　同异：指惠施“合同异”的名家学说。　察：明察入微。　弱：懦弱败坏。《荀子》作“溺”，淹没。　2 褊陋：褊狭浅陋。　望：《史记索隐》：“自嗛望知其失。”即自感不满足，怨恨而惭愧。　3 恣睢：犹毁訾。　队：同“坠”，坠灭，失落。　4 绳：木工用的墨绳。　陈：设，指弹画。　衡：秤。　县：同“悬”，悬挂。　错：通“措”，置备。　员：通“圆”。　审：审知，明辨是非。　5 足礼：重视礼。　方：道德规范。　6 礼之中：在礼的范畴之中。　索：求。　易：变易。　好：指诚心喜好。　7 道：指礼义。《史记正义》：“言人有礼义，则为圣人，比于天地日月，广大之极也。”

以财物为用，以贵贱为文，以多少为异，以隆杀为要。[1]文貌繁，情欲省，礼之隆也；文貌省，情欲繁，礼之杀也；文貌情欲相为内外表里，并行而杂，礼之中流也。[2]君子上致其隆，下尽其杀，而中处其中。步骤驰骋广骛不外，是以君子之性守宫庭也。[3]人域是域[4]，士君子也。外是，民也。于是中焉，房皇周浃，曲得其次序，圣人也。[5]故厚者，礼之积也；大者，礼之广也；高者，礼之隆也；明者，礼之尽也。

礼用钱财物品表现馈赠，用车服旗章表现贵贱，用多少区分上下等级的差异，轻重厚薄要处理得恰当。仪文形式繁杂，人情欲望收敛，这是礼隆重的表现；仪文内容简约，人情欲望丰繁，这是礼简省的表现；仪文和人情互相作为里外的形式与内容，彼此有机地会合在一起，便正是礼仪适中的要求了。有道德修养的人该用大礼时就尽可能达到隆重，该用小礼时就尽力简约微薄，该适中时就力求情理适中。轻重缓急都不超出礼义的范畴，所以有道德修养的人内心才能常守礼义。人的活动处在礼义的范畴之内，这就是有道德修养的士人了。行为超出礼义的范畴，就是普通的民众了。活动在礼义的范畴之中，徘徊周旋，全面周到地通晓世事变化并处理得次序分明，这就是圣人了。所以圣人修养深厚，是礼义积累的结果；品格伟大，是广施礼义的结果；道德崇高，是推重礼义的结果；聪明精细，是尽力研习实行礼义的结果。

注释　1 用：指行礼之用，如贡献、问遗之类。　文：文饰，如车服旗章之类。　异：分别上下等级的异制。　以隆杀(shài)为要：礼或厚，或薄，以适得其当为贵。隆，丰厚。杀，减省。要，恰当。　2 杂：通“集”，集合，聚集。　中流：犹中道，即适中。　3 广骛：在广阔的范围内随意驰骋。骛，乱驰。步骤、驰骋、广骛,在活动的层次上有轻重缓急的意思。 守宫庭:此以宫廷喻礼,指君子常守礼不离。 **4** 人域:人的活动所处。域,居,处。 是域:指礼义这个范畴。 **5** 房(páng)皇:即“彷徨”,徘徊往复。 周浃:周匝,遍及。 曲:周遍。

史记卷二十四

乐书第二

原文

太史公曰：余每读《虞书》，至于君臣相敕，维是幾安，而股肱不良，万事堕坏，未尝不流涕也。[1]成王作《颂》，推己惩艾，悲彼家难，可不谓战战恐惧，善守善终哉？[2]君子不为约则修德，满则弃礼，佚能思初，安能惟始，沐浴膏泽而歌咏勤苦，非大德谁能如斯！[3]《传》曰“治定功成，礼乐乃兴”。[4]海内人道益深，其德益

原文

太史公说：我每次读《虞书》，读到舜、禹、皋陶君臣互相告诫，只有常常想到天下有危险，才能实现安康，而左右的辅佐大臣不好，所有的事业都会毁坏的文字时，没有一次不流泪的。成王作《周颂·小毖》诗，要求自己应多加警诫，为那家族的危难深深地感到悲哀，可以不说他是小心谨慎、担惊受怕、善始善终、守成家业的君主吗？有道德修养的人不因为穷困才修养德性，也不因为志得意满就抛弃礼义，他们在安逸的境遇中能想起当初创业的艰难，在安定的环境中能想到开始的辛劳，生活在恩泽幸福当中，不忘歌唱吟咏勤劳困苦的诗篇，不是有崇高道德的人谁能像这样啊！《传》曰：“治理好民众，王业就会获得成功，礼乐才能兴盛。”天下做人的道理越深刻，

至，所乐者益异。满而不损则溢，盈而不持则倾。凡作乐者，所以节乐。[5]君子以谦退为礼，以损减为乐，乐其如此也。以为州异国殊，情习不同，故博采风俗，协比声律，以补短移化，助流政教。[6]天子躬于明堂临观，而万民咸荡涤邪秽，斟酌饱满，以饰厥性。[7]故云《雅》《颂》之音理而民正，嘄噭之声兴而士奋，郑、卫之曲动而心淫。[8]及其调和谐合，鸟兽尽感，而况怀五常[9]，含好恶，自然之势也？

人们的品德修养就越高尚，喜欢的事物就越特殊。水满了不减少就会流淌出来，充盈了而不能把握住就会倾倒。一般地说，创作音乐的目的，是用来节制过分逸乐的。有道德修养的人把谦虚退让作为礼的要求，把减损过高的欲望作为乐事，音乐的实质大概就是这样的吧。作乐者认为不同国家和地区之间存在差异，人的性情习俗不相同，因此广博地采集各地风俗人情，协调配备音律，用来弥补政治的缺失，改变风俗教化，帮助推行政令教育。天子亲自到明堂观看歌曲演奏，可以使所有的百姓都荡除邪恶污秽，有选择地吸收音乐的精神，用来培养自己的性情。因此说整理好了《雅》《颂》的音乐，那么，百姓就会走上正道，响亮高亢的音乐演奏起来，将士就会振奋，郑国、卫国的靡婉小曲一演奏，人的心意就会迷乱了。等到把音乐协调和谐以后演奏，飞鸟走兽也会全被感动，何况心里装着仁、义、礼、智、信的五常之性，具备爱憎情感，自然而然地会受到乐的感染的人呢？

注释　**1**《虞书》：《尚书》中的一部分，包括《尧典》《舜典》《大禹谟》《皋陶谟》《益稷》五篇，追述的是尧、舜、禹的对话和事迹。此指《皋陶谟》。　敕：告诫。　维：通"惟"，思考。　幾：危险。　安：安康。《皋陶谟》正作“康”,惟幾惟康。 股肱:喻左右大臣。股,腿骨。肱,臂骨。 堕(huī):通“隳”,毁坏,损毁。 2 成王作《颂》:《颂》,指《诗经·周颂·小毖》,是周成王在诛管叔、蔡叔(二人叛乱,即后文所言之“家难”),消灭武庚以后,自我惩戒并求助于群臣的诗。 推己惩艾:推求自己应加警诫。惩、艾二字同义,指警诫。该诗有“予其惩而毖后患”一句。 3 约:穷困。 满:充实。 佚:通“逸”,逸乐。 膏泽:指恩惠。 4《传》:《礼记·乐记》有“王者功成作乐,治定制礼”之文,盖此处所据。依郑玄解,治指教民,功指王业。 5 乐:古以礼乐并提,是在行礼的前提下谈乐,它可以起到贯彻政治教化,协调人际关系的作用。《史记正义》:“天有日月星辰,地有山陵河海,岁有万物成熟,国有圣贤宫观周域官僚,人有言语衣服体貌端修,咸谓之乐。”张守节这样解释是儒家文化思想的表现。 节乐:节制欢乐,使不至荒淫。 6 州:自然区划。古分中国为九州。 协比:协调排比。 声律:指五声和六律六吕。五声,即宫、商、角、徵(zhǐ)、羽。六律,即黄钟、太簇、姑洗、蕤宾、夷则、无射。六吕,即大吕、应钟、南吕、林钟、仲吕、夹钟。 短:指政教缺失。 7 明堂:礼制建筑,帝王举行庆典,颁布政令,朝会诸侯之处。 斟酌:选择吸收。 8 噭噭(jiāo jiào):激奋高亢的声音。 郑、卫之曲:古代儒家将其视为靡靡之音,实际是郑国(今河南新乡一带)、卫国(今河南濮阳一带)两地的民间音乐。 9 五常:即五常之行,指仁、义、礼、智、信五种品德。

治道亏缺而郑音兴起,封君世辟[1],名显邻州,争以相高。自仲尼不能与齐优遂容于鲁,虽退正乐以诱世,作五章以刺时,犹莫之化。[2]

治民的原则破坏缺失,郑国的靡乱音乐就流行起来了,诸侯国君为了在邻近州郡显示声望,争着欣赏郑国的音乐互相比高低。自从孔子不能和齐国的歌女在鲁国并存以后,即便孔子退居整理音乐用来引导世人,作五章诗歌来讥刺当时社会政治,还是没陵迟以至六国，流沔沈佚，遂往不返，卒于丧身灭宗，并国于秦。[3]

有办法使民风转化。这样逐渐衰微到六国时代，诸侯国君们依恋酒色，沉溺于逸乐之中，于是一去不回头，最后丧失了自身性命，毁灭了宗庙社稷，国家也被秦吞并了。

注释 1 辟：君主。 2 齐优：齐国的乐舞艺人。优，俳优，优伶，即以歌舞为业的艺人。《史记索隐》："齐人归女乐而孔子行，言不能遂容于鲁而去也。" 作五章以刺时：《史记索隐》："《系家》《家语》所云孔子嗤季桓子作歌引《诗》曰'彼妇人之口，可以出走。彼妇人之谒，可以死败。优哉游哉，聊以卒岁'，是五章之刺也。"事详《孔子世家》。 3 陵迟：衰微。 流沔：依恋酒色不忍离去。沔，通"湎"，沉迷。 沈(chén)佚：沉溺于逸乐之中。沈，旧同"沉"。佚，通"逸"。

秦二世尤以为娱[1]。丞相李斯进谏曰："放弃《诗》《书》，极意声色，祖伊[2]所以惧也；轻积细过，恣心长夜，纣所以亡也。"赵高曰："五帝、三王乐各殊名，示不相袭。上自朝廷，下至人民，得以接欢喜，合殷勤，非此和说不通，解泽不流，亦各一世之化，度时之乐，

秦二世更是把淫逸作为娱乐。丞相李斯进言劝阻说："放弃《诗》《书》不读，用尽心思去享受声色，殷商时的祖伊担心害怕的就是这个啊；轻视这些细小的过错的积累，放纵心意整夜歌舞，这是商纣灭亡的原因啊。"赵高说："五帝、三王各自的音乐名称不同，表示不互相沿袭。上自朝廷君臣，下到民众百姓，就是要用它交往来表达欢欣喜悦，相处来表达情意殷勤，没有音乐和睦喜悦的情感就不能沟通，散播的恩泽不能流行，也就是说，一个时代有一个时代的风气，考虑时代选择音乐，何必一定

何必华山之騄耳而后行远乎[3]？”二世然之。

要有华山的騄耳马然后才走远路呢？”秦二世胡亥认为赵高的话说得很对。

注释 1 以为娱：意谓以淫逸为欢娱。 2 祖伊：殷纣王时的贤臣。《史记正义》：“祖伊谏殷纣，纣不听。孔安国云：‘祖已后贤臣也。’” 3 说：通“悦”。 解（xiè）泽：散布恩泽。 騄耳：亦作“騄駬”“绿耳”，周穆王的八骏之一，以毛色为名的绿色良马。

高祖过沛诗《三侯之章》[1]，令小儿歌之。高祖崩，令沛得以四时歌儛宗庙。[2]孝惠、孝文、孝景无所增更，于乐府习常肄旧而已[3]。

高祖路过沛县作了一首带三个语词“兮”的《三侯之章》（即《大风歌》），让儿童学唱这首诗。高祖逝世，下令沛县用这首诗四时配舞演唱，祭祀祖庙。孝惠帝、孝文帝、孝景帝时都没有任何增加更改，就是在专门的乐府里也是照常重复演习旧曲罢了。

至今上即位，作十九章，令侍中李延年次序其声，拜为协律都尉。[4]通一经之士不能独知其辞，皆集会五经家，相与共讲习读之，乃能通知其意，多尔雅之文。[5]

等到武帝继承皇位，写下《郊祀歌》十九章，让侍中李延年按顺序谱曲歌唱，任命他为协律都尉。只贯通一部经书的专家不能单独弄懂这十九首歌词的意思，将通晓五经的专家都召聚来，互相讲解共同研究反复诵读它，才能完全理解其中的意义，多数是典雅纯正的文字。

汉家常以正月上辛祠太一甘泉，以昏时夜祠，到明而终。[6]常有流星经于祠坛上。使僮男

汉朝规定用正月上旬辛日祭祀甘泉宫太一神，从黄昏时起夜间开始祭祀，到第二天天明才结束。祭祀的

僮[7]女七十人俱歌。春歌《青阳》,夏歌《朱明》,秋歌《西暤》,冬歌《玄冥》。世多有,故不论。

时候常常有流星划过祠坛上空。安排童男童女七十人一起合唱。春天唱《青阳》,夏天唱《朱明》,秋天唱《西皞》,冬天唱《玄冥》。这些歌词,社会上大多都有,因此不作论载。

注释 1《三侯之章》:即刘邦过沛时所作《大风歌》:"大风起兮云飞扬,威加海内兮归故乡,安得猛士兮守四方。"侯,同"兮",语助词。《史记索隐》:"沛诗有三'兮',故云三侯也。" 2 儛(wǔ):同"舞"。 3 乐府:音乐官署。始于秦代,汉武帝时规模最大。 肄(yì):修习。与"习"同义。 4 今上:指汉武帝。 十九章:即《汉书·礼乐志》所载《郊祀歌》十九章,为《练时日》一、《帝临》二、《青阳》三、《朱明》四、《西颢》五、《玄冥》六、《惟泰元》七、《天地》八、《日出入》九、《天马》十、《天门》十一、《景星》十二、《齐房》十三、《后皇》十四、《华烨烨》十五、《五神》十六、《朝陇首》十七、《象载瑜》十八、《赤蛟》十九。最晚的后两章作于太始三年,均当为司马迁所及见。 李延年:武帝所宠李夫人之兄,大音乐家。 协律都尉:官名,职掌校正乐律等音乐方面的事务。 5 胡三省《通鉴注》曰:"汉时五经之学,各专门名家,故通一经者,不能尽通歌诗之辞意。必集五经家相与讲读,乃得通也。" 尔雅:近乎雅正。尔,通"迩",近。 6 汉家:汉代。 上辛:上旬辛日。 太一:泰一,传说中的天神。 7 僮:"童"是其本字。《汉书·礼乐志》作"童"。

又尝得神马渥洼水中,复次以为《太一之歌》。[1]歌曲曰:"太一贡兮天马下,沾赤汗兮沫

又在武帝元鼎四年,曾在渥洼水中得到神马,再次编曲作成《太一之歌》。歌曲说:"北极太一星的贡献啊,天马下到人间,浑身浸染着血一样的

流赭。[2]骋容与兮跇万里，今安匹兮龙为友。[3]”后伐大宛[4]得千里马，马名蒲梢，次作以为歌。歌诗[5]曰：“天马来兮从西极[6]，经万里兮归有德。承灵威兮降外国，涉流沙兮四夷服。”中尉汲黯进曰：“凡王者作乐，上以承祖宗，下以化兆民。今陛下得马，诗以为歌，协于宗庙，先帝百姓岂能知其音邪？”[7]上默然不说。丞相公孙弘[8]曰：“黯诽谤圣制，当族。”

汗水啊，嘴里吐着红色的泡沫。驰骋从容不迫啊，抬腿就跨过一万里，现在什么能配得上啊，只有龙才是它的伴友。”后来征伐大宛得到千里马，马名叫“蒲梢”，再编写出一首歌。歌诗说：“天马来到了啊，从西面极远的地方，经历了万里路啊，归顺有仁德的皇上。承蒙上天的神灵威严啊，降服了外国，渡过流沙大漠啊，四夷都来降服。”中尉汲黯进谏说：“一般君王制作音乐，向上用来承接祖宗的恩德，向下用来教化亿万百姓。如今陛下得到几匹马，作诗用来歌唱，还要演奏用于祖庙祭祀，先帝和老百姓哪里能理解这种音乐的意思呢？”皇上沉默不高兴。丞相公孙弘说：“汲黯诽谤圣上的制作，应当诛杀全族。”

注释　1 渥洼水：党河支流，在今甘肃瓜州县境，汉属敦煌郡。《史记集解》引李斐曰：“南阳新野有暴利长，当武帝时遭刑，屯田敦煌界。人数于此水旁见群野马，中有奇异者，与凡马异，来饮此水旁。利长先为土人持勒靽于水旁，后马玩习，久之，代土人持勒靽，收得其马，献之。欲神异此马，云从水中出。”　次：创作编排。　2 太一：指北极星。　沾：浸染。　沫(mò)：口水，唾沫。　3 容与：安逸自得貌。　跇(yì)：超越。　匹：相配。　4 大宛(yuān)：西域国名。详见《大宛列传》。　5 歌诗：此歌与《汉书》所载《天马歌》大异，梁玉绳疑为乌孙马之歌。因武帝先将乌孙马命名为“天马”，后得大宛汗血马，更名乌孙马叫“西极”，名大宛马叫“天马”。

6 西极:西方极远之地。 7 汲黯:武帝时直谏之臣。汲黯未尝为中尉,得渥洼马时,汲黯任淮阳太守,他没有机缘当面讥刺武帝。汲黯于元鼎二年去世,早于得大宛马时十二年。 协:协和音律,即演奏。 8 公孙弘:武帝时丞相,卒于元狩二年三月。神马出渥洼水,作歌在元鼎四年秋,获大宛马作歌在太初四年春,公孙弘均不及见,不得有当族汲黯之言。

凡音[1]之起,由人心生也。人心[2]之动,物使之然也。感于物而动,故形于声;声相应,故生变;变成方,谓之音;比音而乐之,及干戚羽旄,谓之乐也。[3]乐者,音之所由生也,其本在人心感于物也。是故其哀心感者,其声噍以杀;其乐心感者,其声啴以缓;其喜心感者,其声发以散;其怒心感者,其声粗以厉;其敬心感者,其声直以廉;其爱心感者,其声和以柔。[4]六者非性[5]也,感于物而后动,是故先王慎所以感之。故礼以导其志,乐以和其声,政以壹其行,刑

大凡音的产生都是源于人心受感动。人心受感动,是客观事物刺激的结果。人心受事物刺激而感动,因此表达出声音;声音相互应和,因此产生变化;变化成为交错节律,就叫音;编排成曲调配合乐器演奏,加上拿着盾牌、斧头、羽毛、旄牛尾表演就叫乐。乐是由音所产生的,它的本源在于人心受事物刺激而感动。所以人心感到悲哀时,发出的声音急促肃杀;人心感到欢乐时,发出的声音悠扬舒缓;心中感到喜悦时,发出的声音轻松流畅;心中感到恼怒时,发出的声音粗犷暴厉;心中感到恭敬时,发出的声音刚直端方;心中感到爱慕时,发出的声音温顺柔和。这六种表现不是人的本性,是受外界事物激发然后萌动的,因此先王谨慎地处置能感动人心的事物。所以用礼义来引导人们的志趣,用音乐来调和人们的声音,用政令来统一人们的行为,用刑

以防其奸。礼乐刑政，其极[6]一也，所以同民心而出治道也。

罚来防止人们奸诈。礼义、音乐、刑罚、政令，它们的最终目标是一致的，都是用来让百姓的思想一致而使天下出现大治世道的。

注释 1 音：指由宫、商、角、徵、羽杂糅排比而成的曲调。 2 人心：指人的思想感情。 3 形：表现，表达。 相应：同声相应，相互感应。 生变：有同必有异，又有他声杂和，而产生了变化。 方：有变化形成抑扬高下，五声备具，交错而成节奏，就叫作方。 比：比次，即依次连缀、排列。 乐(yuè)：指用乐器演奏。 干戚：武舞所执。干，盾。戚，斧。 羽旄：文舞所执。羽，翟羽。旄，旄牛尾。 乐：声容毕具的娱乐。 4 噍(jiāo)：急促。 杀：肃杀而弱小。 啴(chǎn)：宽绰，悠扬。 缓：舒徐。 发：宣出无遗留，轻松。 散：四畅无郁积。 粗：壮猛奋发。 厉：高急，暴厉。 直：刚直，无委曲。 廉：有锋芒棱角，端方。 和：温顺。 柔：轻软，柔和。 5 非性：非关人的本性。 6 极：至，所要达到的最终目标。

凡音者，生人心[1]者也。情动于中，故形于声，声成文谓之音。[2]是故治世之音安以乐，其正[3]和；乱世之音怨以怒，其正乖；亡国之音哀以思，其民困。声音之道，与正通矣。宫为君，商为臣，角为民，徵为事，羽为物。[4]五者不

一般而言，音乐都是由人心产生的。感情萌发在内，因此表现出声的形式，声音协调成美的韵律就叫音乐。所以太平盛世的音乐安适而欢乐，社会政治一定清和；动乱社会的音乐怨恨而愤怒，社会政治一定乖僻；将要灭亡国家的音乐悲哀而忧愁，它的人民一定很困难痛苦。声音的表现，是和政治相通的。宫声庄重好比国君，商声刚劲好比臣子，角声高低适当好比百姓，徵声悠扬好比繁杂的事物，羽声轻清好比细小的物件。宫、商、角、徵、

乱，则无沾滞之音矣。[5] 宫乱则荒，其君骄；商乱则搥，其臣坏；角乱则忧，其民怨；徵乱则哀，其事勤；羽乱则危，其财匮。[6] 五者皆乱，迭相陵，谓之慢。[7] 如此则国之灭亡无日矣。郑、卫之音，乱世之音也，比[8]于慢矣。桑间、濮上之音，亡国之音也，其政散，其民流，诬上行私而不可止。[9]

羽五声不乱，就没有阻滞不和畅的音调出现。宫声淆乱音调就放散，是国君骄纵的表现；商声淆乱音调就邪僻荒废，是臣下败坏的表现；角声淆乱音调就忧郁不振，是人民怨恨的反映；徵声淆乱音调就悲哀痛苦，是人民劳役繁重的反映；羽声淆乱音调就倾危震颤，那是赋税沉重百姓贫困的反映。五声完全混乱失调，更替互相侵越，叫作任性放纵不拘礼法。像这种情况出现，那么国家很快就会灭亡。郑国、卫国的音乐，是乱世的音乐，接近亡国的慢音了。桑间、濮上的靡靡音乐，是亡国的音乐，那里政治涣散，百姓流亡，诽谤君上、徇私舞弊的现象不能被制止。

注释　1 生人心：是说生在人的心中。　2 中：指内心。　文：此指组合而有节奏、韵律。　3 正：通“政”，政治。　4 宫为君：依据五行学说，宫属土，居中央，总揽四方，所以象征着君。《史记索隐》：“居中总四方，宫弦最大，用八十一丝，声重而尊，故为君。”　商为臣：商属金，属秋。《史记索隐》：“商是金，金为决断，臣事也。弦用七十二丝，次宫，如臣次君也。”　角为民：角属木，属春，春天万物并生，又各自互相区别，也因为它的音清浊适中，因此象征民人。《史记索隐》：“弦用六十四丝，声居宫羽之中，比君为劣，比物为优，故云清浊中，人之象也。”　徵(zhǐ)为事：徵属火，因为它是微清，象征着事物；属夏，夏天万物茂盛，所以事多。《史记索隐》：“徵属夏，夏时生长，万物皆成形体，事亦有体，故配事。弦用五十四丝。”　羽为物：羽属水，属冬，冬天万物聚藏。《史记索隐》：“羽为水，最清，物之象。王肃云‘冬物聚，故为物，弦用四十八丝’。” 5 五者：指宫、商、角、徵、羽，实际是五声音阶中的五个音级。 沾懘(zhān chì)：声音不和。 6 荒：放散。 骄：骄溢。 搥：当依《礼记·乐记》作“陂”，倾斜不正，邪佞。 坏：此处指臣下败坏。 哀：哀苦。 事勤：指徭役不休。 危：倾危。 匮：民众贫乏。 7 迭相陵：君臣上下互相陵越、倾轧。 慢：任性放纵，不拘礼法。 8 比：接近。 9 桑间、濮上：春秋时卫地濮水之上并有桑间，常以此二地代称靡靡亡国之音。《史记正义》：“昔殷纣使师延作长夜靡靡之乐，以致亡国。武王伐纣，此乐师师延将乐器投濮水而死。后晋国乐师师涓夜过此水，闻水中作此乐，因听而写之。既得还国，为晋平公奏之。师旷抚之曰：‘此亡国之音也，得此必于桑间濮上乎？纣之所由亡也。’” 散：涣散，混乱。 流：流荡，流亡。

凡音者，生于人心者也；乐者，通于伦理[1]者也。是故知声而不知音者，禽兽是也；知音而不知乐者，众庶是也。唯君子为能知乐。是故审声以知音，审音以知乐，审乐以知政，而治道备矣。是故不知声者不可与言音，不知音者不可与言乐。知乐则几[2]于礼矣。礼乐皆得，谓之有德。德者，得也。是故

一般而言音都是由人心中萌发的；乐是和伦理相贯通的。所以只知道发声而不知道调和音的，是禽兽；知道音而不知道乐的，是普通的百姓。只有有道德修养的人能了解和谐的乐。所以通过审察发声来了解音调，审察音调来了解音乐，审察音乐来了解政治，这样治民的方法就完备了。所以不知道发声的不能跟他讲音调，不知道音调的不能跟他讲音乐。了解音乐就接近于明礼了。礼乐的精神都习得了，可以说此人有德性。有德性的人就是指习得了礼乐的精神。所以音乐的兴隆，不是极尽钟鼓的声音；宗庙祭祀的礼仪，不是极尽食物的滋味。

乐之隆,非极音也;食飨[3]之礼,非极味也。清庙之瑟,朱弦而疏越,一倡而三叹,有遗音者矣。[4]大飨之礼,尚玄酒而俎腥鱼,大羹不和[5],有遗味者矣。是故先王之制礼乐也,非以极口腹耳目之欲也,将以教民平[6]好恶而反人道之正也。

清庙祭祀中演奏乐曲所用的瑟,红色的丝弦,瑟底部穿孔,发出声音浑厚凝重,迟缓悠长,一个人领唱三个人随声赞叹,这是德音流传啊。郊天和宗庙的祭祀礼仪,上面供着清水酒,俎器上陈放生鱼,肉汤不加调料,这是流芳久远有余味啊。所以古代帝王制定礼乐,并不是用来穷极口腹耳目的欲望,而是要用来教化百姓判断好坏,让他们返回做人的正道。

注释 1 伦理:一般指人与人之间的道德原则,此依上文是讲君、臣、民、事、物五者之理。 2 几:接近。 3 食飨(sì xiǎng):宗庙祭祀及其后以酒食飨宾客。 4 疏:通,洞。 倡:唱。 遗音:余音。此音有德,传于无穷,是有余音不已。 5 不和:不以盐梅和之,即不加调料。 6 平:衡量,判断。

人生而静,天之性也;感于物而动,性之颂[1]也。物至知知[2],然后好恶形焉。好恶无节于内,知诱于外,不能反己,天理灭矣。[3]夫物之感人 无穷,而人之好恶无节,则是物

人初生时的情感原本是宁静的,这是自然的本性;受客观事物刺激而萌动,这是本性贪欲的表现。客观事物出现了,心中就有反应,然后喜恶的情绪就会表现出来。喜恶之情没有节制,心智被外界事物诱惑,不能返回内心宁静的状态,先天的人性就泯灭了。外界事物对人的刺激是没有穷尽的,而人的喜恶没有节制,那么就形成外

至而人化物[4]也。人化物也者，灭天理而穷[5]人欲者也。于是有悖逆诈伪之心，有淫佚作乱之事。是故强者胁弱，众者暴[6]寡，知者诈愚，勇者苦怯，疾病不养，老幼孤寡不得其所，此大乱之道也。是故先王制礼乐，人为之节[7]：衰麻哭泣，所以节丧纪也；钟鼓干戚，所以和安乐也；婚姻冠笄，所以别男女也；射乡食飨，所以正交接也。[8]礼节民心，乐和民声，政以行之，刑以防之。礼乐刑政四达而不悖，则王道[9]备矣。

界事物一来到，人就跟着受影响了。人跟着外界事物变化，便泯灭了先天的人性，人心的欲望就会恣意放纵而无所不为了。这样就有了违背正道叛逆欺诈虚伪的思想，有了淫乱逸乐为非作歹的事。所以强大的胁迫弱小的，众多的欺负寡少的，聪明的欺骗愚昧的，勇敢的折磨怯懦的，有疾病的人得不到疗养，老人、幼孩、孤儿、寡妇得不到应有的安置，这是天下大乱的原因啊。所以古代帝王制定礼乐，是为了节制欲望：办丧事时穿着衰麻并有哭泣的礼仪，是为了节制哀痛；敲钟打鼓挥动盾牌、斧头的舞蹈，是为了调和安乐；婚姻嫁娶男冠女笄，是为了区别男女；乡射礼、乡饮酒礼、宴会宾客礼，是为了规范社交行为。礼义节制百姓的思想，音乐调和百姓的心声，政令推动礼乐的施行，刑罚防止礼乐紊乱。礼义、音乐、刑罚、政令四项通达而不悖乱，那么王者的治道就能实现了。

注释　1 颂(róng)：仪容，礼容。《礼记·乐记》正作“欲”。此指贪欲。性之欲，也就是情。　2 知知：能以智知之。　3 内：内心。　知：心智。　反己：返还到自己原有的天性。己，《乐记》作“躬”。　天理：此指天性，即“人生而静”之性。　4 人化物：人化于物。人为物所化，就会随物而变易其好恶善恶。　5 穷：恣意放纵，就会无所不为。　6 暴：损害，糟蹋。

7 节:节制,遏制。 8 衰(cuī)麻:丧服。 哭泣:指哭泣的礼仪制度。 纪:纲纪,制度。 冠笄:男子二十而冠,女子许嫁而笄。 射:指乡射、大射之礼。 乡:指乡饮酒礼。 9 王道:三王以德治世之道。 按:以上为《乐记》之《乐本章》,讲音乐与人心之相互感应。

乐者为同,礼者为异。[1]同则相亲,异则相敬。乐胜则流,礼胜则离。[2]合情饰貌[3]者,礼乐之事也。礼义立,则贵贱等矣;乐文同,则上下和矣;[4]好恶著,则贤不肖别矣;刑禁暴,爵举贤,则政均矣。仁以爱之,义以正之,如此则民治行[5]矣。

音乐是为了协同好恶的,礼仪是为了区别贵贱的。协同了好恶就会互相亲善,区别了贵贱等级就会互相尊敬。乐的作用超过礼就会失却尊卑,礼的作用超过乐就会骨肉分离。调和人们的内心情感,修饰人们的外表行为,是礼乐共同的目的。礼义确立,那么贵贱等级便明确了;乐曲和谐,那么上下便协调欢畅了;喜好厌恶分明,那么好人与坏人就区别开了;刑罚禁止强暴,爵赏推举贤能,那么政治就公正了。用仁慈的心爱护百姓,用礼义来端正百姓,如果这样做,那么使百姓安居乐业一定是能做到的。

注释 1 同、异:同谓协好恶,异谓别贵贱。《史记正义》:"夫乐使率土合和,是为同也;礼使父子殊别,是为异也。" 2 胜:超过了限度。 流:流慢而无尊卑之敬。 离:亲属离析而无骨肉之爱。 3 合情饰貌:乐和内,是合情;礼检迹,是饰貌。 4 等:指明确了等级差别。 乐文:乐的韵律文采,即乐曲。 著:显著,彰著。 5 民治行:是说用这样的办法治民,必定能做到。

乐由中出，礼自外作。[1]乐由中出，故静；礼自外作，故文[2]。大乐必易[3]，大礼必简。乐至则无怨，礼至则不争。揖让而治天下者，礼乐之谓也。暴民不作，诸侯宾服，兵革不试，五刑不用，百姓无患，天子不怒，如此则乐达矣。[4]合父子之亲，明长幼之序，以敬四海之内，天子如此，则礼行矣。

音乐从人们内心之中产生，礼仪从规范外在行为兴起。音乐从内心中产生，所以安心静气；礼仪从外在行为兴起，所以形式严肃。盛大的音乐一定要平易，盛大的礼仪一定要简约。音乐达到效果就没有仇恨，礼仪达到效果就没有争斗。作揖谦让而能治理天下的，是因为达到了礼乐的效果。强暴的百姓不作乱，诸侯诚心顺服，兵刃铠甲不用，五种刑罚不行，百姓没有祸患，天子没有恼怒，如此就达到音乐的效果了。合乎父子的亲情，分明长幼的秩序，用这种亲情教化四海之内的人，天子能身体力行，那么礼仪就可以广泛地施行了。

注释　1 中：内心。和谐体现在内心。　外：外貌。恭敬表现在外在行为上。　2 文：文饰。以礼仪规范修饰人的外表。《史记正义》："礼肃人貌，貌在外，故云动。"　3 易：平易。　4 宾服：臣服，归顺。　试：动用。

大乐与天地同和，大礼与天地同节。[1]和，故百物不失[2]；节，故祀天祭地。明则有礼乐，幽则有鬼神，如此则四海之内合敬同爱矣。[3]礼者，殊事合

盛大的音乐和天地阴阳调和协同，盛大的礼仪和天地高低有节度相合。能调和，所以万物不错失生长繁殖的时机；有节度，所以才举行对天地的祭祀。形式上有礼仪音乐的教导，精神上有圣贤气质的约束，这样的话，四海之内的人就和合互敬共同亲爱。礼是区别事物等级，教导人们互相敬重道理的；乐是谐和不

敬者也；乐者，异文合爱者也。[4]礼乐之情同，故明王以相沿也。故事与时并，名与功偕。[5]故钟鼓管磬羽籥干戚，乐之器也；诎信俯仰级兆舒疾，乐之文也。[6]簠簋俎豆制度文章，礼之器也；升降上下周旋裼袭，礼之文也。[7]故知礼乐之情者能作，识礼乐之文者能术。[8]作者之谓圣，术者之谓明。[9]明圣者，术作之谓也。

同曲调，教导人们互相友爱道理的。礼乐的作用相同，所以过去圣明的帝王将礼乐一直沿用下来。所以举事一定与时势相符合，乐名应该和功业相应。所以演奏用的钟、鼓、管弦、石磬，舞蹈用的羽毛、籥管、盾牌、斧头，这些都是乐舞的器具；表演中弯腰、伸腿、俯身、仰面的舞姿，组合、分散、缓慢、迅速的步伐，是音乐的文饰表现。方簠、圆簋、俎、豆，器物的规格，衣服的彩绣，是礼的器具；升位下阶，时上时下，左右周旋，开露或遮掩裼衣，是礼仪的文饰表现。所以只有了解礼乐内在精神的人才能制作礼乐，只有懂得礼乐外在表现的人才能讲述礼乐的意义。制作礼乐的人称作圣人，讲述礼乐旨义的人称作贤明。明圣，就是指能讲述能制作的意思。

注释　1 和：调和协同。《史记正义》："大乐之理，顺阴阳律吕生养万物，是大乐与天地同和也。"　节：高低贵贱差别的节度。《史记正义》："言天有日月，地有山川，高卑殊形，生用各别。大礼辩尊卑贵贱等差异别，是大礼与天地同节。"　2 失：指失却种性。　3 明：指外在形式。《史记正义》："能显明其礼乐以教人也。"　幽：指内在精神。　鬼神：郑玄曰："圣人精气谓之神，贤智之精气谓之鬼也。"　4 殊事：指尊卑贵贱之别。　合敬：互相敬重。　异文：宫商错而成文，随事而制变。　合爱：互相友爱。　5 并：相符合。　名：乐名。　偕：俱，同。《史记正义》："圣王制乐之名，与所建之功俱作也。若尧、舜乐名《咸池》《大韶》，汤、武乐名《大濩》《大武》也。” 6 诎信:弯曲与伸直。信,通“伸”。 级:当依《礼记·乐记》作“缀”,聚集。 兆:本指祀神祭坛的界域。此郑玄曰“兆其外营域”,义为分散,指分散到了界域之外。 舒:缓。 7 簠簋(fǔ guǐ):古代食器,盛黍稷稻粱之用。方形的叫簠,圆形的叫簋。 制度:指器物的规格。 文章:此处指衣服的彩绣。 裼(xī):皮衣上加罩衣。此指开露裼衣。 袭:不露裼衣。 8 作:指能体现出穷本知变、着诚去伪精神的创作、制作。 术:《乐记》作“述”。郑玄曰:“述谓训其义。”是能解释其含义的意思。 9 圣、明:《史记正义》以为圣指尧、舜、禹、汤之属,明指子游、子夏之属。

乐者,天地之和也;礼者,天地之序也。[1]和,故百物皆化;序,故群物皆别。[2]乐由天作,礼以地制。过制则乱,过作则暴。[3]明于天地[4],然后能兴礼乐也。论伦无患[5],乐之情也;欣喜欢爱,乐之官也。中正无邪,礼之质也;庄敬恭顺,礼之制也。[6]若夫礼乐之施于金石,越于声音,用于宗庙社稷,事于山川鬼神,则此所以与民同也。[7]

音乐,是表现天地和顺情态的;礼仪,是表现天地秩序情态的。和顺,所以万物都发展变化;有秩序,所以许多事物在一起都有区别。音乐是根据天体的运行变化制作出来的,礼是根据地形高低上下制作出来的。礼仪超过限度就混乱,音乐超过和谐原则就粗暴。明白天地和、序的道理以后,才能提倡制作礼仪音乐。依和顺之心论说乐的伦理而不造成危害,这是音乐所能体现的真情;让人们高兴喜悦亲爱,这是音乐所能发挥的作用。中和端正没有邪僻,这是礼的本质要求;端庄诚敬谦恭顺从,这是礼的节制表现。至于像礼乐用钟磬演奏,发出和谐的声音,用作宗庙的祭祀、国家的庆典,以及对山川鬼神的侍奉,这些与当时百姓的愿望是相同的。

注释 1 和:和顺。 序:秩序。 2《礼记集解》引刘氏(彝)曰:“天地之和,阳之动而生物者也,气行而不乖,故百物皆化。天地之序,阴之静而成物者也,质具而有秩,故群物皆别。” 3《礼记集解》引刘氏语以为,礼以节行,过制则不足以为节,故乱;乐以道和,过作则不足以为和,故暴。 4 明于天地:即明白天地和、序的道理。 5 论伦无患:是说人心之和顺足以论说乐之伦理,而不相违背或危害。伦,类。患,害。 官:事。《史记正义》引贺场云:“八音克谐,使物欣喜,此乐之事迹也。” 6 质:本质。 制:节制。 7 金石:泛指一切乐器。 越:度,化。 与民同:《史记正义》:“言四者施用祭祀,随世而异,则前王所不专,故又云则此所以与民同,言随世也。” 按:以上是《乐记》的《乐论》,是论述礼乐同异。

王者功成作乐,治定制礼。[1]其功大者其乐备,其治辨者其礼具[2]。干戚之舞,非备乐也;亨孰而祀,非达礼也。[3]五帝殊时,不相沿乐;三王异世,不相袭礼。乐极则忧,礼粗则偏[4]矣。及夫敦[5]乐而无忧,礼备而不偏者,其唯大圣乎!天高地下,万物散殊,而礼制行也;流而不息,合同而化,

帝王功业建成,制作音乐来歌颂;教化局面安定,制作礼仪来显扬。帝王的功业大,他的音乐就齐备;帝王的治绩遍布,他的礼仪就全面。只用盾牌、斧头为道具的乐舞,不是完备的乐典;只以煮熟的食品祭祀,也不是通达的礼仪。五帝生活在不同时代,不互相沿用乐曲;三王生活在不同社会,不互相因袭礼仪。音乐发展到淫佚的程度就有忧患了,礼仪显示出倦略就会出现偏差了。达到敦厚的音乐而没有忧患,礼仪齐备而没有偏差的情形,大概只有伟大的圣人能做到吧!天高地矮,万物散布在天地中间各不相同,那么礼仪的节制就施行了;天地气息流动不停,聚合为盛大力量而化生出万物,这样用音乐协调便兴旺起来了。春天耕作,夏天

而乐兴也。[6]春作夏长，仁也；秋敛冬藏，义也。仁近于乐，义近于礼[7]。乐者敦和，率神而从天；礼者辨宜，居鬼而从地。[8]故圣人作乐以应天，作礼以配地。礼乐明备，天地官[9]矣。

长出花果，这是大自然的仁爱表现；秋天收获，冬天储藏，这是大自然严肃的表现。仁爱接近音乐，严肃接近礼仪。音乐要求敦厚和畅，因循圣人的精神顺从天；礼仪区别等级差异是否合适，根据先贤的气质而顺从地。因此，圣人创作音乐应和天时，制作礼仪配合地利。礼仪音乐清楚完备，那么天地万物就各守职分了。

注释　1《史记集解》引郑玄曰："功成治定同时耳，功主于王业，治主于教民。"　2 辨：通"遍"，周遍。　具：全面。　3 备乐：完备的乐典。《史记正义》："乐以文德为备，故用朱丝疏越，干戚之舞，故非备乐也。"　亨："烹"之本字，煮。　孰："熟"的古字。　达礼：通达的礼仪。《史记正义》："谓腥俎玄尊，表诚象古而已，不在芬苾孰味。是乃浇世为之，非达礼也。"　4 偏：偏差。《史记集解》引郑玄曰："乐，人之所好也，害在淫侉；礼，人之所勤，害在倦略。"　5 敦：厚。　6 散殊：布散殊别。高下散殊，意为体现出尊卑差异。　礼制：礼仪的节制。　合同而化：《史记正义》："天地二气，流行不息，合同氛氲(盛貌)，化生万物。"　7《史记正义》："春夏生长万物，故为仁爱。乐主陶和万性，故仁近于乐也。秋则杀敛，冬则蛰藏，并是义主断割。礼为节限，故义近于礼也。"　8 敦和：敦厚和同。　率神：指因循圣人之神气。　辨宜：尊卑殊别，各有其宜。　鬼：指先贤。　9 官：事。《史记集解》引郑玄曰："各得其事也。"

天尊地卑，君臣定矣。高卑已陈，贵贱位矣。动静[1]有常，小大

天尊贵地卑贱明确以后，国君与臣属的关系就可以确定了。高低上下关系已经摆正，贵贱的等级位置也就

殊矣。方以类聚,物以群分,则性命不同矣。[2]在天成象,在地成形,如此则礼者天地之别也。[3]地气上跻,天气下降,阴阳相摩,天地相荡,鼓之以雷霆,奋之以风雨,动之以四时,煖之以日月,而百化兴焉,如此,则乐者天地之和也。[4]

有一定了。阴阳动静有一定常规,但是万物的形体各不相同。爬虫根据类别聚居在一起,万物根据种群加以区分,那么它们的生命和寿夭就不同啊。在天上日月星辰构成天象,在地下山陵河川构成地貌,像这样,那么礼仪就是根据天地的差别情况制定的。地气上升,天气下降,阴阳二气互相摩擦,天地互相震荡,以雷霆鼓动生机,以风雨催促成长,以四季变化生命,以日月温暖照耀,于是万物化育成长了,这样的话,音乐就是根据天地和谐的原理制定的。

注释 1 动静:指阴阳形态。 2 方:此指爬虫。 物:有生命的动植物。 性命:性,生。命,生之长短。《史记正义》:"性,生也。万物各有嗜好谓之性。命者,长短夭寿也。所祖之物既禀大小之殊,故性命夭寿不同也。" 3 象:指日月星辰之光耀。 形:指草木鸟兽之体貌。 4 跻(jī):升。 摩:摩擦。 荡:感动,震荡。 奋:奋迅。 百化:百物化生。 煖:同"煊",温暖。

化不时则不生,男女无别则乱登,此天地之情也。[1]及夫礼乐之极乎天而蟠乎地,行乎阴阳而通乎鬼神,穷高极远而测深厚,乐著太

天地化育如不顺时,那么万物就不能生长,男女没有差别,那么就错乱成害,这是天地的自然情理。至于礼乐的作用,上达到天而下接触地,随阴阳二气运行而和神鬼相沟通,能使日月星三光照耀天地,能使山川出现瑞应,音乐产生于百物始生的太始时期,

始而礼居成物。[2] 著不息者天也[3]，著不动者地也。一动一静者，天地之间也。故圣人曰礼云乐云。[4]

礼仪产生于万物形成以后。明显地不停运动的就是天，明显地不加移动的就是地。一动一静，充斥在天地之间。所以圣人说礼乐效法天地啊。

注释 1 化：指天地化育。 登：成。 2 极：至。 蟠(pán)：委，曲伏。 高远：指日月星三辰。 深厚：指山川。《礼记集解》引孔氏曰："礼乐取象于天地，功德又能遍满乎天地之间。天降膏露，是极乎天；地出醴泉，是蟠乎地。日月岁时无易，百谷用成，是行乎阴阳；用之祭祀，百神俱至，是通乎鬼神。天之三光，皆应礼乐而明，是礼乐穷极高远也。地之山川，皆应礼乐而出瑞应，是测深厚也。" 太始：百物之始生。 成物：形成了万物。《礼记集解》："乐者阳之动，故气之方出而为物之大始者，乐之所著也。礼者阴之静，故质之有定而为物之已成者，礼之所居也。"
3 著：明显。 息：休止。 4《礼记集解》："一动一静，充周乎天地之间，以始物而成物者，自然之礼乐也。惟天地之礼乐如此，故圣人之治天下，亦必曰'礼乐'云。" 按：以上是《乐礼章》，讲礼乐的功用。

昔者舜作五弦之琴，以歌《南风》；夔始作乐，以赏诸侯。[1] 故天子之为乐也，以赏诸侯之有德者也。德盛而教尊，五谷时孰，然后赏之以乐。故其治民劳者，其舞行级远；

从前，虞舜作五弦琴，用来歌唱《南风》诗；从夔开始制作音乐，用来赏给诸侯共享。所以天子制作音乐，用来赏赐诸侯中有德行的人。德行高教化就受到尊重，五谷按时成熟，然后赏赐给他音乐。所以诸侯治理之下的百姓劳苦，赏给的乐队人数就少，舞蹈队伍排列的距离远；诸侯治理之下的百姓安逸，赏给的乐队人数就多，舞蹈队伍的排列距离短。

其治民佚者，其舞行级短。[2] 故观其舞而知其德，闻其谥[3] 而知其行。《大章》，章之也；《咸池》，备也；《韶》，继也；《夏》，大也；殷周之乐，尽也。[4]

所以观察诸侯国的舞蹈就知道他的德行如何了，听到死后的谥号就知道他生前的行事为人了。《大章》音乐，意思就是尧的德行彰明啊；《咸池》音乐，意思就是黄帝普遍施德啊；《韶》乐就是舜能继承尧的美德呀；《夏》乐就是禹能发扬光大尧、舜的美德呀；殷商、周代的音乐也尽是歌颂人事功业的。

注释 **1** 五弦之琴：减去文、武二弦，留下宫、商、角、徵、羽五弦而成。《南风》：诗名。其词为“南风之薰（温和）兮，可以解吾民之愠（怨恨）兮！南风之时兮，可以阜（丰富）吾民之财兮！” 夔(kuí)：舜的臣子，掌管音乐。《五帝本纪》“以夔为典乐，教稚子”。赏诸侯以乐，夔始制之。**2** 劳：劳苦。 行级：行列连接的距离。级，《乐记》正作“缀”，连接。 远：宽。 佚：安逸。民众劳苦则诸侯德薄，民众安逸则诸侯德盛。 **3** 谥：人死后依其行迹所赐给的称号，有褒有贬。 **4**《大章》：尧乐名。 章：彰明。《咸池》：黄帝所作乐名。池，施。意为其德无所不施。 《韶》：舜乐名。韶，继。意为舜能继尧之德。 《夏》：禹乐名。 大：光大。意为禹能光大尧、舜之德。

天地之道，寒暑不时则疾，风雨不节则饥。教[1] 者，民之寒暑也，教不时则伤世；事[2] 者，民之风雨也，事不节则无功。然则先王之为乐也，

天地变化有一定规律，寒暑不定时，老百姓就闹疾病；风雨没有节制，老百姓就闹饥荒。音乐教化，就是老百姓的寒暑呀，音乐教化不定时就会伤风败俗；礼仪的事，就是百姓的风雨，礼仪不节制就不会有成功。但是，古代帝王制作音乐是为了将它作为治国的方法，良

以法治也，善则行象德矣。[3] 夫豢豕为酒，非以为祸也；而狱讼益烦，则酒之流生祸也。[4] 是故先王因为酒礼，一献之礼，宾主百拜，终日饮酒而不得醉焉，此先王之所以备酒祸也。[5] 故酒食者，所以合欢也。

好的乐舞行列正好表现国君的美德。那养猪造酒，不是用来制造灾祸的；但是诉讼的案子越来越多，那就是酒的饮用产生的灾祸呀。所以古代帝王根据这种情况制定喝酒的礼节，敬献一次酒的礼仪，宾主之间多次恭敬揖拜，这样整天都在饮酒的礼节中也不会喝醉了，这是古代帝王用来防备喝酒闹事的办法。所以说，喝酒饮食，是用来使人们聚在一起获得欢乐的。

注释　**1** 教：指以乐教民。　**2** 事：礼事。　**3** 以法治：指以乐为治之法。　行象德：指乐舞行列的长短正好符合君主之德。　**4** 豢：养。　为：作，此指酿。　非以为祸：《史记正义》："言前王豢犬豕及作酒之事，本以为礼祀神祇，设宾客，和亲族，礼贤能，而实非为民作祸灾也。"　流：流害。　**5** 一献：士饮酒之礼。献，敬酒。　百拜：极言拜揖次数之多。　备：防备。

乐者，所以象德也；礼者，所以闭淫也。是故先王有大事，必有礼以哀之；有大福，必有礼以乐之：哀乐之分，皆以礼终。[1]

音乐，本意是用来表现美德的；礼仪，本意是用来杜绝淫乱的。所以古代帝王有死丧大事，一定有丧礼用来表示哀悼的情怀；有重大的庆典，一定有礼仪用来表示欢乐的情怀：哀悼、欢乐虽然有区分，但是都归结到礼仪。

乐也者，施也；礼也者，报也。[2] 乐，乐其所

音乐，是施舍给予；礼仪，是崇尚往来回报。音乐，是抒发人们内心产生的欢乐；而礼仪，则回报那开始欢乐

自生；而礼，反其所自始。[3]乐章德，礼报情反始也。[4]所谓大路者，天子之舆也；龙旂九旒，天子之旌也；青黑缘者，天子之葆龟也；从之以牛羊之群，则所以赠诸侯也。[5]

的缘由。音乐表彰美德，礼仪回报人情反思先祖。所说的大辂车，原是天子的专车；绣着龙的旗子，边上镶着九条飘带，原是天子的旌旗；边缘上有黑绿色细毛的甲壳，原是天子占卜吉凶用的宝龟；还有附加在后面的牛群羊群，都是在接受朝拜后天子用来回赠诸侯的礼物。

注释 1 大事：指丧事。 大福：祭祀等吉庆之事。 按：以上是《乐施章》，讲礼乐的布施天下。 2 施：施予。 报：报答。《史记正义》庾蔚之云："乐者，所以宣畅四气，导达情性，功及物而不知其所报，即是出而不反，所以谓施也。礼者，所以通彼之意，故有往必有来，所以谓报也。" 3 所自生：指自己心中所产生的情绪。 所自始：指事业从什么地方所开始的。如周是以后稷为始祖，就以礼报答后稷。 4 章德：彰明其德。 报情：报答他人的恩情。 反始：子孙报答先祖。 5 大路：即大辂。孔颖达："大辂，谓上公及同姓侯伯则金辂，异姓象辂，四卫革辂，蕃国木辂，受于天子，总谓之大辂也。" 龙旂九旒：上公之旌旗。如果是侯伯则七旒，子男则五旒。 青黑缘：即龟甲边缘上青黑色细毛。 葆龟：即宝龟，占卜吉凶所用的龟。葆，通"宝"，珍贵。 从之：附加上。 按：这原是《乐象章》的末段，但实际内容是讲乐的布施，故置于此。

乐也者，情之不可变者也；礼也者，理之不可易者也。[1]乐统同，礼别异，礼乐之说贯乎人情矣。[2]穷本知变，乐之情也；著

音乐，表达平和感情的原理不可以改变；礼仪，判别公正事理的准则不可以更易。音乐统一人们情感，礼仪区别人们的尊卑，礼乐的理论在人情方面可以贯通了。探讨自然本性了解变化原因，这是音乐的性情；

诚去伪，礼之经也。[3]礼乐顺天地之诚，达神明之德，降兴上下之神，而凝是精粗之体，领父子君臣之节。[4]

发扬忠诚品德除去虚伪劣习，这是礼仪的常规。礼乐顺应天地的诚意，通达神明的恩德，使天地神灵都降临人间，凝聚成万物大小的形体，统领父子君臣的大节。

注释 1 情：感情。 理：事理。 2 统：统领。 同：和合之同。 异：尊卑之异。 说：道理。 3 穷：穷究，探究。 情：意指本质。 著：保存，发扬。 经：纲领，根本。 4 降兴上下之神：即如《周礼》所言“天神皆降，地祇皆出”。兴，出。 凝：凝聚。 精粗之体：谓万物大小。 领：统领。

是故大人举礼乐，则天地将为昭焉。[1]天地欣合，阴阳相得，煦妪覆育万物，然后草木茂，区萌达，羽翮奋，角觡生，蛰虫昭稣，羽者妪伏，毛者孕鬻，胎生者不殰，而卵生者不殈，则乐之道归焉耳。[2]

所以在位的君臣能施行礼乐，天地鬼神都会帮助他彰明教化。天地二气交合，阴阳协调，生养抚育万物，然后草木茂盛，菽豆稻稷长出地面，鸟儿振翅奋飞，带角的走兽也生息繁育，冬眠的昆虫又复苏了，母鸟在孵化，走兽在生育，胎生的不流产，卵生的不毁蛋，那么音乐调和阴阳的主旨就全归结到这里了。

注释 1 大人：指在位的君臣。 昭：彰明。 2 煦妪(xù yǔ)：此指天地阴阳之爱抚长养。 区(gōu)：通“勾”。曲出曰区，菽豆之属。 萌：直出曰萌，稻稷之属。 达：新生。 羽翮(hé)：飞鸟之属。 角觡(gé)：走兽之属。 稣：“苏”的本字，苏醒。 妪伏：鸟类以体孵卵。 孕鬻：怀孕生育。鬻，通“育”。 殰(dú)：动物胎未出而死。 殈(xù)：鸟卵未孵成而开裂。

乐者，非谓黄钟大吕弦歌干扬也，乐之末节也，故童者舞之；布筵席，陈樽俎，列笾豆，以升降为礼者，礼之末节也，故有司掌之。[1]乐师辩乎声诗，故北面而弦；宗祝辩乎宗庙之礼，故后尸；商祝辩乎丧礼，故后主人。[2]是故德成而上，艺成而下；行成[3]而先，事成而后。是故先王有上有下，有先有后，然后可以有制[4]于天下也。

音乐，不是所说的黄钟大吕各种乐器、丝弦演唱、舞弄盾钺，这是音乐的细枝末节，所以用儿童去表演；布置筵席，陈设酒樽俎器，排着笾豆食器，拿升台降阶揖让作为礼仪的，这是礼的细枝末节，所以专有部门主管。乐师只会分辨歌曲歌诗，所以面向北演奏；太祝等祭祀官员只会分辨宗庙祭祀的仪式，所以只能跟在代享尸的后面；熟习商礼的司仪只知道分辨下葬的仪式，所以跟在发丧主人的身后。所以德行有成就坐上面的尊位，技艺有成就坐在下面的卑位；行为有成就走在先头，办事有成就走在后头。所以古代帝王规定有上下，有先后，然后可以用来制作礼乐统治天下了。

注释　1 黄钟大吕：本指乐律。黄钟为六律之首，大吕为六吕之首。借指各种乐器。　扬：钺。　樽俎：古代盛酒和盛肉的器皿，常为筵席的代称。　笾豆：笾和豆，供祭祀和宴会之用的礼器。笾，竹制，盛果脯等。豆，用木、铜、陶制，盛齑酱等。　有司：指掌礼的官署。　2 辩：通“辨”，辨别。　声：歌曲。　诗：歌词。　北面：面向北而坐。《史记正义》：“言乐师虽能别歌诗，并是末事，故北面，言坐处卑也。”　宗祝：官名，掌宗庙礼仪。　尸：代替死者接受祭祀的人。后代改为神主牌位或画像。　商祝：祝习于商礼者。商代教人敬于接神，周继之而称。　主人：发丧之主。3 行成：《史记正义》：“尸尊而人孝，故为行成。”　4 制：指制定礼乐。按：以上是《乐情章》，讲乐的精神实质。

乐者,圣人之所乐也,而可以善[1]民心。其感人深,其风移俗易,故先王著其教焉。[2]

音乐,是圣人用来娱乐的,但是可以用来使百姓的心地善良。音乐感动人到至深的程度,社会风气就会改变,人情世俗就会变化,所以古代帝王明确音乐的教化作用。

注释 1 善:使动用法,使……善良。 2 其风移俗易:《汉书·礼乐志》作“其移风易俗易”,《礼记·乐记》作“其移风易俗”。 著其教:《史记集解》引郑玄曰:“谓立司乐以下,使教国子也。” 按:此为《乐施章》的末段,误置于此,应移于前。

夫人有血气心知之性,而无哀乐喜怒之常,应感起物而动,然后心术形焉。[1]是故志微焦衰之音作[2],而民思忧;啴缓慢易繁文简节之音作,而民康乐;[3]粗厉猛起奋末广贲之音作,而民刚毅;[4]廉直经正[5]庄诚之音作,而民肃敬;宽裕肉好顺成和动之音作[6],而民慈爱;流辟邪散狄成涤滥之音作,而民淫乱。[7]

人天生具有感情和理智,而没有喜怒哀乐的常规,人的本性受外物感应而动,然后心意便显现出来了。因此,纤细微眇而又急促的音乐流行,百姓就悲思忧愁;和缓疏平、多文采而节奏简明的音乐流行,百姓就康壮和乐;粗犷刚劲、激烈奋迅、广阔而气势旺盛的音乐流行,百姓就刚强坚毅;廉洁切直、刚毅公正、庄严诚恳的音乐流行,百姓就严肃恭敬;宽洪充实圆润、顺畅成章和谐而动的音乐流行,百姓就仁慈友爱;放荡邪僻散漫、节奏快速而繁杂的音乐流行,百姓就淫邪混乱。

注释 1 血气:血脉气息,此指感情。 心知:思维理智。 性:禀赋。 应感起物而动:《史记正义》:“缘外物来感心,心触感来,起动应之,故有上四事也。” 心术:心意,心计。郑玄云“术,所由也”,是说心感所经由的途径、方法。 形:显现。 2 志微:《汉书·礼乐志》作“纤微”,指音乐纤细而微眇。 焦衰:《礼记·乐记》作“噍杀”,意为蹙急。 3 啴(chǎn)缓:和缓。 慢易:疏平。 繁文:乐音多文采。 简节:节奏简明。 4 粗厉:粗犷刚劲。 猛起:音乐开始时刚猛。 奋末:音乐终结时奋迅。 广贲(fèn):广阔而气势旺盛。贲,气势旺盛。 5 经正:刚毅公正。经,《乐记》正作“劲”。 6 肉好:《礼记集解》:“以璧之肉好喻音之圆转而润泽也。” 顺成:以顺而成。 和动:以和而动。 7 流辟:放荡邪僻。 邪散:淫邪而散乱。 狄成涤滥:《史记正义》:“狄,涤,皆往来疾速也。往来速而成,故云狄成;往来疾而僭滥,故云涤滥也。” 孔颖达曰:“此言人心不同,随感而变,乐声善恶,本由民心而生,合成为乐,又下感于人,犹如雨出于山而还雨山,火出于木而还燔木,故此篇之首,论人能兴乐,此章之意,论乐能感人也。”

是故先王本之情性,稽之度数,制之礼义,合生气之和,道五常之行,使之阳而不散,阴而不密,刚气不怒,柔气不慑,四畅交于中而发作于外,皆安其位而不相夺也。[1]然后立之学等,广其节奏,省其文采,以绳德厚也。[2]类小大之称,比终始之序,以

所以古代帝王根据人的情感性格,考察律吕八音等的度数,运用礼义加以节制,使阴阳之气调和,引导五行运转,使阳气不散失,阴气不封闭,刚气不愤怒,柔气不恐惧,阴阳刚柔四气通畅交会在心中,发出音响表现在体外,都按着各自位置不互相侵犯。然后在国子学宫的内外设立乐教,扩大音乐的节奏,审察音乐和谐的意境,用来审度德性修养的厚薄。用法度整齐乐律的高低,编排羽声结束、宫声开始的顺序,用五声十二律象征人事行为,

象事行，使亲疏贵贱长幼男女之理皆形见于乐。[3]故曰乐观其深矣。[4]

使亲疏贵贱长幼男女的伦理都用音乐的形式表现出来。所以说音乐的理论、观点很深奥呀。

注释 1 稽：考。 度数：指六律六吕、八音之属的法度标准。 生气：指阴阳。 五常：五行。 密：闭。 慑：恐惧。 四：指天地之阴阳，人心之刚柔。 中：心中。 夺：侵犯。 2 立之学等：学，国子学。等，国子学以外教授乐舞的机构。《礼记集解》陈氏澔曰："立之学，若乐师掌国学之政，大胥掌学士之版是也。立之等，若十三舞《勺》，成童舞《象》之类是也。" 广：增加，扩大。 省(xǐng)：审察。 文采：音乐的五声相和相应。 绳：审度。 3 类：《乐记》作"律"，以法度加以整齐。 小大：指十二乐律的高低。 比：按次序排列组合。 象：象征，表现。 事行：指君臣等诸多伦理。 4 观：指乐的理论、观点。

土敝则草木不长，水烦则鱼鳖不大，气衰则生物不育，世乱则礼废而乐淫。[1]是故其声哀而不庄，乐而不安，慢易以犯节，流湎以忘本[2]。广则容奸，狭则思欲，感涤荡之气而灭平和之德，是以君子贱之也。[3]

土地过度垦殖，那么草木就不生长了；湖水过分搅扰，那么鱼鳖就长不大了；阴阳之气衰竭，那么生物就不繁育成长；社会动乱，那么礼仪被废弃而音乐荒淫靡滥。所以这种音乐的声音哀伤而不庄严，有欢乐而不安定，傲慢轻佻触犯礼节，流连沉湎于娱乐而忘了根本。声音缓慢就包含奸伪，声音急促就思及利欲，撼动善人的善气，泯灭善人平和的德性，所以有修养有道德的人轻视这种音乐。

注释 1 敝:指使用过度失去肥力,即贫瘠。 烦:烦扰。指过分搅扰。 气衰:指阴阳之气衰。 礼废而乐淫:指上下无序,男女无别等情状。 2 流湎以忘本:《史记正义》:"靡靡无穷,失于终止,故言忘本,即乐而不安之义也。" 3 广:声缓。 狭:声急。 感:通"撼",动。 涤荡之气:善人条畅之善气。涤荡,《乐记》作"条畅"。 按:以上是《乐言章》,讲乐与道德情感的关系。

凡奸声感人而逆气应之,逆气成象而淫乐兴焉。[1]正声感人而顺气应之,顺气成象而和乐兴焉。倡和有应,回邪曲直各归其分,而万物之理以类相动也。[2]

是故君子反情以和其志,比类以成其行。[3]奸声乱色不留聪明,淫乐废礼不接于心术,惰慢邪辟之气不设于身体,使耳目鼻口心知百体皆由顺正,以行其义。[4]然后发以声音,文以琴瑟,动以干戚,饰以

凡是奸邪的声音感动人心,就有违逆不顺的气息与它应和,人们学习这种违逆不顺的气息成为习惯,于是淫靡的音乐就流行了。中正平和的声音感动人心,就有顺畅的气息与它应和,人们学习这种顺畅的气息成为习惯,调和的音乐就流行了。唱和都有感应,乖违邪僻,偏曲不直,平和中正,各自都归到它们的分限中去,天下万物善恶真伪的道理,也是根据类别而互相感动。

因此,有道德修养的人,返归人的善性来调和他的心志,选择从善的品类来成就自己的德行。奸邪的声音、杂乱不正的颜色不在耳朵眼睛里保留,淫靡的音乐、废坏的礼仪不被心灵接受,懒惰傲慢邪恶乖僻的习气不在身体内保留,使耳目鼻口心智各部分肢体都接受和顺正直的事物,用来施行仁义的美德。然后用声音表达出来,用琴瑟文饰美化,用盾牌、斧钺舞动,用羽毛、旄牛尾来装饰,用箫管来跟着

羽旄，从以箫管，奋至德之光，动四气之和，以著万物之理。[5]是故清明象天，广大象地，终始象四时，周旋象风雨；五色成文而不乱，八风从律而不奸，百度得数而有常；小大相成，终始相生，倡和清浊，代相为经。[6]故乐行而伦[7]清，耳目聪明，血气和平，移风易俗，天下皆宁。故曰乐者，乐也。君子乐得其道，小人乐得其欲。[8]以道制欲，则乐而不乱；以欲忘道，则惑而不乐。是故君子反情以和其志，广乐以成其教，乐行而民乡方，可以观德矣。[9]

应和，振奋崇高美德的光辉，鼓动阴阳刚柔四种气息加以调和，用来显示天下万物的道理。所以音乐清彻明亮，象征天的晴朗，音乐雄浑深沉，象征地的厚实，乐章周而复始，象征四季的变化，舞步周转象征风雨的回旋；五种颜色织成图案并不混乱，八种器乐按音律演奏并不走调，无数种刻度得到一定的序数就有常规；小月大月相辅相成，结束开始轮回产生，一唱一和声音有清有浊，律吕互相更替变化而有规律。所以好的音乐流行，人道伦理就澄清了，耳朵听得真切，眼睛看得明白，血脉气息调和平稳，改变风俗，天下全都安宁了。所以说音乐就是欢乐呀。有道德的人喜欢获得仁义的修养，奸邪的小人喜欢获得欲望的满足。用仁义修养节制欲望，那么人们就会获得欢乐但不淫乱；为满足欲望忘却仁义修养，那么就会产生惑乱而不得安乐了。所以有道德的人本着性情来调和心志，推广音乐来促进教化，音乐流行使百姓向往仁义大道，这样就可以深入了解他的德性了。

注释　**1** 奸声：淫邪不正的乐声。与下文“正声”相对。　逆气：违逆不顺之气。与下文“顺气”相对。　成象：《史记集解》引郑玄曰：“谓人乐习之也。”　**2** 倡和：即“唱和”，一唱一和。　回：乖违。　邪：邪僻。 分:分限。 3 反情:返归人的善性。情,性。 比:比拟,选择。 类:此指从善的品德。 4 聪明:指视听,即耳目。 心术:心灵。 设:加。 百体:指身体百节。 5 发:表达。 文:文饰。 从:随,跟。 奋:振奋。 著:显示。 6 终始:周而复始。如乐曲之六变九变。 周旋:指舞步回旋。 八风:《礼记集解》云:"八方之风,即东方明庶风,东南清明风,南方景风,西南凉风,西方阊阖风,西北不周风,北方广莫风,东北条风。乐之八音,应乎八风:竹音生于震而属东,木音生于巽而属东南,丝音生于离而属南,土音生于坤而属西南,金音生于兑而属西,石音生于乾而属西北,革音生于坎而属北,匏音生于艮而属东北。" 不奸:克谐而不夺伦。 百度:言其多。 常:常数,如宫之八十一丝,以至羽之四十八丝,黄钟之九寸,以至应钟之四寸二十七分寸之二十等情况。 清浊:《史记集解》引郑玄云:"清谓蕤宾至应钟也,浊谓黄钟至仲吕也。" 代:更。 经:常。 7 伦:人伦,人道。 8 道:指仁义。 欲:指邪淫的欲望。 9 广:推广。 乡:通"向"。 方:正道。

德者,性之端也;乐者,德之华也;金石丝竹,乐之器也。[1] 诗,言其志也;歌,咏其声也;舞,动其容也:三者本乎心,然后乐气从之。[2] 是故情深而文明,气盛而化神,和顺积中而英华发外,唯乐不可以为伪。[3]

德性是人性的根本,音乐是德性的花朵,金石丝竹是音乐的器具。诗章是表述人们的心志,歌唱是歌咏人们的言辞,舞蹈是舞动人们的姿容:志、声、容三者都根据人的内在心性表现出来,然后音乐的气息才跟着形成。所以情感深厚就表现出文采明显,气息盛大就显示天下都安宁,调和顺畅聚积在内心,人的外在就会显得英姿勃发,只有音乐不可以弄虚作假。

注释 1 端:端绪,原本。 华:光华。 2 三者:指志、声、容。 乐气:

指诗、歌、舞。 3 情深：指德为性本。 文明：指乐为德华。 气盛：指诗、歌、舞，乐气从之。 化神：指天下咸宁。《礼记集解》："情深者，谓喜怒哀乐之中节。气盛者，谓阴阳刚柔之交畅。文明者，文采著明，五色成文而不乱，八风从律而不奸也。化神者，行乎阴阳，通乎鬼神，穷高远，测深厚，而无所不至也。情深而气盛者，德也，和顺之积中者也。文明而化神者，乐也，英华之发外者也。" 乐不可以为伪：音乐不可以弄虚作假，是因为它必须以德作为根本。

乐者，心之动也；声者，乐之象[1]也；文采节奏，声之饰。君子动其本，乐其象，然后治其饰。是故先鼓以警戒，三步以见方，再始以著往，复乱以饰归，奋疾而不拔，极幽而不隐。[2]独乐其志，不厌其道；备举其道，不私其欲。[3]是以情见而义立，乐终而德尊；君子以好善，小人以息过[4]：故曰生民[5]之道，乐为大焉。

音乐是人的心理活动的反映，声音是音乐的形象，文采节奏是声音的修饰。有道德修养的人内心萌生感受时，用音乐来表现，然后整理音调节奏进行修饰。所以《大武》之乐首先击鼓用来表示警戒，舞蹈先向前走三步用来表示所往的方向，再开始向前走步，用来显示武王再次兴师伐纣的史事，最后结束时演奏用来表示整饬凯旋，舞蹈动作矫健迅速但不过分急疾，歌唱节奏情意幽深但不含混隐晦。武王以伐纣的志向为乐，而不厌弃仁义大道；全面推行这一大道，不放纵自己的私欲。所以人本来的性情表现出来以后，礼义也就树立起来了，音乐演奏结束以后，所表现的德性便受到尊重；有道德修养的人因此更乐于做善事，邪恶缺德的小人因此就会改正过错：所以说教养百姓的方法中，音乐是最重要的。

注释 1 象:表象,形象。 2 先鼓:先击鼓。以下是引用周代的《大武》乐舞来加以说明。 三步:三举足。 见方:显示其所往之方。指武王第一次前往伐纣。 再始:再次开始举足。 著往:显示其前往。指武王再次前往而灭商。 乱:终。指舞的最后。 饰归:整饬而归。饰,通"饬"。 奋疾:奋发迅速。 拔:特别急速。 幽:情意幽深。 隐:隐晦。 3 乐其志:指有德以伐纣之志。 厌:厌弃。 备举:全面推行。 4 息过:改过。 5 生民:指治理民众。 按:以上为《乐象章》,讲乐与人的气质、德性间的关系。

君子曰"礼乐不可以斯须[1]去身"。致乐以治心,则易直子谅之心油然生矣。[2]易直子谅之心生则乐,乐则安,安则久,久则天,天则神。[3]天则不言而信,神则不怒而威。[4]致乐,以治心者也;致礼,以治躬[5]者也。治躬则庄敬,庄敬则严威。[6]心中斯须不和不乐,而鄙诈之心[7]入之矣;外貌斯须不庄不敬,而慢易之心入之矣。故乐也者,动于内者也;礼也者,动于外者

有道德修养的人说"礼乐不可以片刻离开自身"。通过学习音乐来调治心性,那平易、正直、慈爱、诚实的思想就油然而生了。平易、正直、慈爱、诚实的思想产生就感到欢乐,感到欢乐就能安适,能安适就能长久,能长久就天真自然,天真自然就神妙莫测。天真自然的人,不用说话而其他人就会信任他;神秘莫测的人,不用发怒而其他人就会畏惧他。致力于学习音乐,用来修养内在的心性;致力于学习礼仪,用来约束自身的行为。约束自身的行为就庄重恭敬,庄重恭敬就严肃威仪。心中片刻不和畅不欢乐,卑鄙欺诈的思想就会侵入;外貌片刻不庄重不恭敬,傲慢轻浮的思想就会侵入。所以音乐,使人内心情志受到触动;礼仪,使人外貌行为受到触动。音乐的

也。乐极[8]和，礼极顺。内和而外顺，则民瞻其颜色而弗与争也，望其容貌而民不生易慢焉。德辉动乎内而民莫不承听，理发乎外而民莫不承顺，故曰"致礼乐之道，举而错之天下，无难矣"。[9]

最高境界是和悦，礼仪的最高境界是顺畅。内心和悦外表顺畅，那么百姓看到他的脸色就不跟他争执了，看见他的容貌就不对他产生轻浮怠慢的思想了。内心被仁德光辉触动的人，百姓没有谁不顺服听从他，外在的言行端正的人，百姓没有谁不奉承顺服他。所以说"致力于礼乐之道，并将其施行于天下，就没有难办的事了"。

注释 1 斯须：《史记正义》："俄顷也。"即顷刻，片刻。 2 致：深审。 易：平易。 直：正直。 子：慈爱。 谅：诚信。 油然：盛兴貌。《史记集解》引郑玄曰："油，新生好貌。" 3《礼记集解》："乐者，乐于此而不厌也；安者，安于此而不迁也；久者，久于此而不息也。久则体性自然，而无作为之劳，故曰天。天则神妙不测，而无拟议之迹，故曰神。" 4《礼记集解》："自然，故不言而人自信；不测，故不怒而人自畏。" 5 躬：指身体所显示的仪表、举止。 6《礼记集解》："庄敬，言其敬德之具于身；严威，言其仪象之接于物。" 7 鄙诈之心：《史记集解》引郑玄曰："谓利欲生也。" 8 极：最高境界。 9《史记集解》引孙炎曰："德辉，明惠也。理，言行也。" 《礼记集解》："礼乐交错，内外互养，而根心生色，睟面盎背，故见之者自然敬信而莫不顺听也。" 错：通"措"，施行。

乐也者，动于内者也；礼也者，动于外者也。故礼主其谦，乐主其盈。[1]礼谦而进，以进为文；[2]乐

音乐影响人的内心，礼仪影响人的外表。因此，礼仪的主旨是谦让，音乐的主旨是满足。礼仪谦让鼓励进取，用鼓励进取来达到尽善尽美；音乐满足就要节制，用节制来达到尽

盈而反，以反为文。礼谦而不进，则销；乐盈而不反，则放。[3]故礼有报[4]而乐有反。礼得其报则乐，乐得其反则安。礼之报，乐之反，其义一也。[5]

善尽美。礼仪谦让而不鼓励进取，就逐渐消失；音乐满足而不节制，就放纵淫乱。因此，礼仪有进取而音乐有节制。礼能够进取就欢乐，音乐能够有效节制就安定。礼仪的进取，音乐的节制，它们的意义是相同的。

注释 1 主：主旨。 谦：谦损，谦让。 盈：满足。 2 进：进取。郑玄解释为"自勉强也"。 文：美，善。 反：节制。郑玄解释为"自抑止也"。 3 销：消失。 放：淫逸，淫乱。《史记集解》郑玄曰："淫于声，乐不能止也。" 4 报：进取。 5《史记集解》引郑玄曰："俱起立于中，不销不放。"《礼记集解》："礼得其报，则有以达我之情，故乐。乐得其反，则有以止乎其节，故安。乐则不至于销，安则不至于放，故曰'其义一也'。"

夫乐者，乐也，人情之所不能免也。乐必发诸声音，形于动静，人道也。[1]声音动静，性术之变[2]，尽于此矣。故人不能无乐，乐不能无形[3]。形而不为道[4]，不能无乱。先王恶其乱，故制《雅》《颂》之声以道之，使其声足以乐而不流，使其文足以纶而不息，使其曲直繁

音乐就是欢乐的表现，是人的性情所不能避免的。音乐一定要从声音中发生出来，表现在手舞足蹈的动作上，这是人的常情。声音动静，性情和它所表现的方法上的变化，全包含在这里了。所以人不能没有欢乐，欢乐不能没有音响动静。音响动静不按规则，不能不产生淫乱。古代帝王厌恶那种淫乱，所以制作《雅》《颂》的歌声来引导百姓，使百姓的歌唱足以使人快乐而不放纵，使乐章足以合乎条理而不呆滞，使那乐曲婉转

省廉肉节奏，足以感动人之善心而已矣，不使放心邪气得接焉，是先王立乐之方也。[5]是故乐在宗庙之中，君臣上下同听之，则莫不和敬；在族长乡里之中，长幼同听之，则莫不和顺；在闺门之内，父子兄弟同听之，则莫不和亲。[6]故乐者，审一以定和，比物以饰节，节奏合以成文。[7]所以合和父子君臣，附亲万民也，是先王立乐之方也。故听其《雅》《颂》之声，志意得广焉；执其干戚，习其俯仰诎信，容貌得庄焉；行其缀兆，要其节奏，行列得正焉，进退得齐焉。[8]故乐者天地之齐，中和之纪[9]，人情之所不能免也。

夫乐者，先王之所以饰喜也；军旅铁钺者[10]，先王之所以饰怒也。故先王之喜怒皆得其齐[11]矣。

平直、繁复简略、方正丰满、奏唱节止，足以感动人向善的心性罢了，不让放纵的思想和淫邪的气息得以影响民众，这是古代帝王建立音乐的原则。所以在宗庙里，国君大臣上下共同听音乐，没有谁不和睦恭敬；在同族乡里中间，长幼共同听音乐，没有谁不平和顺畅；在家里，父子兄弟共同听音乐，没有谁不和睦亲爱。所以说，音乐是审察了黄钟音律以确定它的中和，按着乐器的声音来修饰节奏，节奏调和用来构成和谐的乐章。这样用来调和父子君臣之间的和睦关系，使亿万百姓亲附，这是古代帝王建立音乐的原则。所以听那《雅》《颂》的声音，志气就得到扩大弘扬；拿着盾牌和斧头，练习俯仰屈伸的动作，容貌就会庄重了；走在表演舞蹈的行列中，按着音乐的节奏，在等级行列中也能摆正位置了，前进后退也能合乎步调了。所以说，音乐是天地的齐集，中和的纲纪，人情不能避免的东西。

再说音乐，是古代帝王用来表露内心喜悦的手段；军旅斧钺是古代帝王用来表露心中恼怒的手段。所以古代帝王的喜悦愤怒都能表现喜则天下和之，怒则暴乱者畏之。先王之道礼乐可谓盛矣。

得整齐划一。喜悦就使天下的人应和他，愤怒就使残暴作乱的人畏惧他。古代帝王运用礼乐可以说十分隆盛了。

注释 1 形：表现。 动静：指手舞足蹈之类。 人道：人的禀性。郑玄解释为“人之所为也”。 2 性术：性情及其所表现的方法。《礼记集解》：“内心欢乐，发见声音动静，是人道自然之常。”术，谓道路。 变：谓变动。 3 形：此指声音动静。 4 道：规矩，规则。 5 道：引导。 流：淫放。 文：指乐之篇章。 纶(lún)：指有条理。 曲：声音回曲。 直：声音放直。 繁：繁多。 省：简约。 廉：棱角。 肉：肥满。 节奏：作止。作则奏之，止则节之。 方：原则。郑玄解释为“道也”。 6 长乡里，地方行政编制名。一百家为族，五百家为长，一万二千五百家为乡，二十五家为里。 闺门：指家庭。 7 审：审察。 一：指十二律中之黄钟。 和：中和。 比物：谓杂金、革、土、匏之属。 成文：指五声八音克谐相应和。 8 诎信：弯曲与伸直。诎，弯曲。信，通“伸”。 缀：表明行列。 兆：舞者进退所至的域限。 要(yào)：合。 9 纪：纲纪。 10 军旅：军队。 铁钺：指刑罚。铁，通“斧”。 11 齐：整齐划一。《乐记》作“侪”，辈，类。义同。 按：以上是《乐化章》，讲音乐的教化作用。

魏文侯问于子夏曰：“吾端冕而听古乐则唯恐卧，听郑、卫之音则不知倦。敢问古乐之如彼，何也？新乐之如此，何也？”[1]子夏答曰：“今夫古乐，进旅

魏文侯向子夏发问说：“我穿戴着黑色祭服和礼帽在庙堂中听古代的音乐，就只怕卧倒瞌睡，听郑国和卫国的音乐就不知道困倦。请问古代的音乐那么令人厌倦，是什么原因？郑卫的新音乐那么吸引人，是什么原因呢？”子夏回答说：“我们现在先谈古乐，大家步调进退一致，应和的声音纯正宽广，弦

而退旅，和正以广，弦匏笙簧合守拊鼓，始奏以文，止乱以武，治乱以相，讯疾以雅。[2]君子于是语，于是道古，修身及家，平均天下：此古乐之发也。[3]今夫新乐，进俯退俯，奸声以淫，溺而不止，及优侏儒，獶杂子女，不知父子。[4]乐终不可以语，不可以道古：此新乐之发也。[5]今君之所问者乐也，所好者音也。[6]夫乐之与音，相近而不同。”

匏笙簧的演奏全听拊鼓指挥，开始演奏表明文德的《清庙》乐曲，即将结束时演奏显示武功的《大武》乐曲，合舞将结束时指挥堂上歌诗用乐器相，舞者迅疾要节制时用乐器雅。有道德修养的人于是共同念诵，于是述说古代的史事，即修养自身整齐家室，平均天下的道理：这是古乐要表达的内容。今天的新乐，进退不齐，奸邪的声音使人淫乱，沉浸在里面不能自制，加上倡优弄人的戏耍，像猕猴一样男女混杂，不知道父子尊卑。乐曲演奏终了不能共同念诵父子、君臣、长幼的道理，不可以讨论古代人的史事：这是新乐要表达的内容。今天您所问的是律吕和谐的正乐，但是所喜欢的却是铿锵的声音。那有节律的正乐和铿锵的声音，虽相接近但不相同啊。”

注释　**1** 魏文侯：战国时魏之开国之君魏斯。事详《魏世家》。　子夏：卜商，字子夏，孔子弟子。事详《仲尼弟子列传》。　冕：表示庄严、肃敬的诸侯王礼服。端，玄端，黑色祭服。冕，大冠。着端冕，当是庙中听乐。
2 旅：俱。　弦：琴瑟等。　匏：有四十六根簧管的乐器。　笙：有十九至十三根簧管的乐器。　簧：匏笙诸管端的簧片。　合守：一起等待。　拊：里面装有谷糠如皮囊一样的打击乐器，与鼓一同奏乐时起指挥作用。让堂上乐工奏乐则抚拊，让堂下乐工奏乐则击鼓。　文：指表明文德的《清庙》乐曲。　乱：古代乐曲的末章。　武：指象征武功的《大武》乐曲。　相：拊的另一名称。乐终合舞之时，击相，令堂上歌诗来应合。　讯疾：即“迅疾”，急速。 雅：一种打击乐器，状如漆桶，中有椎。 3 语：乐曲终了共同念诵。 道古：念诵时论说父子、君臣、长幼之道和古昔之事。 发：表演的意思。 4 俯：曲。新乐行列不齐，进退成曲形。 优：俳优杂戏。 侏儒：矮小之人。古代贵族常以侏儒为倡优弄人，因亦称优伶为侏儒。 獶(náo)：同“猱”，猿属。郑玄说是猕猴。獶杂子女，是说舞戏之时，倡优弄人状如猕猴，混杂在男子妇女之间。此指男女无别。 5 “乐终”三句：《礼记集解》引孙希旦云：“愚谓进俯退俯，则与进退齐一者异矣。而又有俳优、侏儒之戏，杂男女，乱尊卑，盖其舞之失如此。奸声以滥，则与和正以广者异矣。而又沉溺而不止，盖其声之失如此。” 6 乐：指律吕克谐之正乐。 音：指铿锵的声音。

文侯曰：“敢问如何？”子夏答曰：“夫古者天地顺而四时当，民有德而五谷昌，疾疢不作，而无祆祥，此之谓大当。[1]然后圣人作为父子君臣以为之纪纲，纪纲既正，天下大定。天下大定，然后正六律，和五声，弦歌《诗》《颂》，此之谓德音，德音之谓乐。[2]《诗》曰：‘莫其德音，其德克明，克明克类，克长克君。王此大邦，克顺克俾。俾于文王，其德靡悔。既

文侯问：“请问为什么不同？”子夏回答说：“古代天地和顺而四季适当，人民具有德行而五谷也昌盛，疾病不流行，也没有凶祸，这就叫十分适当的太平年头。然后圣人制作了父子君臣的等级关系作为法则，法则已经确定，天下非常安定。天下非常安定，然后整理六律，协和五声，用丝弦等乐器歌唱《风》《雅》和《颂》，这就叫德音，德音才称得上音乐。《诗·大雅·皇矣》说：‘静修他的好德行，能够察明是与非，辨明真假与善恶，能为首领和君王赏刑。在这大国当国君，能够使民众和顺亲近。传到文王更贤良，具备美德无遗恨。已经承受

受帝祉，施于孙子。’[3] 此之谓也。今君之所好者，其溺音[4]与？”

帝王福，延及子孙万年长。’说的就是这个道理吧。现在您所喜好的，大概是使人萎靡惑乱的声音吧？”

注释 1 疢疢(chèn)：疾病。 祆(yāo)祥：即“妖祥”。偏义复词，义在祆，凶祸。 大当：不失其序，十分适当。 2 纪纲：法则，法制。《诗》：《礼记集解》谓《风》《雅》也。 德音：表现崇高道德的声音。 3《诗》曰：见《诗经·大雅·皇矣》篇。 莫：通“寞”，寂静，清静。 克明：能明断一切，辨察是非。克，能。 克类：能辨善恶。 克长：教诲不倦。长，有抚育之义。 克君：赏罚分明。 克顺克俾：和顺亲近。顺，顺遂。俾，亲近，《诗经》作“比”。 靡：无。 悔：遗恨。 祉：福。 施：传延，留给。《史记集解》引郑玄曰：“德正应和曰莫，照临四方曰明，勤施无私曰类，教诲不倦曰长，庆赏刑威曰君，慈和遍服曰顺。俾当为‘比’，择善而从之曰比。” 4 溺音：使人沉迷惑乱的声音。

文侯曰：“敢问溺音者何从出也？”子夏答曰：“郑音好滥淫志，宋音燕女溺志，卫音趣数烦志，齐音骜辟骄志。[1] 四者皆淫于色而害于德，是以祭祀不用也。《诗》曰[2]：‘肃雍和鸣，先祖是听。’夫肃肃，敬也；雍雍，和也。

文侯说：“请问使人萎靡惑乱的声音从哪里产生的呢？”子夏回答说：“郑国的音乐好越礼教，使人心志迷乱；宋国的音乐安于妻妾，使人意志消沉；卫国的音乐急促多变，使人心志烦躁；齐国的音乐高傲孤僻，使人心志骄逸。这四国的音乐都偏重于情色，同时又伤害了德行，所以祭祀不使用它们。《诗》中说：‘肃穆雍容和谐鸣，先人祖宗喜欢听。’那肃穆的声音就是恭敬，那雍容的声音就是和谐。又恭敬又和谐，什么夫敬以和，何事不行？为人君者，谨[3]其所好恶而已矣。君好之则臣为之，上行之则民从之。《诗》曰‘诱民孔易’，此之谓也。[4]然后圣人作为鼗鼓椌楬埙篪，此六者，德音之音也。[5]然后钟磬竽瑟以和之，干戚旄狄以舞之。[6]此所以祭先王之庙也，所以献酬酳酢也[7]，所以官序贵贱各得其宜也，此所以示后世有尊卑长幼序也。钟声铿，铿以立号[8]，号以立横，横以立武。君子听钟声则思武臣。石声硁，硁以立别[9]，别以致死。君子听磬声则思死封疆之臣。丝声哀，哀以立廉[10]，廉以立志。君子听琴瑟之声则思志义之臣。竹声滥[11]，滥以立会，会以聚

事会行不通呢？做百姓君主的人，只要谨慎自己喜欢或厌恶的言行就可以啦。国君喜好它，那么臣子就去做这件事；皇上实行的事，那么百姓就跟从去干。《诗》中说‘诱民前进很容易’，说的就是这个道理吧。然后圣人制作了摇鼓、大鼓、椌、楬、陶埙、竹篪，这六种乐器，是演奏表现崇高道德声音的音乐。然后用钟、磬、竽、瑟来加以调和，用盾牌、斧头、牦牛尾、野鸡翎毛来舞蹈演出。这是用来祭祀祖先宗庙的音乐，用来宴饮宾客献礼酬谢的音乐，用来区分官阶贵贱顺序合适的音乐，这些都是用来晓示后代尊卑长幼有秩序的音乐。钟声洪亮，声音洪亮可以树立警戒群众的号令，号令可以树立气势，气势可以树立威严。有道德修养的人，听到钟声就想到了武臣。石磬的声音清脆有力，清脆有力之声可以用来树立节义的是非观念，辨明节义是非可以使人守节效死。有道德修养的人，听到磬声就思念那些为节操守卫边疆而死的臣子。丝弦的声音哀婉悠长，哀婉悠长可以树立廉正的思想，廉正的思想用来树立伟大的人格志向。有道德修养的人，听到琴瑟的声音就思念立志躬行仁义的臣子。竹

众。君子听竽笙箫管之声则思畜聚之臣。鼓鼙之声讙，讙以立动，动以进众。[12]君子听鼓鼙之声则思将帅之臣。君子之听音，非听其铿鎗而已也，彼亦有所合[13]之也。”

笛声浮泛，声音浮泛可以和其他声音融汇，声音融汇可以用来树立汇合的观念，汇合的观念可以用来聚集群众。有道德修养的人听到竽笙箫管的声音，就思念能够养畜聚集百姓的臣子。鼓的声音欢快热烈，欢快热烈之声可以树立调动的观念，调动的观念可以用来鼓动群众进取。有道德修养的人，听到擂鼓的声音，就想起了做将帅的臣子。有道德修养的人听音乐，并不是听音乐的叮当声，而是听音乐中有和自己心志相契合的内容啊。”

注释 1 好滥：好越礼教。滥，越礼。 淫志：使人志向淫乱。 燕女：安于妻妾。燕，安。 趣数(cù shuò)：节奏短促急速。趣，急促。数，通“速”。 烦：烦躁。 骜辟：高傲孤僻。骜，通“傲”。辟，通“僻”。 骄：骄纵。 2《诗》曰：见《诗经·周颂·有瞽》。 3 谨：指谨慎地对待。 4《诗》曰：见《诗经·大雅·板》。诱，进。孔，甚。原文作“牖民孔易”。牖，开导。 5 鼗(táo)：乐器名。即长柄的摇鼓，俗称拨浪鼓。 椌楬(qiāng qià)：乐器名。郑玄以为是柷、敔。柷(zhù)，亦名“椌”，如漆桶，雅乐开始时击之。敔(yǔ)，亦名“楬”，伏虎状的乐器，雅乐结束时用之。 埙(xūn)：陶制吹奏乐器，上有数孔。 篪(chí)：竹制单管横吹的乐器。 6 竽(yú)：乐器名。似笙，较大，有三十六簧。 狄：通“翟”，雉类的长尾羽。舞蹈用具。 7 酬：劝酒。先自饮，再劝宾客饮。 酳(yìn)：宴会礼节，食毕用酒漱口。 酢(zuò)：进酒于客人叫献，客人以酒回敬叫酢。 8 铿(kēng)：象声词。 立号：确立警戒群众的号令。 9 硁(kēng)：声音果敢有力。 别：节义分明。 10 廉：廉隅，刚正。 11 滥：汇合各种音调。 12 鼓鼙(pí):大鼓和小鼓。鼙,军中所击的小鼓。 讙(huān):喧哗。 立动:听到喧嚣声人就会受到鼓动。 进众:指挥众兵前进。 13 合:声音与自己的志趣相契合。 按:以上是《魏文侯章》。

宾牟贾侍坐于孔子[1],孔子与之言,及乐,曰:“夫《武》之备戒之已久[2],何也?”

答曰:“病不得其众也[3]。”

“永叹之,淫液之,何也?[4]”

答曰:“恐不逮事[5]也。”

“发扬蹈厉之已蚤[6],何也?”

答曰:“及时事[7]也。”

“《武》坐致右宪左[8],何也?”

答曰:“非《武》坐[9]也。”

“声淫及商,何也?[10]”

答曰:“非《武》音也。”

子曰:“若非《武》音,

宾牟贾侍奉孔子坐着,孔子和他谈话,谈到音乐,问:“那周代的《武》乐,先击鼓表示警戒,击那么长时间,这是为什么呢?”

牟贾回答说:“那是武王担心得不到群众由衷的支持啊!”

“舞蹈以前,长时间歌唱,又那么迟缓悠长,这是为什么呢?”

牟贾回答说:“武王恐怕诸侯们来得晚而赶不上攻伐的时机。”

“表演开始时,举袂扬袖顿足蹋地,表现得非常猛烈,这么早就有用兵的准备,这是为什么呢?”

牟贾回答说:“到时候,战事就可以开始了。”

“《武》舞中间表演的坐式,右膝着地,左膝悬起来,为什么呢?”

牟贾回答说:“这不是《武》舞中应该有的坐式。”

“《武》舞接近结束,歌声中还有表现杀伐的商调,这是为什么呢?”

牟贾回答说:“这不是《武》乐应有的歌声。”

则何音也？”

答曰：“有司失其传[11]也。如非有司失其传，则武王之志荒[12]矣。”

子曰：“唯丘之闻诸苌弘，亦若吾子之言是也。[13]”

孔子问：“如果不是《武》乐中应有的歌声，那是什么歌声呢？”

牟贾回答说：“主管音乐的人传授时误失了本旨。如果不是主管音乐的人误传其本旨，那武王有穷兵黩武的意向了。”

孔子说：“我也听过苌弘的解释，也像您说的这样。”

注释 1 宾牟贾：孔颖达以为宾牟为姓，贾为名。 侍坐：坐在旁边侍候。 2《武》：武曲《大武》。 备戒：击鼓警众。 已：太。 3 病：忧虑。 众：指众人之心。 4 永叹：即“咏叹”，曼声长咏。 淫液：形容乐声连绵不绝。 5 恐不逮事：是说武王恐诸侯后至，不及用师之事。逮，及。 6 发扬：初起举袂。发，初。扬，举袂。 蹈：顿足蹋地。 厉：猛厉。 已蚤：太早。“发扬蹈厉”本是用兵时适宜的举动，现在一开始就如此，所以说太早。蚤，通“早”。 7 及时事：是想及时而行讨伐，所以初舞就表现出勇决的精神。 8 致右宪左：是说《武》舞到了五成的时候，舞者之坐致右膝于地，而轩起其左足。宪，通“轩”，起。 9 非《武》坐：《武》舞终止皆坐，坐则两足当皆至于地，今致右宪左，故非坐。 10 淫及商：超过了商声。淫，过。商，商声，主杀伐。此承上而问，《武》舞已终结，为什么还有杀伐之声？ 11 有司失其传：是说主管官员传授时误失其本旨。 12 志荒：志意荒乱。即有意于穷兵黩武。 13 苌弘：周大夫。《周本纪》载有其事迹。 吾子之言：即上述宾牟贾回答的五个问题。吾子，对人的尊称。

宾牟贾起，免席而请曰：“夫《武》之备戒之已久，

宾牟贾站起来，避席请教说：“在《武》乐中，打鼓警戒群众需要

则既闻命矣。敢问迟之迟而又久,何也?”[1]

子曰:“居[2],吾语汝。夫乐者,象成[3]者也。总干而山立,武王之事也;发扬蹈厉,太公之志也;武乱皆坐,周召之治也。[4]且夫《武》,始而北出,再成而灭商,三成而南,四成而南国是疆,五成而分陕,周公左,召公右,六成复缀,以崇天子,夹振之而四伐,盛威于中国也。[5]分夹而进,事蚤济[6]也。久立于缀,以待诸侯之至也。且夫女独未闻牧野之语[7]乎?武王克殷反商,未及下车,而封黄帝之后于蓟,封帝尧之后于祝,封帝舜之后于陈;下车而封夏后氏之后于杞,封殷之后

很长时间,这我已经知道了。请问全舞各部分都迟延了好久才终结,这是为什么呢?”

孔子说:“请坐,我告诉你。音乐是表现成功的。拿着盾牌像山一样站着不动,象征武王等待各路诸侯到来伐纣的威容;舞蹈开始时扬手顿足猛烈,象征姜太公的意志;《武》舞尾声全坐下,象征周、召二公时的天下大治。而且那《武》乐,开始表演时舞人向北出场不动,象征孟津检阅军队;再出场表演就象征消灭殷商了;第三次出场表演回到南边,象征凯旋回镐京;第四次出场表演象征威服南国,扩大疆域;第五次表演分东、西二队,表示分陕治理,周公治左,召公治右;第六次表演又回到原位静止不动,用来表示尊崇天子,两个军官拿着铎铃,中间夹着一队士兵向四面刺击,显示武王在中原威武强盛之势。将帅统率士兵共同前进,表示要早日渡过黄河成就大事。长久地站在舞位不动,表示等待诸侯到来。况且,你没听说过牧野战斗中的传说吗?武王打败殷纣,到了商的都城,还没下车,就封黄帝的后代于蓟地,封尧帝的后代于祝地,封舜帝的后代于陈地;下车以后,封夏后氏的后代于杞地,封殷纣的后代于宋地,给

于宋，封王子比干之墓，释箕子之囚，使之行商容而复其位。庶民弛政，庶士倍禄。[8]济河而西，马散华山之阳而弗复乘；牛散桃林之野而不复服；车甲衅而藏之府库而弗复用；倒载干戈，苞之以虎皮；将率之士，使为诸侯，名之曰建櫜：然后天下知武王之不复用兵也。[9]散军而郊射，左射《狸首》，右射《驺虞》，而贯革之射息也；裨冕搢笏，而虎贲之士税剑也；祀乎明堂，而民知孝；朝觐，然后诸侯知所以臣；耕藉，然后诸侯知所以敬：五者，天下之大教也。[10]食三老五更于太学，天子袒而割牲，执酱而馈，执爵而酳，冕而总干，所以教诸侯之悌也。[11]若此，则周道[12]四达，礼乐

王子比干的坟墓培土，释放囚禁的箕子，派毕公去看望商容并恢复他的职位。百姓解除苛役，一般士人加厚俸禄。渡过黄河向西回到镐京，战马散放在华山南麓不再驾乘；牛散放到桃林之野不再乘驾；战车铠甲套起来藏到国库里不再使用；倒放干戈兵器，用虎皮包起来；率兵的将领，封他们成为诸侯，命名叫建櫜：然后天下人都知道武王不再用兵了。解散军队士兵散置在郊外学宫教习射礼，在左边东郊教射礼演奏《狸首》，在右边西郊教射礼演奏《驺虞》，那在军中贯穿皮革铠甲的劲射停息不用了；穿着整齐的衣服，戴着礼帽，腰间别着笏板，那些像虎一样的勇士也都解下刀剑；在明堂举行祭祀上帝的仪式，然后百姓懂得什么是孝敬；建立春朝秋觐的制度，然后诸侯懂得怎样做臣子；亲自耕种藉田，收获用来祭祀天地，然后诸侯才知道如何恭敬：这五项是天下最重要的教化内容。在太学有供养三老五更的礼仪，天子光着膀子割下煮熟的牲肉，捧着盐、酱热情招待，捧着酒让漱口，戴着礼帽拿着盾牌舞蹈，这是用来教导诸侯敬老尊贤。像这样做，周的政治主张四通八达了，

交通，则夫《武》之迟久，不亦宜乎？”

礼乐在天下交相沟通，那《武》乐迟缓悠久，不也是很适当的吗？”

注释 1免：避。 闻命：听到孔子肯定了自己说的话。一种表尊敬的套语。 迟之迟：指《武》舞有六成，每成都迟延很久才告终结。非专指一成。 2居：犹安坐。 3象成：象征事业成功。总括下文所言。 4总干：持盾。总，持。干，盾。 山立：犹正立。 武王之事：指象征武王等待诸侯时的威容。 太公之志：姜太公吕尚辅佐武王伐纣，志愿武王能迅速成功，自奋其威勇以相助。 武乱：武事得到治理，亦即武事完毕。乱，治。 坐：即前之“致右宪左”，表示治象。 周召：即周公旦、召公奭。 治：指象征周、召二人息武修文治理的开始。 5始而北出：开始时的奏乐象征武王向北观兵于孟津之时。武王居镐在南，纣居朝歌在黄河之北，所以舞者持盾向北前进。 再成：再次奏乐。 三成而南：象征胜纣后南返。 南国是疆：南方荆蛮归服为周之疆界，领土扩展。 分陕：象征周太平后，周公、召公分职陕之东西为二伯而治之时。 复缀：象征兵还振旅，返位而止。缀，指表演者所处的位置。 振：指振铎（一种乐器）。 四伐：象征讨伐四方与纣同恶的势力。一击一刺为一伐。 盛威：显示军威之盛。 中国：指黄河流域一带的中原地区。 6蚤济：早渡黄河。 7牧野之语：指武王伐纣时的牧野誓师之词及其后的传说，是编《武》舞的根据。 诸封详见《周本纪》。 封比干之墓：表示尊崇贤人。封，指为坟墓积土。 使之：派遣毕公。 8弛政：放宽征役使之休养生息。政，通“征”。 倍禄：加厚俸禄以优待。 9散：放。 服：驾驭。 弢（tāo）：本指弓袋，此指包起来。 倒载：兵器正常使用时刃口向外，今倒向内，表示不再用。 苞之以虎皮：苞，通“包”，裹起来。《史记集解》引郑玄曰：“包干戈以虎皮，明能以武服兵也。” 建橐（gāo）：将兵器包裹收藏。建，通“键”，锁闭。橐，收藏弓箭的袋子。 10郊射：在郊外的射宫中学习射箭。 左射《狸首》:指在东郊诸侯习射之所习射时歌唱《狸首》诗。 右射《驺虞》:指在西郊天子习射之所习射时歌唱《驺虞》诗。 贯革:射穿铠甲,这是军中的习射。 裨冕:进入庙堂的礼服。 搢笏:插笏。 虎贲:奔走有力好像老虎。贲,同“奔”。 税:通“脱”,解脱,释去。 祀平明堂:在明堂祭祀上帝,而以文王配之。 朝觐:春朝秋觐。 耕藉:天子亲耕藉田以示劝农。 **11** 食(sì):养。 三老五更:为尊养老人特设之名号。《史记集解》郑玄以为“老、更,互言之耳,皆老人更知三德五事者也”。所谓三德即正直、刚、柔;所谓五事即貌、言、视、听、思。有说三老五更各一人;有说三老三人,五更五人。 牲:煮熟的牲肉。 酱:调味的盐、酱。 酳(yìn):以酒漱口。 冕而总干:指天子为三老五更而舞。 悌:敬爱兄长,尊从长上。按:《韩诗外传》以废军郊射,祀明堂,朝觐,坐三老于大学四者,为天下之大教,而不及耕藉。则“散军而郊射”“裨冕搢笏”当与“不复用兵”同为一事,为教天下之礼让,与教孝、教臣、教敬、教悌而为五。 **12** 周道:周朝的教化治道。 按:以上是《宾牟贾章》。

子贡见师乙而问焉,曰:“赐闻声歌各有宜也,如赐者宜何歌也?”[1] 师乙曰:“乙,贱工也,何足以问所宜? 请诵其所闻,而吾子自执焉。[2] 宽而静,柔而正者,宜歌《颂》;广大而静,疏达而信者,宜歌《大雅》;恭俭而好礼者,宜歌《小雅》;正直清廉而谦者,宜歌《风》;肆直而慈爱者,

子贡拜见师乙向他请教,问:“我听说声音和歌曲,各人有各人的适应性,像我这样的人适宜唱什么样的歌曲呢?”师乙说:“我师乙,是一个低贱的乐工,有什么资格回答你的问题呢? 请允许我谈谈我听来的意见,您自己拿主意吧。德性宽宏,性情文静,柔和正直的人适宜唱《颂》歌;德性广大,性情沉静而豁达诚实的人适宜唱《大雅》;德性恭敬节俭而性情喜好礼节的人适宜唱《小雅》;德性正直而品质清

宜歌《商》；温良而能断者，宜歌《齐》。[3] 夫歌者，直己而陈德；动己而天地应焉，四时和焉，星辰理焉，万物育焉。[4] 故《商》者，五帝之遗声也，商人志之，故谓之《商》；《齐》者，三代之遗声也，齐人志[5]之，故谓之《齐》。明乎《商》之诗者，临事而屡[6]断；明乎《齐》之诗者，见利而让也。临事而屡断，勇也；见利而让，义也。有勇有义，非歌孰能保[7]此？故歌者，上如抗，下如队，曲如折，止如槁木，居中矩，句中钩，累累乎殷如贯珠。[8] 故歌之为言也，长言之也。[9] 说之，故言之；言之不足，故长言之；长言之不足，故嗟叹之；嗟叹之不足，故不知手之舞之、足之蹈之。[10]"《子贡问乐》[11]。

廉、性情谦让的人适宜唱《国风》；情性开朗质朴而慈祥友爱的人，适宜唱《商》乐；性情温良能决断的人适宜唱《齐》乐。歌唱，就是通过表露出自己的性情而表现自己的品德；激发起自己的志气情性而与天地应和，四季为之调和，星辰为之理顺，万物为之孕育。所以《商》乐，是五帝遗留的声音，商代人记录下来，所以叫《商》乐；《齐》乐是三代遗留下来的声音，齐国人记录下来，所以称《齐》乐。明白《商》乐诗的内容，遇到事情能很快作出决断；明白《齐》乐诗的内容，见利能退让。临事善决断，是勇敢的美德；见利能退让，是仁义的美德。有勇有义，不是歌曲的熏陶，还有什么能使人保持这种美德呢？所以歌声高昂向上像撑举，低沉向下像坠落，婉转像曲折，终止像枯木，直叙合乎矩尺的法度，转折符合弯钩的弧度，音节一串一串的像穿起来的珍珠。所以唱歌作为语言的表达，就是语言的延长。高兴了，就用语言表达；语言表达不够，就延长语言歌唱；歌唱还不够，就吁嗟感叹；吁嗟感叹还不够，就不自觉地手也挥舞起来了，脚也舞动起来了。"这篇的题目是《子贡问乐》。

注释 1 子贡:孔子弟子。姓端木,名赐,子贡是他的字。详见《仲尼弟子列传》。师:乐官名。其人以之为姓。 乙:名。 各有宜:适合各人的性情。郑玄解释为"气顺性"。 宜何歌:适宜唱什么样的歌。 2 诵:说明。 自执:自己决断、选择。 3 宽:宽宏。 静:安静。 柔:和柔。 正:中正。 四者正是《颂》的品格、特点。 疏达:疏朗通达。 信:诚信。 正直清廉而谦:《乐记》作"正直而静,廉而谦"。廉,廉洁。谦,谦让。 肆直:坦率爽直。 温良:温顺善良。 断:决断。《礼记集解》以"见利而让"为"能断"。 4 直己:坦率地表现出自己的心胸。 陈德:陈述自己的品德。 动己:激发自己的志气情性。 5 志:记载,记述。 6 屡:常常。 7 保:保持。《礼记集解》:"谓保其德性之美也。" 8 上:指歌声高亢时。 抗:撑举。 下:指歌声低微时。 队:通"坠",坠落。 曲:指歌声回转。 止:静止。 槁木:枯木。比喻沉寂。 居:通"倨",直。 句:同"勾",指转折。 累累乎:形容声音连绵不绝。 殷:丰富,充实。 贯珠:成串的珠子。 9 言:语言。指歌作为一种语言。 长言:拉长声音说话。 10 说:同"悦"。 嗟叹:很有感情地吟唱。 11《子贡问乐》:这是一个篇题名称。古书的篇题原是写在篇末,各篇都有。增补者从《乐记》将各篇移过来时,其他篇题都删去了,只有这个篇题未删去。这个疏忽正说明《乐书》不是司马迁的原作。 按:以上是《师乙章》。

凡音由于人心,天之与人有以相通,如景[1]之象形,响之应声。故为善者天报之以福,为恶者天与之以殃[2],其自然者也。

故舜弹五弦之琴,歌《南风》之诗而天下治;纣

凡是音乐都从人的内心产生,天和人有相沟通的地方,犹如影子跟着它的形体、回响应和发出的声音一样。所以做善事的人上天会回报以幸福,作恶的人上天会降下灾殃,这是自然的事。

所以虞舜弹五弦琴,唱《南风》诗篇,天下安定太平;商纣制作"朝

为朝歌北鄙之音，身死国亡。舜之道何弘也？纣之道何隘也？[3]夫《南风》之诗者生长之音也，舜乐好之，乐与天地同意，得万国之欢心，故天下治也。夫朝歌者不时也，北者败也，鄙者陋也，纣乐好之，与万国殊心，诸侯不附，百姓不亲，天下畔之，故身死国亡。[4]

歌”“北鄙”的音乐，导致身死国灭。虞舜治国的道理怎么就宏大呢？商纣治国的道理怎么就狭隘呢？那《南风》诗是生长的音乐，虞舜喜欢它，音乐和天地意旨相同，得到万国人的欢心，所以天下太平。那“朝歌”就是早晨唱歌，它不顺时，北就是败的意思，鄙就是粗陋的意思，商纣爱好它，和万国的心意不同，诸侯不依附，百姓不亲近，天下人背叛他，所以导致身死国亡。

注释 1 景："影"之本字，影子。 按：此段以下是续补者的文字。 2 殃：祸殃，灾祸。 3 弘：弘大。 隘：狭隘。 4 朝歌：意为早晨唱歌，所以不是适当的时候。 殊心：不同心，思想不一致。 畔：通"叛"，背叛。

而卫灵公之时，将之晋，至于濮水之上，舍。[1]夜半时闻鼓琴声，问左右，皆对曰“不闻”。乃召师涓[2]曰：“吾闻鼓琴音，问左右，皆不闻。其状似鬼神，为我听而写[3]之。”师涓曰：“诺。”因端坐援[4]琴，听而

卫灵公在位的时候，将要到晋国去，到濮水上游住下来。半夜时听到弹琴的声音，询问随从，他们都回答说“没听到”。于是叫来师涓说：“我听到抚琴的声音，问身边的人，都说没听到。那样子好像是鬼神演奏，替我好好听着并且把曲子记录下来。”师涓说：“是。”然后端坐在那里，两手操琴，一面听，一面

写之。明日，曰："臣得之矣，然未习也，请宿习[5]之。"灵公曰："可。"因复宿。明日，报曰："习矣。"即去之晋，见晋平公。平公置酒于施惠之台[6]。酒酣，灵公曰："今者来，闻新声，请奏之。"平公曰："可。"即令师涓坐师旷[7]旁，援琴鼓之。未终，师旷抚而止之曰："此亡国之声也，不可遂。"[8]平公曰："何道出？"师旷曰："师延[9]所作也，与纣为靡靡之乐。武王伐纣，师延东走，自投濮水之中，故闻此声必于濮水之上。先闻此声者国削。"平公曰："寡人所好者音也，愿遂闻之。"师涓鼓而终之。

写下来。第二天，师涓说："我得到这曲子了，但是还未弹过，请允许再住一宿练习一下这个曲子。"灵公说："可以。"就又住了一宿。第二天，师涓回报说："练习好了。"他们就离开濮水到达晋国，见了晋平公。晋平公在施惠台设酒席招待。酒喝到高兴时，卫灵公说："这次来时，听到一曲新乐，请让我为您演奏。"晋平公说："可以。"就让师涓坐在师旷旁边，拿着琴弹奏那支曲子。没弹完，师旷按住琴制止师涓说："这是亡国的音乐，不可以再弹下去了。"平公问："这首乐曲出自何处？"师旷说："这是师延作的曲子，给殷纣享受的淫靡音乐。武王讨伐殷纣，师延向东逃跑，自己投进濮水河中，所以会在濮水之上听到这首乐曲。先听到这声音的国家要被削平。"晋平公说："我喜欢的是音乐，希望能听完它。"师涓于是继续弹奏，弹完才止。

注释 1 濮水：即师延投水处，当在今河南长垣市东北。 舍：停宿。 2 师涓：人名。乐师，名涓。 3 写：记录。 4 援：操，持。 5 习：熟悉。 6 施惠之台：一本作"庆祁之堂"。 7 师旷：晋国乐师，字子野，能辨音以知吉凶。 8 抚：按住。 遂：竟，终。 9 师延：乐师名。

平公曰："音无此最悲乎？"师旷曰："有。"平公曰："可得闻乎？"师旷曰："君德义薄，不可以听之。"平公曰："寡人所好者音也，愿闻之。"师旷不得已，援琴而鼓之。一奏之，有玄鹤二八集乎廊门；再奏之，延颈而鸣，舒翼而舞。[1]

平公大喜，起而为师旷寿。反坐，问曰："音无此最悲乎？"师旷曰："有。昔者黄帝以大合鬼神[2]，今君德义薄，不足以听之。听之将败。"平公曰："寡人老矣，所好者音也，愿遂闻之。"师旷不得已，援琴而鼓之。一奏之，有白云从西北起；再奏之，大风至而雨随之，飞廊瓦，左右皆奔走。平公恐惧，伏于廊屋之间。晋国大旱，赤地[3]三年。

晋平公说："还有比这首乐曲更令人感动的音乐吗？"师旷说："有。"晋平公说："可以让我听听吗？"师旷说："您的德义浅薄，不能听这种乐曲。"晋平公说："我所喜好的是音乐，希望听听它。"师旷不得已，拿起琴演奏起来。弹奏第一遍时，有黑鹤十六只落到廊屋门前；弹奏第二遍时，黑鹤伸长了脖子鸣叫，舒展双翅跳起了舞蹈。

晋平公非常喜悦，站起来给师旷敬酒。又返回座位，问师旷说："还有比这首乐曲更令人感动的音乐吗？"师旷说："有。过去黄帝用那种音乐，大规模合祭鬼神，现在您的德义浅薄，不配听这种音乐。听了这种音乐将要败亡。"晋平公说："寡人年纪老啦，所爱好的是音乐，希望能听听它。"师旷不得已，抚琴弹奏那首乐曲，演奏第一遍时，有白云从西北涌起；演奏第二遍时，大风刮来并有雨随着下起来了，掀飞廊屋顶上的瓦片，左右的人都奔走逃命。晋平公恐惧，伏在廊屋的地面上。这件事以后，晋国大旱，土地光秃秃的，三年寸草不生。

不同的人听同一种音乐，有的

听者或吉或凶。夫乐不可妄兴也。

会吉利，有的会遭遇灾凶。可见，音乐不是可以随便演奏的。

注释 1 玄鹤：黑鹤。 二八：即十六。 廊：廊屋，即殿堂周围的房舍。 延：拉长。 舒：展。 2 大合鬼神：指大规模地合祭鬼神。 3 赤地：大地遭灾，空尽无物。

太史公曰：夫上古明王举乐者，非以娱心自乐，快意恣欲，将欲为治也。正教[1]者皆始于音，音正而行正。故音乐者，所以动荡血脉，通流精神而和正心也。故宫动脾而和正圣，商动肺而和正义，角动肝而和正仁，徵动心而和正礼，羽动肾而和正智。故乐所以内辅正心而外异贵贱也[2]；上以事宗庙，下以变化黎庶也。琴长八尺一寸，正度[3]也。弦大者为宫，而居中央，君也。商张右傍[4]，其余大小相次，不失其次序，则君臣之位正矣。故闻宫音，使人温舒而广

太史公说：上古圣明的君王制作音乐，不是为了娱乐自己的身心，也不是为了满足自己的欲求，而是想要用音乐来治理国家。端正教化都从音乐开始，若音乐正常，那么人的行为也会变得正派。所以音乐是感动激荡血脉，流通精神而调和端正人心的东西。所以宫声感动脾而调和端正人的诚信，商声感动肺而调和端正人的道义，角声感动肝而调和端正人的仁德，徵声感动心而调和端正人的礼节，羽声感动肾而调和端正人的智慧。所以音乐是用来在内辅佐端正心性，对外区别尊卑贵贱的；上可以侍奉宗庙鬼神，下可以感化黎民百姓。琴长八尺一寸，是正规的尺度。弦粗大的发宫声，放在中央，象征君主。发商声的弦张设在右旁附近，其余大小乐器依次排列，不破坏排列秩序，那么君臣

大；闻商音，使人方正而好义；闻角音，使人恻隐而爱人；闻徵音，使人乐善而好施；闻羽音，使人整齐而好礼。夫礼由外入，乐自内出。故君子不可须臾离礼，须臾离礼则暴慢之行穷[5]外；不可须臾离乐，须臾离乐则奸邪之行穷内。故乐音者，君子之所养义也。夫古者天子诸侯听钟磬未尝离于庭，卿大夫听琴瑟之音未尝离于前[6]，所以养行义而防淫佚也。夫淫佚生于无礼，故圣王使人耳闻《雅》《颂》之音，目视威仪之礼，足行恭敬之容，口言仁义之道。故君子终日言而邪辟无由入也。

的位置就摆正了。所以听宫音，使人温和舒畅而胸襟开阔；听商音，使人方正而喜欢义理；听角音，使人怜悯而慈爱；听徵音，使人乐于行善而喜好施舍；听羽音，使人整齐庄重而崇尚礼节。礼节从外面来约束人，音乐从内心影响人。所以有道德修养的人，不可以片刻离开礼仪，片刻离开礼仪，那么强暴傲慢的行为就会在外产生；不可以片刻离开音乐，片刻离开音乐，那么奸邪的思想就在内产生。所以说，音乐是有道德修养的人用来培养理义的。在古代，天子和诸侯听钟磬不曾离开庭院，卿大夫听琴瑟的音乐不曾离开堂前，用这种方式培养行为义理而预防淫乱逸乐。没有礼仪，淫乱逸乐就会产生，所以圣王让人们耳朵听《雅》《颂》的音乐，眼睛看威严的礼仪，以恭敬的姿态走路，嘴里讲着仁义的道理。所以，有道德修养的人即使整天不停地说话，奸邪乖僻也没有机会侵入。

注释　1 正教：端正教化。　2 正心：正定心意。　异：分别。　3 正度：正规、标准的尺度。　4 商：指商音弦。　张：张挂，安置。　傍：通“旁”，旁边。　5 穷：尽，充分体现。　6 前：庭堂前。

史记卷二十五

律书第三

原文

王者制事立法，物度轨则，一禀于六律，六律为万事根本焉。[1]

其于兵械尤所重，故云“望敌知吉凶，闻声效胜负”，百王不易之道也。[2]

原文

帝王掌握事态建立法纪，对事物进行度量确定准则，一概要受到六律的约束，六律是万事的根本呀。

六律对于兵家尤其重要，所以说“两军相遇望见敌阵上的云气，就可以知道出师的吉凶；军中的太师应用律管听到军声，就能够明白交战的胜负”，这是无论哪一个帝王都不能改变的法则。

注释　**1** 禀：承受。　六律：律有十二。阳六为律，黄钟、太蔟、姑洗、蕤宾、夷则、无射；阴六为吕，大吕、夹钟、中吕、林钟、南吕、应钟。《释名》解释“律，述也，所以述阳气也”。《汉书·律历志》解释“吕，旅，助阳气也”。今有解释律为以数量关系来考察万物形体的比例，则律为率的同音字，似较明确合理。《律历志》云“夫推历生律，制器规圆矩方，权重衡平，准绳嘉量，探赜索隐，钩深致远，莫不用焉”，正好说明了六律是万事的根本。　**2** 兵械：此指兵家。兵，兵器。械，谓弓、矢、殳、矛、戈、戟之类。　尤所重：《史记索隐》引刘伯庄云：“吹律审声，听乐知政，师旷审歌，知晋楚之强弱，故云兵家尤所重。” 故云：指所引为旧语。 望敌：指遥望敌阵上的云气。 声：指士卒张弓试射时的口号声。效：明，明白。

武王伐纣，吹律听声，推孟春以至于季冬，杀气相并，而音尚宫。[1]同声相从[2]，物之自然，何足怪哉？

周武王讨伐商纣王，运用律管探听声气，从孟春一直推算到季冬，和纣王的暴虐酷急相对应的是很重的杀气，而武王的乐师吹出的乐律主要是表现士卒同心的宫声。同声气的事物互相调谐，这是万物的自然现象，有什么值得奇怪的呢？

注释 **1** 吹律听声：指太师以律管确定将卒呼号的声音属于十二律的哪一律。《兵书》云：“夫战，太师吹律，合商则战胜，军事张强；角则军扰多变，失士心；宫则军和，主卒同心；徵则将急数怒，军士劳；羽则兵弱少威焉。” 孟春：正月。 季冬：十二月。 通推十二个月与十二律的对应关系则为：正月，太蔟；二月，夹钟；三月，姑洗；四月，中吕；五月，蕤宾；六月，林钟；七月，夷则；八月，南吕；九月，无射；十月，应钟；十一月，黄钟；十二月，大吕。 杀气相并：《史记正义》：“人君暴虐酷急，即常寒应。寒生北方，乃杀气也。”并，合。 而音尚宫：《史记正义》引《兵书》云“宫则军和，主卒同心”，为吉利。尚，主。 **2** 同声相从：同声气的事物能互相调谐。

兵者，圣人所以讨强暴，平乱世，夷险阻，救危殆。[1]自含血戴角之兽见犯则校[2]，而况于人怀好恶喜怒之气？喜

战争行动，是圣人用来讨伐强暴势力，安定混乱的社会局面，铲除艰难险阻，拯救国家危亡的手段。连口含利齿头长犄角的野兽受到侵犯都知道进行抵抗，更何况还怀有好恶喜怒的人呢？喜欢就会产生爱惜之心，愤怒

则爱心生,怒则毒螫[3]加,情性之理也。

昔黄帝有涿鹿之战,以定火灾;颛顼有共工之陈,以平水害;成汤有南巢之伐,以殄夏乱。[4]递兴递废,胜者用事,所受于天也。[5]

就想争斗攻击,这是人之常情。

从前黄帝发动了涿鹿之战,来平定五行中属火的蚩尤为害的灾难;颛顼布下对共工的战阵,来消除五行中属水的危害;成汤发动了使桀逃奔到南巢山去的攻伐,来灭绝夏代的暴乱。或是兴起,或是灭亡,胜利的人掌管国家权力,那是上天委任的呀。

注释 1 兵者:指战争。 危殆:二字同义。殆,危险。 2 见犯:被侵犯。 校:抗争,抵抗。 3 螫(shì):蜂、蝎等刺人。 4 涿鹿之战:相传此战黄帝打败了以火德称王的蚩尤。详见《五帝本纪》。 共工之陈:相传少昊金天氏衰败,其部族的水官就秉政作虐而行水害,所以颛顼去讨伐他。陈,"阵"的古字。 南巢之伐:成汤在鸣条打败夏桀,将桀流放到南巢(在今安徽巢湖市西南),夏灭商兴。详见《殷本纪》。 殄(tiǎn):灭绝。 5 递:一个接一个。 用事:指主掌国家权力。

自是之后,名士迭兴,晋用咎犯,而齐用王子,吴用孙武,申明军约,赏罚必信,卒伯诸侯,兼列邦土,虽不及三代之诰誓,然身宠君尊,当世显扬,可不谓荣焉?[1]岂与世儒暗于

从这以后,有名的武士更迭兴起,晋国任用咎犯,而齐国任用王子成父,吴国任用孙武,申明军事行动的规范,赏罚措施一定确实执行,终于称霸诸侯,吞并小国扩展疆土,虽说比不上三代时期由天子发布诰令誓命所给予封赏的光荣,然而自身得到宠幸,国君受到尊敬,在当世名声显扬,能够说是不荣耀吗?难道和社会上的儒生不明大

大较，不权轻重，猥云德化，不当用兵，大至君辱失守，小乃侵犯削弱，遂执不移等哉？[2]故教笞不可废于家，刑罚不可捐于国，诛罚不可偃于天下，用之有巧拙，行之有逆顺耳。[3]

法大理，不权衡利害得失，侈谈道德教化，说不应当动用武力，大则君主受辱国家失守，小则受到侵犯国家削弱，仍然是固执己见不加变通的情况能够等同吗？所以家庭不能够废掉教训鞭笞，国家不能够捐弃刑罚，天下不能够偃息诛伐，只是武力动用起来计谋上有巧妙笨拙之分，推行起来有顺从还是违反正义原则的不同罢了。

注释 1 迭(dié)：更迭，轮流。 咎犯：即狐偃，就是咎季，又称胥臣。晋文公的舅舅。咎，通"舅"。 王子：齐国大夫王子成父。 孙武：春秋时著名军事家。详见《孙子吴起列传》。 卒：结果。 伯：通"霸"。 兼：兼并。 列：通"裂"，分裂。 诰誓：帝王封诸侯所下的文告、命令。 2 暗：糊涂，愚昧不明。 大较：大法，大旨。 猥(wěi)：烦琐，滥杂。 执：固执，坚持。 3 笞：鞭挞。 捐：弃。 偃：息，停。

夏桀、殷纣手搏豺狼，足追四马，勇非微也；百战克胜，诸侯慑[1]服，权非轻也。秦二世宿军无用之地，连兵于边陲，力非弱也；结怨匈奴，絓祸於越，势非寡也。[2]及其威尽势极，闾巷之人为敌国。咎生穷

夏桀王、殷纣王能够空手搏击豺狼，光脚追赶四匹马拉着的车，勇气是不小的；身经百战都能取得胜利，使得诸侯因为畏惧而屈服，权势是不轻的。秦二世把军队驻扎在不能发挥作用的地方，在边界上布防了大量兵力，力量是不弱的；北伐匈奴，南讨於越，其兵力也不能说少。等到他威权耗尽势力疲极的时候，闾巷的平民也都成为了强大的敌人了。其原因就在于穷兵黩

武之不知足，甘得之心不息也。[3]

武不知停止，贪婪之心永不满足呀。

注释 1 慑(shè)：畏服。 2 宿军无用之地：《史记正义》："谓三十万备北边，五十万守五岭也。云连兵于边陲，即是宿军无用之地也。" 边陲：边境。 絓(guà)：通"挂"，引发。 於(wū)越：指南越。 3 咎：过错，过失。 穷武：穷兵黩武。 甘得：贪得无厌。

高祖有天下，三边外畔；大国之王虽称蕃辅，臣节未尽。[1]会高祖厌苦军事，亦有萧、张之谋，故偃武一休息，羁縻不备。[2]

高祖拥有了天下，三面边境都有外族叛乱；诸侯大国的封王名义上是朝廷的藩卫辅佐，但他们并没有尽到臣属的义务。正遇上高祖对军事行动已经感到厌倦苦恼，也有萧何、张良等人的建议，所以汉朝决定停止武力征伐，专心休养生息，采取笼络政策使他们没有异心而不加防备。

历至孝文即位，将军陈武等议曰："南越、朝鲜自全秦时内属为臣子，后且拥兵阻阸，选蠕[3]观望。高祖时天下新定，人民小安，未可复兴兵。今陛下仁惠抚百姓，恩泽加海内，宜及士民乐用，征讨逆党[4]，以一封疆。"孝文曰："朕能任衣冠[5]，念不到此。

到孝文帝登基，将军陈武等议论说："南越、朝鲜从秦朝时代开始就内附而称臣，后来又设置军队据守在险要地带，时时图谋作乱而密切观望着。高祖的时候天下刚刚平定，人民才得到一点儿安乐，没有能再次兴兵去讨伐他们。现在陛下非常仁爱地安抚百姓，恩泽遍及整个天下，应该趁着民众乐于被役使的时候，征讨这些叛逆的集团势力，来统一国家疆土。"孝文帝说："从孩童时期起，我从未想过自己会吕氏之乱，功臣宗室共不羞耻[6]，误居正位，常战战栗栗，恐事之不终。且兵凶器，虽克所愿，动亦秏病[7]，谓百姓远方何？又先帝知劳民不可烦，故不以为意。朕岂自谓能？今匈奴内侵，军吏无功，边民父子荷[8]兵日久，朕常为动心伤痛，无日忘之。今未能销距[9]，愿且坚边设候，结和通使，休宁北陲，为功多矣。且无议军。”故百姓无内外之繇[10]，得息肩于田亩，天下殷富，粟至十余钱，鸣鸡吠狗，烟火万里，可谓和乐者乎！

能登上皇位。碰上吕氏作乱，功臣宗室们认为让我继位不算是羞耻，我才登上天子的尊位，我常常是战战栗栗，唯恐事情处理不当。而且军事装备是凶恶的器械，虽然能够达成所设想的愿望，动用起来也难免使自己受到损伤，对百姓又如何解释远方用兵的意图呢？而且先帝知道劳苦的民众不可去烦扰，所以不把这当回事。我怎么可以妄自逞能？现在匈奴向内地侵犯，戍边将士不能抵抗，边境上的民众，有的父子一同扛着武器守御，这种情况已经持续很长时间了，我常常为此而感到伤痛，没有一日忘怀。现在边境上虽没有能够消除对峙状态，但可以暂且坚守边界设立警候，双方可以缔结和约通使往来，让北边疆界上的战事停息下来，以求得边境安宁，这样做的功劳是很大的。暂且不要再议论动用军队的事。”所以百姓们没有内外的徭役，能够一心耕田种地休养生息，天下特别富足，一石粟只值十几个钱，鸡鸣狗吠，飘着炊烟的人家延绵万里，可谓是天下一片和乐呀！

注释　**1** 三边：指北边匈奴，东边朝鲜，南边南越。　畔：通“叛”。　大国之王：指当时所封的各异姓王。　**2** 萧、张：萧何、张良。　羁(jī)縻：

笼络，怀柔。是说笼络住不使生异心。羁，系住。 3 选蠕(xùn rú)：谓图谋作乱。《史记索隐》："选蠕谓动身欲有进取之状也。"选，通"巽"，柔弱。 4 逆党：指反叛的朝鲜、南越等。 5 衣冠：指帝王的穿戴，此指做天子。 6 共不羞耻：指拥立自己时大家都不感到羞耻。这是谦逊的说法。 7 秏病：谓造成损失，带来祸患。秏，同"耗"。 8 荷(hè)：扛，担。 9 销距：指消除对峙状态。销，消除，取消。距，通"拒"，抗拒，对抗。 10 繇：通"徭"，徭役。

太史公曰：文帝时，会天下新去汤火[1]，人民乐业，因其欲然，能不扰乱，故百姓遂安。自年六七十翁亦未尝至市井，游敖嬉戏如小儿状。孔子所称[2]有德君子者邪！

太史公说：文帝的时候，天下的战乱刚刚平息，人们乐于从事自己的职业，朝廷根据人们的意愿去做，使人们不受干扰，所以百姓们都安居乐业。即使是六七十岁的老翁也没有去过集市，游玩嬉戏起来就像小孩儿一般模样。这就是孔子所称道的有德君子吧！

注释 1 汤火：指水深火热的处境。《史记索隐》："谓秦乱，楚汉交兵之时，如遗坠汤火，即《书》云'人坠涂炭'是也。" 2 孔子所称：《史记索隐》引《论语》曰"善人为邦百年，亦可以胜残去杀"。 按：《史记志疑》云，律为兵家所重，故史公序律先言兵，昔贤谓《律书》即《兵书》，是矣。然言用兵之事几七百言，未免于律意太远。且只述历代之用兵，而不详其制，又不及汉景、武两朝，毋乃疏乎？

书曰七正，二十八舍。[1]律历，天所以通五行八正之气，天所以成

典籍上说七正，二十八舍。音律和历法，是上天用来贯通五行八节风气的规律，是上天用来促使万物成熟

孰万物也。[2]舍者，日月所舍。舍者，舒[3]气也。

的手段。舍，是日月在宇宙中运行时所止留的意思。舍，又是舒张气息的意思。

注释 1 七正：指日、月、五星。正，通"政"，意思是各有所主。《史记索隐》："七者可以正天时。又孔安国曰'七正，日、月、五星各异政'也。" 二十八舍：赤道附近二十八个恒星座。又称二十八宿(xiù)。舍，止。详见《天官书》。 2 律历：音律与历法。 五行：金、木、水、火、土。 八正之气：指四立(立春、立夏、立秋、立冬)与二分(春分、秋分)、二至(夏至、冬至)。泛指一年的二十四节气。《史记索隐》："八谓八节之气，以应八方之风。" 孰："熟"的古字。 3 舒：舒展，伸展。

不周风居西北，主杀生。[1]东壁居不周风东，主辟生气而东之。[2]至于营室[3]。营室者，主营胎[4]阳气而产之。东至于危[5]。危，垝[6]也。言阳气之垝，故曰危。十月也，律中应钟。[7]应钟者，阳气之应，不用事[8]也。其于十二子[9]为亥。亥者，该[10]也。言阳气藏于下，故该也。

不周风来自西北方，主要作用是使万物肃杀。壁宿处在不周风的东面，主要作用是开拓生气。壁宿东行到达营宿。营宿，主要作用是营造并胎养阳气并把它产生出来。营宿往东到达危宿。危，是围墙的意思。说明阳气被围堵的状态，所以叫危宿。此时是十月份，在音律上对应的是应钟。应钟，是阳气的应验，表示阳气向下收藏，暂时不发挥主宰万物的作用。它在十二地支中属亥。亥，是闭藏的意思。说明阳气藏于地下，所以是闭藏。

注释 1 不周风：四方之风之一。 西北：古人认为八节之气产生八方之风，此其一。 主杀生：西北为八卦中乾卦之位，乾卦主"阴阳相薄"，阴阳气相搏击，故含杀生之意。 2 东壁：二十八宿中北方七宿之一，即壁宿。 辟：开辟。 生气：生长之气，即阳气。 东之：使……往东行。即顺天球旋转的方向行走。 3 营室：北方七宿中的第六宿，即室宿。 4 营胎：营造而胎养之。 5 危：北方七宿中的第五宿，即危宿。 6 垝(guǐ)：即土坫(diàn)，土台。这里指围墙。 7 十月：汉太初改历以前沿用秦历，以十月为岁首，故起于十月。 律中：古人用葭灰塞在十二律管中，观察相应律管中葭灰的飞动以征验月份的方法。或称律应。 应钟：是说"万物应阳而动下藏也"。钟，动。 8 不用事：不主事。阳气潜藏未生，不能主宰事物。 9 十二子：即十二地支。以十二地支配十二月，十月为亥。 10 该：阻隔，闭藏。《史记索隐》："《律历志》'该阂于亥'。"《史记正义》引孟康云："阂，藏塞也。阴杂阳气，藏塞为万物作种也。"

广莫风居北方。广莫者，言阳气在下，阴莫阳广大也，故曰广莫。东至于虚[1]。虚者，能实能虚，言阳气冬则宛藏于虚，日冬至则一阴下藏，一阳上舒，故曰虚。[2]东至于须女。言万物变动其所，阴阳气未相离，尚相如胥也，故曰须女。[3]十一月也，律中黄钟。黄钟者，阳气踵黄泉而出也。其于十二子为子。子者，滋也；滋

广莫风来自北方。广莫，说明阳气在地下，阴气没有阳气广大，所以叫广莫。危宿往东到达虚宿。虚，是能够充实能够空虚，说有阳气到了冬天就蕴藏在空虚的地方，冬至日起三分之一的阴气开始向下收藏，三分之一的阳气开始向上伸舒，所以叫虚。虚宿往东到达女宿。说明万物要变动它们的处境，阴阳气却没有相互分离，还处在相互依赖的状态，所以叫须女。此时是十一月份，在音律上对应的是黄钟。黄钟，是阳气跟着地下的泉水涌出的意思。它在十二地支中属子。子，是滋生的意思；滋生，说明万物在地

者，言万物滋于下也。其于十母[4]为壬癸。壬之为言任[5]也，言阳气任养万物于下也。癸之为言揆也，言万物可揆度[6]，故曰癸。东至牵牛[7]。牵牛者，言阳气牵引万物出之也。牛者，冒也，言地虽冻，能冒而生也。牛者，耕植种万物也。东至于建星[8]。建星者，建诸生也。十二月也，律中大吕。大吕者[9]。其于十二子为丑[10]。

下开始滋长起来。它在十天干中属壬癸。壬是孕育的意思，说明阳气在地下孕育滋养万物。癸是揆度的意思，说明万物可以揆量、测度，所以叫癸。须女往东到达牛宿。牵牛，说明阳气牵引万物出于地面。牛，是往上升的意思，说明地面虽然还有冰冻，万物仍能冒头而出。牛，是耕地种植万物的意思。牛宿往东到达建星。建星，是形成各种生物的意思。此时是十二月份，在音律上对应的是大吕。大吕。它在十二地支中属丑。

注释 1 虚：北方七宿中的第四宿，即虚宿。 2 宛藏：蕴藏。 一阴、一阳：古人将阴阳各分为三份。一，指三份中之一份，三分之一。 3 如胥：张文虎《史记札记》认为，应为“胥如”，“如”字疑衍。胥，待，与“须”义通。 须女：即婺女，又名婺女，北方七宿中的第三宿，即女宿。 4 十母：即十天干。母，与“子”相对而言。 5 任：通“妊”，孕育。 6 揆度：估量，推测。 7 牵牛：北方七宿中的第二宿，即牛宿。 8 建星：星官名，在牛宿东，斗宿北。本篇缺斗宿，以建星代。 9 大吕者：语未尽，疑下有缺失。 10 其于十二子为丑：《史记正义》：“此下阙文。或一本云，丑者，纽也。言阳气在上未降，万物厄纽未敢出也。”

条风居东北，主出万物。条之言条治万物而出

条风来自东北，主要作用在出生万物。条是指有次序地育养万

之,故曰条风。南至于箕[1]。箕者,言万物根棋[2],故曰箕。正月也,律中泰蔟。泰蔟者,言万物蔟生也,故曰泰蔟。其于十二子为寅。寅言万物始生螾[3]然也,故曰寅。南至于尾,言万物始生如尾也。[4]南至于心,言万物始生有华心也。[5]南至于房[6]。房者,言万物门户也,至于门则出矣。

物而让它出生,所以叫条风。建星向南到达箕宿。箕,是指万物的根基,所以叫箕。此时是正月,在音律上对应的是太蔟。太蔟,是万物开始丛生的意思,所以叫太蔟。它在十二地支中属寅。寅是指万物开始出生时螾螾而动的样子,所以叫寅。箕宿往南到达尾宿,说明万物开始出生时像尾巴一样的弯曲。尾宿往南到达心宿,说明万物开始出生时有花一样的顶心。心宿往南到达房宿。房,是说明万物的门户,已经到达门口,就要出来了。

注释 1 箕:二十八宿中东方七宿之末宿,即箕宿。 2 棋(jī):根柢。 3 螾(yǐn)然:蠕动貌。 4 尾:东方七宿中的第六宿,即尾宿。 如尾:像尾巴一样的弯曲。 5 心:东方七宿中的第五宿,即心宿。 华心:花一样的顶心。华,花。 6 房:东方七宿中的第四宿,即房宿。

明庶风居东方。明庶者,明众物尽出也[1]。二月也,律中夹钟。夹钟者,言阴阳相夹厕[2]也。其于十二子为卯。卯之为言茂也,言万物茂也。其于十母为甲乙。甲者,言万物剖

明庶风来自东方。明庶,表明众多的生物都要出来。此时是二月份,在音律上对应的是夹钟。夹钟,说明阴阳二气夹持在侧旁。它在十二地支中属卯。卯是茂盛的意思,说明万物长得繁茂。它在十天干中属甲乙。甲,是说明万物分裂外壳厚皮而现出;乙,是说明万物已经在

符甲[3]而出也；乙者，言万物生轧轧也。南至于氐[4]。氐者，言万物皆至也。南至于亢[5]。亢者，言万物亢见[6]也。南至于角[7]。角者，言万物皆有枝格如角也。三月也，律中姑洗[8]。姑洗者，言万物洗生。其于十二子为辰。辰者，言万物之蜄[9]也。

曲折艰难地出生了。房宿往南到达氐宿。氐，说明万物都出齐了。氐宿往南到达亢宿。亢，说明万物高高地显现在地面上。亢宿往南到达角宿。角，说明万物都有长长的枝条好像牛羊角一样。此时是三月份，在音律上对应的是姑洗。姑洗，说明万物都去故就新而生长出鲜明的形貌。它在十二地支中属辰。辰，说明万物已经动起来了。

注释 1 明众物尽出也：有人认为上段自"南至于尾"至段末，当在此句之下，理由是依文例，条风只占一辰便应接明庶风。依《淮南子·天文训》，房、心、尾为东方宿，不应置于东北方下。 2 厕：通"侧"。 3 符甲：即莩甲，植物种子的外壳。 轧(yà)轧：犹乙乙，难出貌。 4 氐：东方七宿中的第三宿，即氐宿。 5 亢：东方七宿中的第二宿，即亢宿。 6 亢见：犹显现。 7 角：东方七宿中的第一宿，即角宿。 8 姑洗(xiǎn)：意思是万物去故就新，莫不鲜明。姑，故。洗，鲜明。 9 蜄(zhèn)：动。

清明风居东南维，主风吹万物而西之。[1]至于轸[2]。轸者，言万物益大而轸轸然[3]。西至于翼[4]。翼者，言万物皆有羽翼也。四月也，律中中吕[5]。中吕者，言万物尽旅而西行也。其

清明风来自东南地角，主要作用是让风吹动万物而使它往西到达轸宿。轸，是说明万物更加壮大旺盛生长的样子。轸宿往西到达翼宿。翼，说明万物都有了羽毛翅膀。此时是四月份，在音律中对应的是仲吕。仲吕，说明万物全都要旅行并往西行进。它在十二地

于十二子为巳。巳者，言阳气之已尽也。西至于七星[6]。七星者，阳数成于七[7]，故曰七星。西至于张[8]。张者，言万物皆张也。西至于注[9]。注者，言万物之始衰，阳气下注，故曰注。五月也，律中蕤宾。蕤宾者，言阴气幼少，故曰蕤；痿阳不用事，故曰宾。[10]

支中属巳。巳，说明阳气已经用尽了。往西到达七星宿。七星，是因为阳数成于七，所以叫七星。翼宿往西到达张宿。张，说明万物都已张扬。张宿往西到达柳宿（即“注”）。注，说明万物开始衰落，阳气向下输送，所以叫注。此时是五月份，在音律中对应的是蕤宾。蕤宾，说明阴气还很幼小，所以叫蕤；痿谢的阳气不能发挥作用，所以叫宾。

注释 1 东南维：东南隅。维，隅，角。 西之：往西行。 2 轸(zhěn)：二十八宿中南方七宿之末宿，即轸宿。 3 轸轸然：盛貌。 4 翼：南方七宿中的第六宿，即翼宿。 5 中吕：又名“仲吕”。 6 七星：南方七宿中的第四宿，即星宿。 7 阳数成于七：阳数有1、3、5、7、9五个，成于7，终于9。 8 张：南方七宿中的第五宿，即张宿。按星宿次序，自此以下至“言万物皆张也”，应在“西至于七星”前。 9 注：南方七宿中的第三宿，即柳宿。 10 蕤(ruí)：有柔弱意，故释为“幼少”。 痿阳：阳气极盛而后衰痿。

景风居南方。景者，言阳气道竟[1]，故曰景风。其于十二子为午[2]。午者，阴阳交，故曰午。其于十母为丙丁。丙者，言阳道著明，故曰丙；

景风来自南方。景，说明阳气的声势到了极限，所以叫景风。它在十二地支中属午。午，是阴阳二气相互交错，所以叫午。它在十天干中属丙丁。丙，说明阳气的声势还彰著显明，所丁者,言万物之丁壮也,故曰丁。西至于弧[3]。弧者,言万物之吴落[4]且就死也。西至于狼[5]。狼者,言万物可度量,断万物,故曰狼。

以叫丙;丁,是说明万物已经强壮,所以叫丁。注宿往西到达弧宿。弧,说明万物凋落将要枯死。弧宿往西到达狼宿。狼,说明万物可以度量,评断万物的最后生长状况,所以叫狼。

注释 1 竟:极限。 2 午:纵横交错。 3 弧(hú):弧矢星团,又名"天弓",属南方七宿之第一宿井宿。本篇无井宿,以弧代。 4 吴落:凋落。杨慎云"吴"音"弧";弧落,凋落也。 5 狼:天狼星,也叫"犬星",属南方七宿之第二宿鬼宿。本篇无鬼宿,以狼代。

凉风居西南维,主地[1]。地者,沈[2]夺万物气也。六月也,律中林钟。林钟者,言万物就死气林林[3]然。其于十二子为未。未者,言万物皆成,有滋味也。[4]北至于罚[5]。罚者,言万物气夺可伐也。北至于参[6]。参言万物可参也,故曰参[7]。七月也,律中夷则。夷则,言阴气之贼[8]万物也。其于十二子为申。申者,言阴用事,申贼万物,故曰申[9]。北至

凉风来自西南地角,主要作用在地。地,是隐伏地吞夺万物的生气。此时是六月份,在音律上对应的是林钟。林钟,说明万物成熟以后走向衰亡之气已纷纷出现。它在十二地支中属未。未,说明万物都已成熟,很有滋味。狼宿往北到达罚宿。罚,说明万物老熟可以砍伐。罚宿往北到达参宿。参,说明万物可以参验,所以叫参。此时是七月份,在音律上对应的是夷则。夷则,说明阴气在杀害万物。它在十二地支中属申。申,说明阴气在发挥作用,在钳制和毁坏万物,所以叫申。参宿往北到达毕宿(即"浊")。浊,是触动的意思,说明万物都将受阴气触

于浊[10]。浊者,触也,言万物皆触死也,故曰浊。北至于留[11]。留者,言阳气之稽留也,故曰留。八月也,律中南吕。南吕者,言阳气之旅入藏也[12]。其于十二子为酉。酉者,万物之老也,故曰酉[13]。

犯而死,所以叫浊。毕宿往北到达昴宿(即"留")。留,说明阳气稽滞停留,所以叫留。此时是八月份,在音律上对应的是南吕。南吕,说明阳气进入了闭藏状态。它在十二地支中属酉。酉,是指万物成熟衰老,所以叫酉。

注释 1 主地:西南为八卦中坤卦之位,坤义为地,故曰"主地"。2 沈:一作"洗"。 3 林林:众多貌。 4 此下当缺"其于十母为戊己"之文。刘熙《释名》:"戊,茂也。物皆茂盛也。己,纪也。皆有定形可纪识也。" 5 罚:罚星,又名"伐星"。此星实夹厕在参宿中,故此篇"分罚参为二宿",《史记志疑》以为"亦不可解",又以为当"补觜觿一宿"。6 参:二十八宿中西方七宿之末宿,即参宿。 7 可参:可以参验。8 贼:杀害,摧败。 9 申:重,重复,一再。 10 浊:西方七宿中的第五宿,即毕宿。 11 留:西方七宿中的第四宿,即昴宿。 12 旅入:进入。 藏:闭藏。 13 酉:就,意为成熟。成熟也就老了。

阊阖[1]风居西方。阊者,倡也;阖者,藏也。言阳气道[2]万物,阖黄泉也。其于十母为庚辛。庚者,言阴气庚万物,故曰庚;辛者,言万物之辛生,故曰辛。[3]北至于胃[4]。胃者,言阳气就

阊阖风来自西方。阊,是倡导的意思;阖,是闭藏的意思。说明阳气导引万物,闭藏到黄泉中去。它在十天干中属庚辛。庚,说明阴气变更万物,所以叫庚;辛,说明万物新生,所以叫辛。昴宿往北到达胃宿。胃,说明阳气走向闭藏,都显出缩聚的形状。胃

藏，皆胃胃[5]也。北至于娄[6]。娄者，呼万物且内[7]之也。北至于奎[8]。奎[9]者，主毒螫杀万物也，奎而藏之。九月也，律中无射[10]。无射者，阴气盛用事，阳气无余也，故曰无射。其于十二子为戌。戌者，言万物尽灭，故曰戌。

宿往北到达娄宿。娄，是呼唤着万物并将其收纳。娄宿往北到达奎宿。奎，主要作用是用狠毒方式杀害万物，包举并加收藏。此时是九月份，在音律上对应的是无射。无射，是阴气强盛发挥作用，阳气被肃杀没有余留，所以叫无射。它在十二地支中属戌。戌，说明万物尽被杀灭，所以叫戌。

注释 1 阊阖：音 chāng hé。 2 道：通“导”。 3 庚：通“更”，变更。 辛：通“新”。 4 胃：西方七宿中的第三宿，即胃宿。 5 胃胃：缩聚之貌。 6 娄：西方七宿中的第二宿，即娄宿。 7 内：同“纳”，纳入，收纳。 8 奎：西方七宿中的第一宿，即奎宿。 9 奎：开脚行貌，开始行动。 10 无射(yì)：《史记正义》引《白虎通》云：“射，终也；言万物随阳而终，当复随阴而起，无有终已。”

律数[1]：九九八十一[2]以为宫。三分去一[3]，五十四以为徵。三分益一[4]，七十二以为商。三分去一，四十八以为羽。三分益一，六十四以为角。[5]黄钟长八寸七分一[6]，宫。大吕长七寸五分三分一[7]。太蔟长七

律管长度的比率数：九乘九积八十一，用这种律管吹出来的音作为宫声。把八十一分长的律管减去三分之一，成为五十四分，用这种律管吹出来的音作为徵声。把五十四分长的律管增加三分之一，成为七十二分，用这种律管吹出来的音作为商声。把七十二分长的律管减去三分之一，成为四十八分，用这种律管吹出来的音作为羽声。把四十八分长的律管增加

寸七分二，角[8]。夹钟长六寸一分三分一。姑洗长六寸七分四，羽[9]。仲吕长五寸九分三分二，徵[10]。蕤宾长五寸六分三分一。林钟长五寸七分四，角[11]。夷则长五寸四分三分二，商[12]。南吕长四寸七分八，徵[13]。无射长四寸四分三分二。应钟长四寸二分三分二，羽[14]。

三分之一，成为六十四分，用这种律管吹出来的音作为角声。黄钟长八寸又七分之一，宫声。大吕长七寸五分又三分之一。太蔟长七寸又七分之二，角声。夹钟长六寸一分又三分之一。姑洗长六寸又七分之四，羽声。仲吕长五寸九分又三分之二，徵声。蕤宾长五寸六分又三分之一。林钟长五寸又七分之四，角声。夷则长五寸四分又三分之二，商声。南吕长四寸又七分之八，徵声。无射长四寸四分又三分之二。应钟长四寸二分又三分之二，羽声。

注释　**1** 律数：即五音十二律管长度的比率数。　**2** 九九八十一：九自乘得八十一，设定它为基数。《汉书·律历志》言“黄钟为天统，律长九寸。九者，所以究极中和，为万物元也”。所以黄钟为天统，象征万物的元始，设定九的自乘数八十一为宫声，是有它的理论依据的。**3** 三分去一：是说将基数分成三份，减去一份，留下两份，所得的数为徵声。　**4** 三分益一：是说再将徵声的律管数分成三份，另加上一份，所得的数就是商声。以下羽声、角声类推。　**5** 五音比率的计算式如下：

宫：$9\times9=81$　徵：宫 $\times\frac{2}{3}=81\times\frac{2}{3}=54$　商：徵 $\times\frac{4}{3}=54\times\frac{4}{3}=72$

羽：商 $\times\frac{2}{3}=72\times\frac{2}{3}=48$　角：羽 $\times\frac{4}{3}=48\times\frac{4}{3}=64$　**6** 七分一：当作“十分一”，即一寸的十分之一，就是一分。　宫：这是指定黄钟的宫声。宫、商、角、徵、羽，为中国古代的五声音阶中的五个音级（还有变徵、变宫），它是用十二律的三分损益法来确定音调，因此可以“旋相为宫”，十二律的任何一律都可指定为宫声，然后依次使音发生变化。因黄钟为官声，高低音最合适，故又称为“五声之正”。 **7** 三分一：这种分数的表述是近似值，依强、弱的不同或称三分一，或称三分二之类。下同。 **8** 角：此误。七十二分，当为商。 **9** 羽：此误。六十四分，当为角。 **10** 徵：此衍。五十四分才为徵。 **11** 角：此误。五十四分，当为徵。 **12** 商：此衍。**13** 徵：此误。四十八分，当为羽。 **14** 羽：此衍。十二律管长度的计算法如下： 黄钟 81 林钟 $81\times\frac{2}{3}=54$ 太蔟 $54\times\frac{4}{3}=72$

南吕 $72\times\frac{2}{3}=48$ 姑洗 $48\times\frac{4}{3}=64$ 应钟 $64\times\frac{2}{3}=42\frac{2}{3}$

蕤宾 $42\frac{2}{3}\times\frac{4}{3}=56\frac{8}{9}$ 大吕 $56\frac{8}{9}\times\frac{4}{3}=75\frac{23}{27}$ 夷则 $75\frac{23}{27}\times\frac{2}{3}=50\frac{46}{81}$

夹钟 $50\frac{46}{81}\times\frac{4}{3}=67\frac{103}{243}$ 无射 $67\frac{103}{243}\times\frac{2}{3}=44\frac{692}{729}$

仲吕 $44\frac{692}{729}\times\frac{4}{3}=59\frac{2039}{2187}$

生钟分[1]：子一分[2]。丑三分二[3]。寅九分八[4]。卯二十七分十六。辰八十一分六十四。巳二百四十三分一百二十八。午七百二十九分五百一十二。未二千

产生黄钟律数的方法：子（指代黄钟）定基数为一分。丑（指代林钟）是黄钟长度的三分之二。寅（指代太蔟）是黄钟长度的九分之八。卯（指代南吕）是黄钟长度的二十七分之十六。辰（指代姑洗）是黄钟长度的八十一分之六十四。巳（指代应钟）是黄钟长度的二百四十三分之

一百八十七分一千二十四。申六千五百六十一分四千九十六。酉一万九千六百八十三分八千一百九十二。戌五万九千四十九分三万二千七百六十八。亥十七万七千一百四十七分六万五千五百三十六。

一百二十八。午(指代蕤宾)是黄钟长度的七百二十九分之五百一十二。未(指代大吕)是黄钟长度的二千一百八十七分之一千零二十四。申(指代夷则)是黄钟长度的六千五百六十一分之四千零九十六。酉(指代夹钟)是黄钟长度的一万九千六百八十三分之八千一百九十二。戌(指代无射)是黄钟长度的五万九千零四十九分之三万二千七百六十八。亥(指代仲吕)是黄钟长度的十七万七千一百四十七分之六万五千五百三十六。

注释 1 生钟分:产生钟律积实的方法。积实就是分子。 2 子一分:此以十二辰指代十二律,子代黄钟,黄钟为音律之本,假定它为一分。 3 丑三分二:子三分去一得丑,所以丑是子的三分之二。 4 寅九分八:丑三分益一得寅,所以寅是子的九分之八。下以三分损益类推,总列如下:

子　黄钟　1　　丑　林钟　$1\times\frac{2}{3}=\frac{2}{3}$　　寅　太蔟　$\frac{2}{3}\times\frac{4}{3}=\frac{8}{9}$

卯　南吕　$\frac{8}{9}\times\frac{2}{3}=\frac{16}{27}$　　辰　姑洗　$\frac{16}{27}\times\frac{4}{3}=\frac{64}{81}$

巳　应钟　$\frac{64}{81}\times\frac{2}{3}=\frac{128}{243}$　　午　蕤宾　$\frac{128}{243}\times\frac{4}{3}=\frac{512}{729}$

未　大吕　$\frac{512}{729}\times\frac{2}{3}=\frac{1024}{2187}$　　申　夷则　$\frac{1024}{2187}\times\frac{4}{3}=\frac{4096}{6561}$

酉　夹钟　$\frac{4096}{6561}\times\frac{2}{3}=\frac{8192}{19683}$　　戌　无射　$\frac{8192}{19683}\times\frac{4}{3}=\frac{32768}{59049}$

亥　仲吕　$\frac{32768}{59049}\times\frac{2}{3}=\frac{65536}{177147}$

生黄钟术[1]曰:以下生者,倍其实,三其法。[2]以上生[3]者,四其实,三其法。上九,商八,羽七,角六,宫五,徵九。[4]置一而九三之以为法[5]。实如法,得长一寸。[6]凡得九寸[7],命曰"黄钟之宫"。故曰音始于宫,穷于角;数始于一,终于十,成于三;气始于冬至,周而复生。[8]

产生钟律的方法是:向下生的(即要缩短原来律管长度的),分子乘以二,分母乘以三。向上生的(即要增加原来律管长度的),分子乘以四,分母乘以三。(宫下生得徵,徵上生得商,商下生得羽,羽上生得角。)最大的数是九,商为八,羽为七,角为六,宫为五,徵为九。先设置一根算筹,然后每次都乘以三,连续乘九次至酉,得出的乘积一万九千余就是分母。这个时候,作为律长的分子数和分母数相等,两者相约得到一个长度为寸的数字。然后用"生钟分"的黄钟实十七万七千余除以这个分母,总共就可以得到九寸,把它命名叫"黄钟之宫"。所以说音开始于宫,终结于角;数从一开始,到十终止,而钟律的变化、万物的生成全是由三完成的;一年的阳气从冬至开始萌发,一年一个周期地往复循环。

注释　1 生黄钟术:产生钟律的方法。术,方法。此言黄钟,是由于音律循环相生,古人用三分损益法计算,从黄钟开始,经过变化产生各律,最后企图重新回到黄钟的长度,然最终得到的只能是它的近似值。

2 下生:指缩短原来律管的长度。　实:指被除数、乘积或分子。此指分子。　法:指除数或分母。　3 上生:指增加原来律管的长度。　4 上:最高,最大。下言"数始于一,终于十",所以九为最大。　宫五:宫为五音之中数，与五行之土相应，土数为五，故宫亦为五。 徵九：依“律数”，宫生徵，除宫以外，徵最大，故为九。余依次相生。 **5** 置一：计算开始时设置一根算筹。 九三之：每次所得之积数都乘以三，乘九次，即至酉。 以为法：以此数当分母。 **6** 实，即上段“生钟分”的黄钟实十七万七千一百四十七。《汉书·律历志》“九三之以为法”句下有“十一三之以为实”。故知“实”义。下又有“实如法得”一句。 如法：除以法。王先谦解释为“除法，以实满法而成一数”。 得长一寸：得到一个长度为寸的数字。《汉书》无“长”“寸”二字。 **7** 凡得九寸：总共得到九寸的商数为止。“九三之”除“十一三之”正可得到此数。 **8** 音始于宫：十二律始于黄钟，黄钟为宫，所以音律始于宫。 穷于角：由上述“律数”可知宫生徵，徵生商，商生羽，羽生角。角在五音中产生于最后，故为“穷”。 成于三：钟律的变化都是由乘三完成的，万物也是由三生成的。 气始于冬至：古人认为冬至而一阳生，故云。气，阳气。

神生于无，形成于有，形然后数，形而成声，故曰神使气，气就形。[1]形理如类有可类[2]。或未形而未类，或同形而同类。[3]类而可班，类而可识。[4]圣人知天地识之别，故从有以至未有，以得细若气，微若声。[5]然圣人因神而存之，虽妙必

神存在于天地还没有形成以前的虚无之中，形体在天地形成以后存在于万物之中，有形体然后才有数量，有形体然后才产生出宫、商、角、徵、羽五声，所以说神支配元气，元气依附形体。万物的形体和事物的特征如果有可以区别的地方，就能够将它们分类。有的事物还未成形，所以无法归类，有的形体相同而被归在同一类。事物分类后就可根据它与其他事物的差异或相似性而加以区别辨识。圣人了解天地间万物的区别，所以能从万物的形体推测出其未成形时的状态，因而能捕捉到细微之气和轻微之声。圣人根据对

效情，核其华道者明矣。[6] 非有圣心以乘聪明，孰能存天地之神而成形之情哉？[7] 神者，物受之而不能知及其去来，故圣人畏而欲存之。[8] 唯欲存之，神之亦存。其欲存之者，故莫贵焉。

神的理解而能感知它们的存在，因此，它们虽细虽微，也必然会显现自己的情状，圣人于是透过其外在形体而把握其内在本质。不是具有圣人之心并运用自己的聪明，谁又能够掌握天地间神的存在并推知万物成形后的情状呢？万物承受神的神妙之气，但并不能了解它来去的情况，所以圣人敬畏神而想让它经常显示其存在。只有想让神存在，神才会存在。想让神存在，没有比信仰并尊敬它更好的办法了。

注释 1 神：主宰精神意识、本质规律等的一种概念性的东西。 无：虚无。指天地还没有形成以前的太易气。 形：形体。 有：指天地形成以后存在的看得见摸得着的质。 数：数量。 声：指宫、商、角、徵、羽五声。 使：操纵、支配。 就：依附。 2 形理：形体事物的特征。 类：类别，分类。 3 未形：神还没有依附于形体。 同形：依附于同一类形体。 4 班：颁布，公布于众。 识：识别。 5 未有：指还没有附着于形体的神。 6 因神而存之：通过对精神的理解而在认识中掌握物的存在。 妙：微妙。 效：见。 核：研核。 华：指华丽外表。 道：此指内在本质。 7 乘：驾驭，运用。 天地之神：天地万物的本质。 成形：表现为具体事物。 8 不能知及其去来："及"字疑衍。 畏：指害怕神妙的义理难以认识。

太史公曰：在旋玑玉衡以齐七政，即天地二十八宿。[1] 十母，十二

太史公说：运用璇玑玉衡这样的天象仪器进行观察以辨方向，定季节，确定天地二十八宿的位置。十天干为母，十二地支为子，十二律的调谐起自

子，钟律调自上古。建律运历造日度，可据而度也。[2]合符节，通道德，即从斯之谓也。[3]

上古。建立律制，推算历法，规定日行度数，可以依据它们进行测度。要符合天地的运行规律，与天地的大道大德相通，就要遵循天地的法度。

注释 1 在：运用。 旋玑玉衡：古时观察天象的仪器。旋，通“璇”。 齐：使判断与天象的运行相协调。 七政：指日、月、五星。 2 日度：日行度数。 度(duó)：测度。 3 符节：物候与节气。符，不同季节万物表现出的特征。 道德：普遍规律与特殊品格。 斯：指上述律则、制度。

史记卷二十六

历书第四

原文

昔自在古，历建正作于孟春。[1]于时冰泮发蛰，百草奋兴，秭鳺先滜。[2]物乃岁具，生于东，次顺四时，卒于冬分。[3]时鸡三号，卒明。[4]抚十二节，卒于丑。[5]日月成[6]，故明也。明者孟也，幽者幼也，幽明者雌雄也。[7]雌雄代兴，而顺至正之统也[8]。日归于西，起明于东；月归于东，起明于西。[9]正不率天[10]，又不由人，则凡事易坏而难成矣。

原文

在远古时代，历法以孟春月为正月。正月时，冰融河开，冬眠的动物苏醒，大地上百草萌发，最早鸣叫的子规鸟发出啼声。万物生长一年一个循环，从春季开始，依次经过夏、秋两季，结束于冬春之交。鸡叫三遍，天亮了，称为明，为一日之始。经过十二个月，最后一个月是丑月。年和月的概念很清楚，所以叫“明”。“明”即“孟”，有“长”的意思，“幽”即幼，有“小”的意思，“幽明”合在一起为阴阳。阴阳交替，按规律运行，这是最符合“至正之统”的。日落西方，升起在东方；残月逐渐消失在东方，新月初见在西方。制定历法既不按天时行事，又不重视人心，就会把事办坏而很难有成就的。

注释 1 历：即历法，是根据观察日月星天体运行之规律，来推算四时季节，编制年、月、日运行周期的方法。 建正(zhēng)：确定哪一个月为年开头的正月。 孟春：春季的第一个月。孟，开头，第一。 2 泮(pàn)：化开，分解。 发蛰(zhé)：即蛰发，冬眠的动物开始苏醒，活动。 发，兴起，活动。蛰，冬眠的动物。 秭鳺(zǐ guī)：又作“子规”，即杜鹃鸟。 滜(háo)：通“嗥”，鸣；叫。 3 物乃岁具：万物于是完成了一年的周期发展。 东：此指一年中最早的季节，即春季。 四时：四季。 卒于冬分：结束于冬春之交。分，来春。 4 号(háo)：鸣叫。 卒明：即“平明”，天明。《史记集解》引徐广曰：“卒，一作‘平’。” 5 抚：依循，顺应。 十二节：应为“十二月节”。节，节令，节气。 丑：按夏历一年中最后一月(十二月)为丑月。 6 日月成：太阳和月亮交替起落。 7 “明者孟”三句：明为尊为阳，幽为卑为阴。明与孟、幽与幼，均为同声假借。 8 至正：此指最得岁时之正。 统：指三统(建寅、建丑、建子)之统。此夏历，为建寅。 9 归：隐没。 起明：升起。 10 正：即建正，此指历法的制定。 率天：遵循天道。

王者易姓受命，必慎始初，改正朔，易服色，推本天元，顺承厥意。[1]

太史公曰[2]：神农以前尚矣。盖黄帝考定星历，建立五行，起消息，正闰余，于是有天地神祇物类之官，是谓五官。[3]各司其

帝王接受天命改朝换代，必须谨慎地制定开始时的政令，改订历法，更换车服的颜色，推算日月交会的起始点，顺承上天的意旨。

太史公说：神农以前太久远了，情况不清楚了。从黄帝起考察星度，制定历法，建立起五行的理论，发现了阴阳消长交替的规律，纠正了闰月余分数值的大小，于是就有了掌天地神灵祭祀和各类事物的官员，这就叫五官：春官、夏官、秋官、冬官、中官。五官各自掌握所负责的

序，不相乱也。民是以能有信，神是以能有明德。民神异业，敬而不渎，故神降之嘉生。[4]民以物享，灾祸不生，所求不匮。[5]

序列，不相混乱。民众因此就能适时地从事生产活动，神灵因此就能享受民众的祭祀。民众和神灵各有不同的职分，民众对神灵敬重而不亵渎，所以神灵降福使庄稼旺盛生长。民众用佳美的祭品敬供鬼神，灾害祸患也就不会发生，所求的物品也不再匮乏。

注释 1 易姓：改朝换代。 受命：受天命。 正朔：历法。正，元月。朔，初一。 服色：车马服饰之颜色。 推：推演，推算。 本：根源。此指起始点。 天元：历法中的上元。即日月合璧（合朔）、五星连珠（五大行星聚集在同一经度），交冬至节的一个甲子日夜半的理想时刻。 厥：其。 2 太史公曰：王元启《史记三书正讹》以为此四字应在上段开头。 3 星历：天文历法。传说黄帝时代制定有《黄帝历》。《史记索隐》案："《系本》及《律历志》黄帝使羲和占日，常仪占月，臾区占星气，伶伦造律吕，大桡作甲子，隶首作算数，容成综此六术而著《调历》也。" 五行：即金、木、水、火、土相生相克学说。 消息：此指阴阳消长交替的理论。阴生为消，阳生为息。 正闰余：确定闰月余分的大小。 神祇(qí)：天神曰神，地神曰祇。 物类：各类之物，万物。 五官：《史记正义》应劭云："黄帝受命，有云瑞，故以云纪官。春官为青云，夏官为缙云，秋官为白云，冬官为黑云，中官为黄云。" 4 渎(dú)：轻慢，马虎。 嘉生：好庄稼。 5 物享：祭品进供。物，指祭祀用的粮食、牲畜。享，用食物供奉鬼神。 匮：缺乏。

少暤氏之衰也，九黎乱德，民神杂扰，不可放物，祸灾荐至，莫尽其气。[1]颛顼受之，

少暤氏衰落了，九黎部族放弃德义进行叛乱，民众神灵的职分错杂受到干扰，也就不可能区别事类和名分，灾祸虽是连续不断地出现，仍不能散尽那不和

乃命南正重司天以属神，命火正黎司地以属民，使复旧常，无相侵渎。[2]

之气。颛顼承受帝位，就命令重氏做南正掌管上天之事来统领众神，命令黎氏做火正掌管大地之事以统领民众，使事态恢复到原有的规范，民神之间不再互相侵害和亵渎了。

其后三苗服九黎之德，故二官咸废所职，而闰余乖次，孟陬殄灭，摄提无纪，历数失序。[3]尧复遂重、黎之后不忘旧者，使复典之，而立羲和之官。[4]明时正度，则阴阳调，风雨节，茂气至，民无夭疫。[5]年耆禅舜，申戒文祖，云"天之历数在尔躬"。[6]舜亦以命禹。由是观之，王者所重也。

此后，三苗部族依从九黎的乱德行为，所以南正与火正都废弃了他们的职掌，于是一年的闰月余分错乱了编次，夏历正月制度被毁坏，摄提所指没有明确的观察记载，历法节气失掉了次序。尧帝就再次举荐重氏、黎氏的后代中没有丢失旧有职掌技术的人，让他们重新掌管天象的观察，而建立了羲氏、和氏的官职。明确时令正定日度，因此就阴阳调和，风雨适宜，万物重新兴旺繁盛，民众没有了早夭疫病。尧年老时让位给舜，他在自己的祖庙中告诫舜，说"制定历法的责任落到了你的身上"。舜也用这句话来训导夏禹。这样看来，历法的制定是做帝王的头等大事。

注释　1 九黎：泛指当时南方部族。　放物：区分事类或名分。亦作"方物"。　荐：重集，连续。　气：指灾害性的不和之气。　2 南正：传说中原始社会时期官名，掌管上天神事。　重：人名。　属(zhǔ)：统领，掌管。　旧常：旧制，先例。　侵渎：侵扰亵渎。　3 服：服从，仿效。　乖次：错乱了编次。次，古人把黄道周天由西向东分成十二部分，亦称十二次。　孟陬(zōu)：夏历正月的别称。　殄(tiǎn)：消灭，昏乱。　摄提：星名，随北斗星斗杓所指，建十二月，表明岁末。 历数：历法节气的次序。 4 遂：举荐。 羲和之官：指尧立羲氏、和氏为掌管天地四时之官。 5 明时正度：明确四季之变化，使之符合正常之规律。 节：适宜，节度。 茂气：兴旺繁盛之气。 夭：夭折，短命。 6 耆(qí)：老。 文祖：尧之祖庙。 天之历数在尔躬：制定历法的责任掌握在你自己手中。《论语·尧曰》："尧曰：'咨！尔舜！天之历数在尔躬。'"《尚书·大禹谟》有"天之历数在汝躬"一句，是舜对禹讲的。所以此处引文当来自《论语》。《洪范》九畴有"五纪"：一曰岁，二曰月，三曰日，四曰星辰，五曰历数。孔安国解释为：历数，节气之度。以为历数，敬授民时。

夏正[1]以正月，殷正以十二月，周正以十一月。盖三王之正若循环，穷则反本。[2]天下有道，则不失纪序[3]；无道，则正朔不行于诸侯。

夏朝的岁首之月建在夏历正月，商朝的岁首之月建在夏历十二月，周朝的岁首之月建在夏历十一月。夏、商、周三代的岁首之月如同循环套一样，一周穷尽了又要返回到最初的起点。天下治理得好，就不会失掉历法的次序；治理得不好，帝王新颁的历法在诸侯各国就得不到实行。

注释 1 夏正：夏朝所建历法开始的月份。正，历正，历法开端。 2 三王：此指夏、商、周三代。 穷：穷尽，完结。 反：同"返"。 3 纪序：历法的次序。 正朔：此指帝王新颁之历法。

幽、厉之后，周室微，陪臣执政，史不记时，君不告朔。[1]故畴人子弟分散，或在诸

幽王、厉王以后，周朝王室衰弱，政权下移致使诸侯国的卿大夫执掌政令，史官不能记载时令，国君每月初一不能在宗庙行告朔之礼。因此精通天文历算

夏，或在夷狄，是以其禨祥废而不统。[2]周襄王二十六年闰三月，而《春秋》非之。[3]先王之正时也，履端于始，举正于中，归邪于终。[4]履端于始，序则不愆；举正于中，民则不惑；归邪于终，事则不悖。[5]

的人员分别散处，有的在中原各国，有的在边境少数民族地区，因此祷告占卜去凶趋吉的事废弃而不能统一。周襄王二十六年不当有闰三月，却出现了闰三月，以致《春秋》指责了它的错误。先代帝王正定历时，要将一年历法的起点推算正确，在每月的望中加以检查校正，将一年的余分都集中到闰月。将一年历法的起点推算正确，历法的次序就不会有差失；在每月的望中加以检查校正，民众就不会迷惑；把一年的余分都集中到闰月，依历办事就不会悖乱。

注释 1 幽、厉：指周幽王、周厉王。 微：衰败。 陪臣：诸侯国之卿大夫。 君不告(gù)朔：《史记集解》引郑玄曰："礼，人君每月告朔于庙，有祭，谓之朝享。" 2 畴人：古代精通天文历算之人。 诸夏：原指周王朝分封的各诸侯国。后泛指中原各国。 夷狄：泛指四方边远之部族。 禨祥：古代之占卜星相之术。禨，凶兆。 3 周襄王二十六年：即公元前626年。周襄王，名姬郑，东周第六代君王，公元前651—前619年在位。 闰三月：按照鲁国的历法，鲁僖公末年（前627）当闰，改在了第二年鲁文公即位元年（前626）闰三月。 非：指责。 4 履：推算。 端：端正，正确。 始：一年历法之起点。 举正：检查校正历法。 中：指月望。《史记集解》引韦昭曰："气在望中，则时日昏明皆正也。" 归邪于终：《史记集解》引韦昭曰："邪，余分也；终，闰月也。" 5 愆(qiān)：差错。 悖（bèi）：荒谬。

其后战国并争，在于强国禽敌，救急解纷而已，岂遑念斯哉！[1]是时独有邹衍，明于五德之传，而散消息之分，以显诸侯。[2]而亦因秦灭六国，兵戎极烦，又升至尊之日浅，未暇遑也。[3]而亦颇推五胜，而自以为获水德之瑞，更名河曰“德水”，而正以十月，色上黑。[4]然历度闰余，未能睹其真也。[5]

到战国时期，诸侯并争，君主致力于使国家强盛，打败敌国，援救盟国，化解纠纷罢了，难道还会有闲暇来考虑历法的事情吗？这时只有一个邹衍，倡明了金木水火土五德终始的学说，传播阴阳消长分界的理论，在诸侯各国显扬名声。而且也是因为秦在征灭六国时，战争非常频繁，加之登上皇位的时间非常短，也是没有闲暇来考虑历法的。因而他们也隆重推崇五行相克的主张，并自认为秦朝是获得了水德的吉祥兆应，就把黄河改名叫“德水”，而把一年历法的开端确定在十月，颜色崇尚黑色。然而历法的推算闰月余分，没有能够做得更为准确一些。

注释　1 禽：通“擒”。　遑(huáng)：空闲。　念：考虑。　斯：此。指历法。2 邹衍：战国时思想家，阴阳家代表人物。　五德之传：即五德终始学说，是一种历史循环理论。五德，五行。　散：传播。　分：关系，界限。3 兵戎：战争。　至尊：皇位。　4 五胜：五行相克，即金胜木，火胜金，水胜火，土胜水，木胜土之类。　瑞：瑞兆、吉祥之兆。　河：黄河。　上：通“尚”，崇尚。　5 度(duó)：推测，计算。　真：准确，符合规律。

汉兴，高祖曰“北畤待我而起”，亦自以为获水德之瑞。[1]虽明习历及张苍等[2]，咸

汉朝兴起，高祖刘邦说“北畤要等待我来建造”，也是自己认为获得了水德的吉祥兆应。即使有通晓天文历法的人如张苍，也认为这个看法对。这时候天下刚

以为然。是时天下初定，方纲纪大基，高后女主，皆未遑，故袭秦正朔服色。[3]

至孝文时，鲁人公孙臣以终始五德上书，言"汉得土德，宜更元[4]，改正朔，易服色。当有瑞，瑞黄龙见"。事下丞相张苍，张苍亦学律历，以为非是，罢之。其后黄龙见成纪，张苍自黜，所欲论著不成。[5]而新垣平以望气见，颇言正历服色事，贵幸，后作乱，故孝文帝废不复问。

刚安定，正在进行建国立制的宏大事业，之后又是吕后掌权，也没有闲暇顾及历法制定的事宜，所以因袭了秦朝的正朔和服色。

到孝文帝的时候，鲁地人公孙臣依据五德终始的学说上书朝廷，说"汉家是土德，应该更改历法，变换历正的起始月，改易车服崇尚的颜色。这样应当会有祥瑞，祥瑞之物黄龙必定出现"。文帝将这件事交给丞相张苍处理，张苍也是学过律算历法的官员，认为这种意见不对，把它搁置起来不予采纳。此后，黄龙真的在成纪出现了，张苍就自我贬退，原想论述的关于汉为水德、十月为岁首、崇尚黑色等主张也就不能实现。而新垣平由于擅长望气而受到文帝接见，他经常谈到改正历法车服颜色的事，因此得到尊贵宠幸，后来他用欺诈行为扰乱了朝政，所以孝文帝对改历的事弃置不问。

注释　1 北畤(zhì)：汉高帝建立的祭祀黑帝的场所，坛址在今陕西省凤翔县南。在高帝之前，秦宣公在渭南立密畤祭青帝，灵公在吴阳立上畤祭黄帝，立下畤祭赤帝(炎帝)，献公在栎阳立畦畤祭白帝。详见《封禅书》。　自以为获水德之瑞：《史记志疑》案：汉之王或以土德，或以火德，或以水德，所说不同，而水德之说尤妄，语在《孝文》事中。　2 明习历：通晓天文历法。　及：李笠《史记订补》疑为"如"字之误。　3 纲纪：治理。　高后女主：即吕后。　4 更元：改历法。元，历元。计算历法开始的日子。 5 黜(chù):废,贬退。事详见《张丞相列传》。 所欲论著:指说明汉为水德,以十月为岁首,崇尚黑色等各项主张。

至今上即位,招致方士,唐都分其天部,而巴落下闳运算转历,然后日辰之度与夏正同。[1]乃改元,更官号,封泰山。[2]因诏御史曰:“乃者,有司言星度之未定也,广延宣问,以理星度,未能詹也。[3]盖闻昔者黄帝合而不死,名察度验,定清浊,起五部,建气物分数。[4]然盖尚矣。书缺乐弛,朕甚闵焉。朕唯未能循明也,紬绩日分,率应水德之胜。[5]今日顺夏至,黄钟为宫,林钟为徵,太蔟为商,南吕为羽,姑洗为角。[6]自是以后,气复正,羽声复清,名复正

到了当今皇上登上天子之位,招徕了很多方士,唐都测量天体重新划分出四宫十二次各部分的精确度数,而巴地的落下闳又进行运算依据天象制定历法,这样做了以后,日月星度正好和夏历相同。于是改变年号,更换官名,到泰山去行封礼。因而诏告御史说:“往日,主管官员提出星度还没有测定,于是广泛接纳公正征询,来考校星度,仍没能得到对应的效果。听说过去黄帝所制定的历法终始无穷而不已,星历之名考察清楚,日月星辰的运行度数验证准确,审定声音的清浊,确立起四时和五行的关系,建立节气和历法名物的日分余数。然而那些已经是很久远的事了。书籍记载缺失,乐理也废弛了,我对这件事感到非常悯惜。我考虑到已不能对过去的历法加以整理,就分析总结将一日划为若干部分作为基数来制历法,总算是取得了顺应土德的法则。现在太阳的运行恰逢夏至日,黄钟又正好是宫声,林钟是徵声,太蔟是商声,南吕是羽声,姑洗是角声。从此以后,二十四节气会重新端正,羽声会重新清亮,律名的变异会重新纠正,以至

变,以至子日当冬至,则阴阳离合之道行焉。[7]十一月甲子朔旦冬至已詹,其更以七年为太初元年。[8]年名'焉逢摄提格',月名'毕聚',日得甲子,夜半朔旦冬至。[9]"

于逢子的日子正当是冬至日,那么七曜聚合又各自分离都会按规律运行。十一月甲子日初一晨明恰好是冬至时分已得到验证,就把原来的元封七年改名为太初元年。年的名号叫作'焉逢摄提格',月的名号叫作'毕聚',日正是甲子,夜半时分即初一晨明就是冬至。"

注释 **1** 今上:指汉武帝。 方士:泛指古代医、卜、星、相之流。 唐都:西汉著名的天文星相家。 分其天部:测量天体重新划分四宫十二次的各部分的精确度数。 落下闳(hóng):闳,人名,因居住落下而名。西汉著名的天文历算家。 转历:根据天象之运转而制定历法。 日辰之度:日月星辰在上天所在之位置。 夏正:即夏历。 **2** 改元:改变年号。 封泰山:在泰山上祭天。 **3** 乃者:从前,往日。 星度:指星辰的度分。即日月星辰运行的周期、速度、距离、位置。 广延:广泛地接纳。 宣问:公开地征询。 詹:《汉书》正作"雠"。《史记集解》引韦昭云:"雠,比校也。" **4** 黄帝合而不死:一曰,黄帝作历,历终复始无穷已,故曰不死;一曰,黄帝圣德,与虚合契,升龙登仙于天,故曰合而不死。 名察:星历之名考察清楚。 度验:日、月、星宿之区域度数验证准确。 清浊:指声音之清浊。 五部:指五行。 气:二十四节气。 物:历法中的各种名物。 分数:日分余数。 **5** 循明:《汉书·律历志》作"修明",整理。 紬(chōu)绩:分析,总结。紬,缀集。 日分:将一日划作若干部分以为基数以便制历。 水德之胜:指土德。土胜水。 **6** 日顺夏至:太阳运行适逢夏至日。 黄钟为宫:用黄钟律作为宫声。 **7** 气:二十四节气。 羽声:五声中黄钟为宫最浊,羽声最清,声历相应,羽声清则历数正(准确)。 子日:逢子的日子。 阴阳离合之道:指七曜(日、月、金、木、水、火、土)相聚合之后，各自又以不同的方向、速度分离运行。 8 甲子：干支纪日六十一循环，此为六十甲子的头一天。这一年十一月头一天恰逢甲子日，又正会冬至日。 朔旦：初一天明。 詹：通“瞻”。此处引申为观察、验证。 七年：即公元前104年，这年本应为元封七年，后因《太初历》的产生而改名为太初元年。 9 焉逢摄提格：此为古人岁阳、岁阴纪年法的名称。古人最早用岁阳（焉逢、端蒙、游兆、强梧、徒维、祝犁、商横、昭阳、横艾、尚章）和岁阴（困敦、赤奋若、摄提格、单阏、执徐、大荒落、敦牂、协洽、涒滩、作噩、阉茂、大渊献）相配合，用以纪年。后来岁阳、岁阴分别为十干（甲、乙、丙、丁、戊、己、庚、辛、壬、癸）和十二支（子、丑、寅、卯、辰、巳、午、未、申、酉、戌、亥）所取代。按六十甲子推算，此年即甲寅年。 毕聚：据《尔雅》所载月阳诸月的名称，在甲曰毕，在乙曰橘，在丙曰新，在丁曰圉，在戊曰厉，在己曰则，在庚曰窒，在辛曰寒，在壬曰终，在癸曰极。所载月阴诸月名称，正月为陬，二月为如，三月为寎，四月为余，五月为皋，六月为且(jū)，七月为相，八月为壮，九月为玄，十月为阳，十一月为辜，十二月为涂。两者按六十月一周相结合，甲子就为毕陬。《史记索隐》：“聚音娵(zōu)。”毕聚，即毕陬，是逢甲的正月。 夜半朔旦冬至：古历法把冬至作为一年的开始，朔日作为一月的开始，夜半即半夜十二时，作为一天的开始。古人以这一天作为历元。

历术甲子[1]篇

太初元年，岁名“焉逢摄提格”，月名“毕聚”，日得甲子，夜半朔旦冬至。

正北[2]

十二[3]

历术甲子篇

太初元年，岁名称为“焉逢摄提格”，月名称为“毕聚”，十一月朔旦日正好是甲子，这日的夜半正好是冬至。

冬至在子时正好处于正北的方位

这年没有闰月，是十二个月

无大余，无小余；[4]

无大余，无小余；[5]

焉逢摄提格太初元年[6]。

十二

大余五十四，小余三百四十八；[7]

大余五，小余八；[8]

端蒙单阏二年[9]。

闰十三

大余四十八，小余六百九十六；[10]

大余十，小余十六；[11]

游兆执徐[12]三年。

十二

大余十二，小余六百三；[13]

大余十五；小余二十四；[14]

强梧大荒落[15]四年。

月朔没有大余日数，也没有小余分数；

冬至没有大余日数，也没有小余分数；

焉逢摄提格就是太初元年。

全年十二个月

月朔大余是五十四日，小余是三百四十八分；

冬至大余是五日，小余是八分；

端蒙单阏就是太初二年。

这年有闰月，是十三个月

月朔大余是四十八日，小余是六百九十六分；

冬至大余是十日，小余是十六分；

游兆执徐是太初三年[5]。

全年十二个月

月朔大余是十二日，小余是六百零三分；

冬至大余是十五日，小余是二十四分；

强梧大荒落就是太初四年。

注释 **1** 历术：历法推算的方法和数据。 甲子：记述历术内容的篇名，亦即所述四分法的第一蔀（十九年为章，四章为蔀）的蔀名。 **2** 正北：因蔀首为十一月甲子夜半冬至，子的辰次方位是正北。 **3** 十二：指一年的月数。无闰月为十二，有闰月为十三。 **4** 此行是指月朔的大、小余。 大余：一年的天数减去若干甲子周数后所余的天数。从此年月朔干支数至所余天数以后的第一个干支日名，就是下一年的月朔。 小余：太初历每月为$29\frac{499}{940}$日，一年整日数之外还有小数，这个小数的分子数就是小余。 **5** 此行是指冬至的大、小余。 大余：从冬至日的干支起数，从一年的天数中减去若干甲子周数后所余的天数。从这个干支日名起数至所余天数后的第一个干支日，就是下一年的冬至日。《太初历》起始于太初元年，故其月朔及冬至的干支日都无大、小余，是指历法年开始于天正十一月朔，具体时间上有差别。 **6** 焉逢摄提格太初元年：焉逢摄提格为甲寅年，太初元年为丁丑年，前后距离相差都较远，故此处之太初元年（前104）至建始四年（前29）共76年之年号，均为"妄续"者所增。以上为甲寅年之数据。下仿此。 **7** 大余五十四：一年354日（六大六小），减去五个甲子周数300日，余54日。 小余三百四十八：每月天数中小数的分子为499，十二个月，则为5988，除以分母940，得六日之外余348。 **8** 大余五：一个回归年为365整日，减去六个甲子周数360日，余5日。 小余八：一回归年整日之外还有$\frac{1}{4}$日，将一日分为32分，$\frac{1}{4}$则为8。 **9** 端蒙单阏：为乙卯年。 二年：即太初二年。下仿此。 **10** 大余四十八：一年354日，加上年余54日，共408日，减去六个甲子周数360日，余48日。 小余六百九十六：每月天数中小数的分子，上年余348，本年亦应余348，两者合计则为696。 **11** 大余十：上年余5日，依上年方法计算，本年亦余5日，两年相加，则余10日。 小余十六：一回归年整日之外本年又有$\frac{1}{4}$日，连同上年的$\frac{1}{4}$，合计为$\frac{1}{2}$，则为16。 **12** 游兆执徐：即丙辰年。 **13** 大余十二：一年354日，加上年闰月30日，加上年余48日，共计432日，减去七个甲子周期420

日,余12日。　小余六百三:每月天数中小数的分子,本年当余348,加上两年所余696,再加上年闰月499,合计为1543,除以分母940,余603。**14** 大余十五:上两年所余10,加本年之余5,则为15。　小余二十四:本年再加$\frac{1}{4}$,成$\frac{3}{4}$,则为24。　**15** 强梧大荒落:即丁巳年。

十二

大余七,小余十一[1];

大余二十一,无小余[2];

徒维敦牂天汉元年[3]。

闰十三

大余一,小余三百五十九;

大余二十六,小余八;

祝犁协洽二年[4]。

十二

大余二十五,小余二百六十六;

大余三十一,小余十六;

商横涒滩三年[5]。

十二

大余十九,小余六百一十四;

全年十二个月

月朔大余是七日,小余是十一分;

冬至大余是二十一日,没有小余;

徒维敦牂就是天汉元年。

这年有闰月,是十三个月

月朔大余是一日,小余是三百五十九分;

冬至大余是二十六日,小余是八分;

祝犁协洽就是天汉二年。

全年是十二个月

月朔大余是二十五日,小余是二百六十六分;

冬至大余是三十一日,小余是十六分;

商横涒滩就是天汉三年。

全年是十二个月

月朔大余是十九日,小余是六百一十四分;

大余三十六，小余二十四；

昭阳作鄂四年[6]。

闰十三

大余十四，小余二十二；

大余四十二，无小余；

横艾淹茂太始元年[7]。

十二

大余三十七，小余八百六十九；

大余四十七，小余八；

尚章大渊献二年[8]。

闰十三

大余三十二，小余二百七十七；

大余五十二，小余一十六；

焉逢困敦三年[9]。

十二

大余五十六，小余一百八十四；

大余五十七，小余二十四；

冬至大余是三十六日，小余是二十四分；

昭阳作鄂就是天汉四年。

这年有闰月，十三个月

月朔大余是十四日，小余是二十二分；

冬至大余是四十二日，没有小余；

横艾淹茂就是太始元年。

全年是十二个月

月朔大余是三十七日，小余是八百六十九分；

冬至大余是四十七日，小余是八分；

尚章大渊献就是太始二年。

这年有闰月，是十三个月

月朔大余是三十二日，小余是二百七十七分；

冬至大余是五十二日，小余是十六分；

焉逢困敦就是太始三年。

全年是十二个月

月朔大余是五十六日，小余是一百八十四分；

冬至大余是五十七日，小余是二十四分；

端蒙赤奋若四年[10]。

端蒙赤奋若就是太始四年。

注释 1 大余七：本年余6日，加小余所满1日，共7日。 2 大余二十一：每年余5，累积四年为余20，加小余已满32分为1，故得21。因亦无小余。3 徒维敦牂：即戊午年。 天汉元年：公元前100年。 4 祝犁协洽：即己未年。 5 商横涒滩：即庚申年。 6 昭阳作鄂：即辛酉年。 7 横艾淹茂：即壬戌年。 太始元年：公元前96年。 8 尚章大渊献：即癸亥年。9 焉逢困敦：即甲子年。 10 端蒙赤奋若：即乙丑年。

十二

大余五十，小余五百三十二；

大余三，无小余；

游兆摄提格征和元年[1]。

闰十三

大余四十四，小余八百八十；

大余八，小余八；

强梧单阏[2]二年。

十二

大余八，小余七百八十七；

大余十三，小余十六；

徒维执徐[3]三年。

全年是十二个月

月朔大余是五十日，小余是五百三十二分；

冬至大余是三日，没有小余；

游兆摄提格就是征和元年。

这年有闰月，是十三个月

月朔大余是四十四日，小余是八百八十分；

冬至大余是八日，小余是八分；

强梧单阏就是征和二年。

全年是十二个月

月朔大余是八日，小余是七百八十七分；

冬至大余是十三日，小余是十六分；

徒维执徐就是征和三年。

全年是十二个月

十二

大余三，小余一百九十五；

大余十八，小余二十四；

祝犁大芒落[4]四年。

闰十三

大余五十七，小余五百四十三；

大余二十四，无小余；

商横敦牂后元元年[5]。

十二

大余二十一，小余四百五十；

大余二十九，小余八；

昭阳汁洽[6]二年。

月朔大余是三日，小余是一百九十五分；

冬至大余是十八日，小余是二十四分；

祝犁大芒落就是征和四年。

这年有闰月，是十三个月

月朔大余是五十七日，小余是五百四十三分；

冬至大余是二十四日，没有小余；

商横敦牂就是后元元年。

全年是十二个月

月朔大余是二十一日，小余是四百五十分；

冬至大余是二十九日，小余是八分；

昭阳汁洽就是后元二年。

注释 1 游兆摄提格：即丙寅年。 征和元年：公元前92年。 2 强梧单阏：即丁卯年。 3 徒维执徐：即戊辰年。 4 祝犁大芒落：即己巳年。芒，前文作“荒”。 5 商横敦牂：即庚午年。 后元元年：公元前88年。 6 昭阳汁洽：即辛未年。汁，前文作“协”。

闰[1]十三

大余十五，小余七百九十八；

大余三十四，小余十六；

这年有闰月，是十三个月

月朔大余是十五日，小余是七百九十八分；

冬至大余是三十四日，小余

横艾涒滩始元元年[2]。

正西[3]

十二

大余三十九，小余七百五；

大余三十九，小余二十四；

尚章作噩[4]二年。

十二

大余三十四，小余一百一十三；

大余四十五，无小余；

焉逢淹茂[5]三年。

闰十三

大余二十八，小余四百六十一；

大余五十，小余八；

端蒙大渊献[6]四年。

十二

大余五十二，小余三百六十八；

大余五十五，小余十六；

游兆困敦[7]五年。

是十六分；

横艾涒滩就是始元元年。

冬至在酉时，酉的方位是正西

全年是十二个月

月朔大余是三十九日，小余是七百零五分；

冬至大余是三十九日，小余是二十四分；

尚章作噩就是始元二年。

全年是十二个月

月朔大余是三十四日，小余是一百一十三分；

冬至大余是四十五日，没有小余；

焉逢淹茂就是始元三年。

这年有闰月，是十三个月

月朔大余是二十八日，小余是四百六十一分；

冬至大余是五十日，小余是八分；

端蒙大渊献就是始元四年。

全年是十二个月

月朔大余是五十二日，小余是三百六十八分；

冬至大余是五十五日，小余是十六分；

十二

大余四十六，小余七百一十六；

无大余，小余二十四；

强梧赤奋若[8]六年。

闰十三

大余四十一，小余一百二十四；

大余六，无小余；

徒维摄提格元凤元年[9]。

十二

大余五，小余三十一；

大余十一，小余八；

祝犁单阏[10]二年。

十二

大余五十九，小余三百七十九；

大余十六，小余十六；

商横执徐[11]三年。

闰十三

大余五十三，小余七百二十七；

大余二十一，小余二十四；

游兆困敦就是始元五年。

全年是十二个月

月朔大余是四十六日，小余是七百一十六分；

冬至没有大余，小余是二十四分；

强梧赤奋若就是始元六年。

这年有闰月，是十三个月

月朔大余是四十一日，小余是一百二十四分；

冬至大余是六日，没有小余；

徒维摄提格就是元凤元年。

全年是十二个月

月朔大余是五日，小余是三十一分；

冬至大余是十一日，小余是八分；

祝犁单阏就是元凤二年。

全年是十二个月

月朔大余是五十九日，小余是三百七十九分；

冬至大余是十六日，小余是十六分；

商横执徐就是元凤三年。

这年有闰月，是十三个月

月朔大余是五十三日，小余

昭阳大荒落[12]四年。

十二

大余十七，小余六百三十四；

大余二十七，无小余；

横艾敦牂[13]五年。

闰十三

大余十二，小余四十二；

大余三十二，小余八；

尚章汁洽[14]六年。

十二

大余三十五，小余八百八十九；

大余三十七，小余十六；

焉逢涒滩元平元年[15]。

是七百二十七分；

冬至大余是二十一日，小余是二十四分；

昭阳大荒落就是元凤四年。

全年是十二个月

月朔大余是十七日，小余是六百三十四分；

冬至大余是二十七日，没有小余；

横艾敦牂就是元凤五年。

这年有闰月，是十三个月

月朔大余是十二日，小余是四十二分；

冬至大余是三十二日，小余是八分；

尚章汁洽就是元凤六年。

全年是十二个月

月朔大余是三十五日，小余是八百八十九分；

冬至大余是三十七日，小余是十六分；

焉逢涒滩就是元平元年。

注释 1 据《汉书·昭帝纪》，始元元年是闰九月。 2 横艾涒滩：即壬申年。 始元元年：公元前86年。 3 正西：自太初元年至本年已历一章，故冬至小余二十四，即$\frac{3}{4}$日，说明冬至加于酉时，酉的方位是正西。

4 尚章作噩：即癸酉年。 5 焉逢阉茂：即甲戌年。 6 端蒙大渊献：即乙亥年。 7 游兆困敦：即丙子年。 8 强梧赤奋若：即丁丑年。 9 徒维摄提格：即戊寅年。 元凤元年：公元前80年。 10 祝犁单阏：即己卯年。 11 商横执徐：即庚辰年。 12 昭阳大荒落：即辛巳年。 13 横艾敦牂：即壬午年。 14 尚章汁洽：即癸未年。 15 焉逢涒滩：即甲申年。 元平元年：公元前74年。

十二

大余三十，小余二百九十七；

大余四十二，小余二十四；

端蒙作噩本始元年[1]。

闰十三

大余二十四，小余六百四十五；

大余四十八，无小余；

游兆阉茂[2]二年。

十二

大余四十八，小余五百五十二；

大余五十三，小余八；

强梧大渊献[3]三年。

十二

大余四十二，小余

全年十二个月

月朔大余三十日，小余二百九十七分；

冬至大余四十二日，小余二十四分；

端蒙作噩就是本始元年。

这年有闰月，是十三个月

月朔大余是二十四日，小余是六百四十五分；

冬至大余是四十八日，没有小余；

游兆阉茂就是本始二年。

全年是十二个月

月朔大余是四十八日，小余是五百五十二分；

冬至大余是五十三日，小余是八分；

强梧大渊献就是本始三年。

全年是十二个月

月朔大余是四十二日，小余

九百；

大余五十八，小余十六；

徒维困敦[4]四年。

闰十三

大余三十七，小余三百八；

大余三，小余二十四；

祝犁赤奋若地节元年[5]。

十二

大余一，小余二百一十五；

大余九，无小余；

商横摄提格[6]二年。

闰十三

大余五十五，小余五百六十三；

大余十四，小余八；

昭阳单阏[7]三年。

正南[8]

十二

大余十九，小余四百七十；

大余十九，小余十六；

横艾执徐[9]四年。

是九百分；

冬至大余是五十八日，小余是十六分；

徒维困敦就是本始四年。

这年有闰月，是十三个月

月朔大余是三十七日，小余是三百零八分；

冬至大余是三日，小余是二十四分；

祝犁赤奋若就是地节元年。

全年是十二个月

月朔大余是一日，小余是二百一十五分；

冬至大余是九日，没有小余；

商横摄提格就是地节二年。

这年有闰月，是十三个月

月朔大余是五十五日，小余是五百六十三分；

冬至大余是十四日，小余是八分；

昭阳单阏就是地节三年。

冬至加在午时，方位是正南

全年十二个月

月朔大余是十九日，小余是四百七十分；

冬至大余是十九日，小余是

十二

大余十三，小余八百一十八；

大余二十四，小余二十四；

尚章大荒落元康元年[10]。

闰十三

大余八，小余二百二十六；

大余三十，无小余；

焉逢敦牂[11]二年。

十二

大余三十二，小余一百三十三；

大余三十五，小余八；

端蒙协洽[12]三年。

十二

大余二十六，小余四百八十一；

大余四十，小余十六；

游兆涒滩[13]四年。

十六分；

横艾执徐就是地节四年。

全年是十二个月

月朔大余是十三日，小余是八百一十八分；

冬至大余是二十四日，小余是二十四分；

尚章大荒落就是元康元年。

这年有闰月，是十三个月

月朔大余是八日，小余是二百二十六分；

冬至大余是三十日，没有小余；

焉逢敦牂就是元康二年。

全年是十二个月

月朔大余是三十二日，小余是一百三十三分；

冬至大余是三十五日，小余是八分；

端蒙协洽就是元康三年。

全年是十二个月

月朔大余是二十六日，小余是四百八十一分；

冬至大余是四十日，小余是十六分；

游兆涒滩就是元康四年。

注释 1 端蒙作噩：即乙酉年。 本始元年：公元前73年。 2 游兆阉茂：即丙戌年。 3 强梧大渊献：即丁亥年。 4 徒维困敦：即戊子年。 5 祝犁赤奋若：即己丑年。 地节元年：公元前69年。 6 商横摄提格：即庚寅年。 7 昭阳单阏：即辛卯年。 8 正南：自太初元年至上年已历二章，故本年冬至小余为十六，即$\frac{1}{2}$日，说明冬至加时在午，午在十二辰中处于正南。 9 横艾执徐：即壬辰年。 10 尚章大荒落：即癸巳年。 元康元年：公元前65年。 11 焉逢敦牂：即甲午年。 12 端蒙协洽：即乙未年。 13 游兆涒滩：即丙申年。

闰十三

大余二十，小余八百二十九；

大余四十五，小余二十四；

强梧作噩神雀元年[1]。

十二

大余四十四，小余七百三十六；

大余五十一，无小余；

徒维淹茂[2]二年。

十二

大余三十九，小余一百四十四；

大余五十六，小余八；

这年有闰月，是十三个月

月朔大余是二十日，小余是八百二十九分；

冬至大余是四十五日，小余是二十四分；

强梧作噩就是神雀元年。

全年是十二个月

月朔大余是四十四日，小余是七百三十六分；

冬至大余是五十一日，没有小余；

徒维淹茂就是神雀二年。

全年是十二个月

月朔大余是三十九日，小余是一百四十四分；

冬至大余是五十六日，小余是八分；

祝犁大渊献[3]三年。

闰十三

大余三十三，小余四百九十二；

大余一，小余十六；

商横困敦[4]四年。

十二

大余五十七，小余三百九十九；

大余六，小余二十四；

昭阳赤奋若五凤元年[5]。

闰十三

大余五十一，小余七百四十七；

大余十二，无小余；

横艾摄提格[6]二年。

十二

大余十五，小余六百五十四；

大余十七，小余八；

尚章单阏[7]三年。

十二

大余十，小余六十二；

大余二十二，小余十

祝犁大渊献就是神雀三年。

这年有闰月，是十三个月

月朔大余是三十三日，小余是四百九十二分；

冬至大余是一日，小余是十六分；

商横困敦就是神雀四年。

全年是十二个月

月朔大余是五十七日，小余是三百九十九分；

冬至大余是六日，小余是二十四分；

昭阳赤奋若就是五凤元年。

这年有闰月，是十三个月

月朔大余是五十一日，小余是七百四十七分；

冬至大余是十二日，没有小余；

横艾摄提格就是五凤二年。

全年是十二个月

月朔大余是十五日，小余是六百五十四分；

冬至大余是十七日，小余是八分；

尚章单阏就是五凤三年。

全年是十二个月

月朔大余是十日，小余是六

六；

焉逢执徐[8]四年。

闰十三

大余四，小余四百一十；

大余二十七，小余二十四；

端蒙大荒落甘露元年[9]。

十二

大余二十八，小余三百一十七；

大余三十三，无小余；

游兆敦牂[10]二年。

十二

大余二十二，小余六百六十五；

大余三十八，小余八；

强梧协洽[11]三年。

闰十三

大余十七，小余七十三；

大余四十三，小余十六；

徒维涒滩[12]四年。

十二分；

冬至大余是二十二日，小余是十六分；

焉逢执徐就是五凤四年。

这年有闰月，是十三个月

月朔大余是四日，小余是四百一十分；

冬至大余是二十七日，小余是二十四分；

端蒙大荒落就是甘露元年。

全年是十二个月

月朔大余是二十八日，小余是三百一十七分；

冬至大余是三十三日，没有小余；

游兆敦牂就是甘露二年。

全年是十二个月

月朔大余是二十二日，小余是六百六十五分；

冬至大余是三十八日，小余是八分；

强梧协洽就是甘露三年。

这年有闰月，是十三个月

月朔大余是十七日，小余是七十三分；

冬至大余是四十三日，小余是十六分；

十二

大余四十，小余九百二十；

大余四十八，小余二十四；

祝犁作噩黄龙元年[13]。

徒维涒滩就是甘露四年。

全年是十二个月

月朔大余是四十日，小余是九百二十分；

冬至大余是四十八日，小余是二十四分；

祝犁作噩就是黄龙元年。

注释 1 强梧作噩：即丁酉年。 神雀元年：公元前61年。神雀，即神爵。 2 徒维淹茂：即戊戌年。 3 祝犁大渊献：即己亥年。 4 商横困敦：即庚子年。 5 昭阳赤奋若：即辛丑年。 五凤元年：公元前57年。 6 横艾摄提格：即壬寅年。 7 尚章单阏：即癸卯年。 8 焉逢执徐：即甲辰年。 9 端蒙大荒落：即乙巳年。 甘露元年：公元前53年。 10 游兆敦牂：即丙午年。 11 强梧协洽：即丁未年。 12 徒维涒滩：即戊申年。 13 祝犁作噩：即己酉年。 黄龙元年：公元前49年。

闰十三

大余三十五，小余三百二十八；

大余五十四，无小余；

商横淹茂初元元年[1]。

正东[2]

十二

大余五十九，小余二百三十五；

大余五十九，小余八；

这年有闰月，是十三个月

月朔大余是三十五日，小余是三百二十八分；

冬至大余是五十四日，没有小余；

商横淹茂就是初元元年。

冬至时在卯，卯在十二辰中居正东

全年是十二个月

月朔大余是五十九日，小余是二百三十五分；

昭阳大渊献[3]二年。

十二

大余五十三，小余五百八十三；

大余四，小余十六；

横艾困敦[4]三年。

闰十三

大余四十七，小余九百三十一；

大余九，小余二十四；

尚章赤奋若[5]四年。

十二

大余十一，小余八百三十八；

大余十五，无小余；

焉逢摄提格五年。

十二

大余六，小余二百四十六；

大余二十，小余八；

端蒙单阏永光元年[6]。

闰十三

无大余，小余五百九十四；

冬至大余是五十九日，小余是八分；

昭阳大渊献就是初元二年。

全年是十二个月

月朔大余是五十三日，小余是五百八十三分；

冬至大余是四日，小余是十六分；

横艾困敦就是初元三年。

这年有闰月，是十三个月

月朔大余是四十七日，小余是九百三十一分；

冬至大余是九日，小余是二十四分；

尚章赤奋若就是初元四年。

全年是十二个月

月朔大余是十一日，小余是八百三十八分；

冬至大余是十五日，没有小余；

焉逢摄提格就是初元五年。

全年是十二个月

月朔大余是六日，小余是二百四十六分；

冬至大余是二十日，小余是八分；

端蒙单阏是永光元年。

大余二十五，小余十六；

游兆执徐二年。

十二

大余二十四，小余五百一；

大余三十，小余二十四；

强梧大荒落三年。

十二

大余十八，小余八百四十九；

大余三十六，无小余；

徒维敦牂四年。

闰十三

大余十三，小余二百五十七；

大余四十一，小余八；

祝犁协洽五年。

十二

大余三十七，小余一百六十四；

大余四十六，小余十六；

这年有闰月，是十三个月

月朔没有大余，小余是五百九十四分；

冬至大余是二十五日，小余是十六分；

游兆执徐就是永光二年。

全年是十二个月

月朔大余是二十四日，小余是五百零一分；

冬至大余是三十日，小余是二十四分；

强梧大荒落就是永光三年。

全年是十二个月

月朔大余是十八日，小余是八百四十九分；

冬至大余是三十六日，没有小余；

徒维敦牂就是永光四年。

这年有闰月，是十三个月

月朔大余是十三日，小余是二百五十七分；

冬至大余是四十一日，小余是八分；

祝犁协洽就是永光五年。

全年是十二个月

月朔大余是三十七日，小余是一百六十四分；

商横涒滩建昭元年[7]。

闰十三

大余三十一，小余五百一十二；

大余五十一，小余二十四；

昭阳作噩二年。

十二

大余五十五，小余四百一十九；

大余五十七，无小余；

横艾阉茂三年。

十二

大余四十九，小余七百六十七；

大余二，小余八；

尚章大渊献四年。

闰十三

大余四十四，小余一百七十五；

大余七，小余十六；

焉逢困敦五年。

十二

大余八，小余八十二；

冬至大余是四十六日，小余是十六分；

商横涒滩就是建昭元年。

这年有闰月，是十三个月

月朔大余是三十一日，小余是五百一十二分；

冬至大余是五十一日，小余是二十四分；

昭阳作噩就是建昭二年。

全年是十二个月

月朔大余是五十五日，小余是四百一十九分；

冬至大余是五十七日，没有小余；

横艾阉茂就是建昭三年。

全年是十二个月

月朔大余是四十九日，小余是七百六十七分；

冬至大余是二日，小余是八分；

尚章大渊献就是建昭四年。

这年有闰月，是十三个月

月朔大余是四十四日，小余是一百七十五分；

冬至大余是七日，小余是十六分；

焉逢困敦就是建昭五年。

全年是十二个月

大余十二，小余二十四；

端蒙赤奋若竟宁元年[8]。

月朔大余是八日，小余是八十二分；

冬至大余是十二日，小余是二十四分；

端蒙赤奋若就是竟宁元年。

注释 1 商横淹茂：即庚戌年。 初元元年：公元前48年。 2 正东：自太初元年至初元元年已历三章，故本年冬至小余为八分，即$\frac{1}{4}$日，冬至时在卯，卯在十二辰中处于正东。 3 昭阳大渊献：即辛亥年。 4 横艾困敦：即壬子年。 5 尚章赤奋若：即癸丑年。至此甲子一周年数已满，以下循环重复，不再注。 6 永光元年：公元前43年。 7 建昭元年：公元前38年。 8 竟宁元年：公元前33年。

十二

大余二，小余四百三十；

大余十八，无小余；

游兆摄提格建始元年[1]。

闰十三

大余五十六，小余七百七十八；

大余二十三，小余八；

强梧单阏二年。

十二

全年是十二个月

月朔大余是二日，小余是四百三十；

冬至大余是十八日，没有小余；

游兆摄提格就是建始元年。

这年有闰月，是十三个月

月朔大余是五十六日，小余是七百七十八分；

冬至大余是二十三日，小余是八分；

强梧单阏就是建始二年。

全年是十二个月

月朔大余是二十日，小余是六

大余二十，小余六百八十五；

大余二十八，小余十六；

徒维执徐三年。

闰十三

大余十五，小余九十三；

大余三十三，小余二十四；

祝犁大荒落[2]四年。

右[3]《历书》：大余[4]者，日也。小余[5]者，月也。端蒙[6]者，年名也。支[7]：丑名赤奋若，寅名摄提格。干[8]：丙名游兆。正北，冬至加[9]子时；正西，加酉时；正南，加午时；正东，加卯时。

百八十五分；

冬至大余是二十八日，小余是十六分；

徒维执徐就是建始三年。

这年有闰月，是十三个月

月朔大余是十五日，小余是九十三分；

冬至大余是三十三日，小余是二十四分；

祝犁大荒落就是建始四年。

以上就是《历书》的内容和推算方法：大余，是指所余的整日数。小余，它所显示的整日以外的分数，可以推定月的大小和天正十一月的位置。岁阳与岁阴相配，就是年名。地支：如丑称作赤奋若，寅称作摄提格。天干：如丙称作游兆。正北，是指冬至发生在子时；正西，是指发生在酉时；正南，是指发生在午时；正东，是指发生在卯时。

注释　1 建始元年：公元前32年。　2 祝犁大荒落：就是建始四年。此为蔀终之年。　3 右：原书竖排称“右”，今横排当称“上”。　4 大余：指月朔和冬至推算中所余的整日数，故云“日也”。　5 小余：指月朔和冬至推算中所余除整日数以外的分数，故张文虎疑“月也”之“月”当作“分”。然此分数在月朔推算中以其所余分数与499相加是大于或小于940，决定其月之大小，大于940则为大月，小于940则为小月;在冬至推算中以其所余分数决定冬至所在的辰次,即天正(历法正月)十一月的位置,二者均与“月”密切相关,故云“月也”。 6 端蒙者:此为略语。端蒙是岁阳,与之相配应有岁阴以显示太岁所在的辰次名,才可构成岁名,即年名。 7 支:指十二地支,此举丑、寅以代其余。 8 干:指十天干,此举丙以代其余。 9 加:在。指发生在,形成在。下同。

史记卷二十七

天官书第五

原文

中宫天极星，其一明者，太一常居也；旁三星三公，或曰子属。[1]后句四星，末大星正妃，余三星后宫之属也。[2]环之匡卫十二星[3]，藩臣。皆曰紫宫[4]。

原文

中宫有天极星，其中一颗最明亮的，是天神太一帝停留的地方；旁边的三颗星象征着太尉、司徒、司空三公，也有人说是象征太子、庶子等人。后面形成弯曲状的四颗星，最末一颗是象征正妃；余下的三颗星，象征后宫的妃嫔媵妾等人。环绕起来形成匡辅之势的有十二颗星，象征着文、武藩臣。这些组合在一起叫作紫宫。

注释 **1** 本篇题名《天官书》，是以“天官”的官名命篇，实际包括两部分内容：一是专门研究日月星辰与五大行星的运动、变化；一是探讨天文与人世间事务的关系。本篇开创了正史记载天文事项的先例。 中宫：也称紫宫，星区名。本篇将星空划分为五个区域：中宫紫微，东宫苍龙，南宫朱鸟，西宫咸池，北宫玄武。紫微以其处于星辰旋转的中区，故称“中宫”。 天极星：即北极星。紫微中宫内北极五星的第五星，亦称纽星，属今鹿豹座，星等五等(今为二等)。

太一:此指天帝。“太”即“泰”。《史记正义》:“泰一,天帝之别名也。刘伯庄云:‘泰一,天神之最尊贵者也。’” 三公:《史记正义》以为太尉、司徒、司空。 子属:指太子、庶子等。 2 句:同“勾”,弯曲。 后宫:指嫔妃等。 3 匡卫:匡辅保护。 十二星:依《晋书·天文志》当有十五颗,西墙七颗:右枢、少尉、上辅、少辅、上卫、少卫、上丞;东墙八颗:左枢、上宰、少宰、上辅、少辅、上卫、少卫、少丞。 4 紫宫:即紫微垣。《史记索隐》:“《元命包》曰‘紫之言此也,宫之言中也,言天神运动,阴阳开闭,皆在此中也’。”意思是说“此处是运转中心”。

前列直斗口三星,随北端兑,若见若不,曰阴德,或曰天一。[1]紫宫左三星曰天枪,右五星曰天棓,后六星绝汉抵营室,曰阁道。[2]

前排对着紫宫门口有三颗星,构成椭圆形,北端尖锐,有时出现有时隐没,叫作阴德星,有人说是天一星。紫宫左边三颗星叫作天枪,右边五颗星叫作天棓,后边六颗星直渡天河可到达营室的,叫作阁道。

注释 1 直:当,对着。 斗口:指紫宫门口。 随:通“椭”,椭圆形。 兑:通“锐”。《史记索隐》:“锐谓星形尖锐也。” 阴德:星名。在紫微中宫之内,共二星,一为五等,一为七等,故“若见若不”。 天一:星名。亦名“天乙”,在紫微右垣的右枢近旁。在今天龙座,属五等星。 2 天枪:星名。在北斗斗柄东,有三星。在今牧夫座,四至五等星。 天棓:星名。有五星,在今天龙座、武仙座,二至四等星。 绝:直渡。 汉:天汉,即天河。 抵:至。 营室:星名。即室宿,有星两颗。在今飞马座,均为二至六等星。 阁道:星名。有六星,属奎宿。在今仙后座,三至五等星。

北斗七星，所谓“旋、玑、玉衡以齐七政”。[1]杓携龙角，衡殷南斗，魁枕参首。[2]用昏建者杓；杓，自华以西南。[3]夜半建者衡；衡，殷中州河、济之间。[4]平旦建者魁；魁，海岱以东北也。[5]斗为帝车，运于中央，临制四乡[6]。分阴阳，建四时，均五行，移节度，定诸纪，皆系于斗。[7]

北斗七星，就是《尚书》所说的“旋、玑、玉衡以齐七政”。极星与斗杓相连的延长线连接着东宫苍龙的角宿，斗衡隐隐约约和南斗相对，斗魁四星的延长线枕着参宿头上的两颗星。用斗杓黄昏时所指的十二辰次建寅为正月叫昏建；斗杓，在地上的分野是包括华山及其西南地区。用斗衡夜半时所指的十二辰次建寅为正月叫夜半建；斗衡，它的分野是中原黄河和济水之间的地区。用斗魁黎明时所指十二辰次建寅为正月叫平旦建；斗魁，其分野在渤海到泰山一线东北的地区。北斗是天帝的车子，它在靠近天极的中央运转，但却统治驾驭着四方。区分阴阳消长的界限，建立四时的秩序，均平五行和阴阳四时的关系，计量各节气的太阳度数，确定章蔀纪元的历法，全都要依靠北斗。

注释 1 北斗：亦称“北斗七星”，在今大熊座。除第四星为三等外，余六星均为二等。《史记索隐》：“《春秋运斗枢》云‘斗，第一天枢，第二旋，第三玑，第四权，第五衡，第六开阳，第七摇光。第一至第四为魁，第五至第七为杓，合而为斗’。” 旋、玑、玉衡：马融、郑玄解释为用作天文观察的浑天仪部件。旋，即“璇”，美玉。玑，同“机”，浑仪中转动的浑环。衡，浑仪中的横筩，即窥管。 七政：指春、夏、秋、冬、天文、地理、人道。又，马融解释为北斗七星，各有所主，日、月、五星各异，故曰七政。 2 杓：北斗杓。 携：连着。 龙角：指东宫苍龙之角，即角宿。 殷：意为隐隐相对。 南斗：即斗宿。 魁：北斗七星中天枢、天璇、天玑、天权四星的合称。 参(shēn)首：即参宿之首。 3 昏建者杓：是说斗杓黄昏时所指的方向建为寅月即正月。 杓:此指与天空相对应的分野。 华:华山。 4 衡:斗衡。此指与极星相连线所指的方向。《史记索隐》引孟康曰:“假令杓昏建寅,衡夜半亦建寅也。” 殷:当。 中州:中原。 5 平旦:黎明时分。 魁:指以斗魁建寅。 海:指渤海。 岱:泰山。 6 临制:驾驭,统制。 乡:通“向”。 7 分阴阳:划分出斗北、斗南阴阳消长的界限。 节度:节气度数。 纪:古历法以十九年为章,四章为蔀,二十蔀为纪,三纪为元。故纪指章蔀纪元。一说纪指十二辰纪。

斗魁戴匡六星曰文昌宫:一曰上将,二曰次将,三曰贵相,四曰司命,五曰司中,六曰司禄。[1]在斗魁中,贵人之牢[2]。魁下六星,两两相比者,名曰三能。[3]三能色齐,君臣和;不齐,为乖戾。[4]辅星明近,辅臣亲强;斥小,疏弱。[5]

斗魁头上有组成筐形的六颗星叫作文昌宫:其中第一颗名叫上将,第二颗名叫次将,第三颗名叫贵相,第四颗名叫司命,第五颗名叫司中,第六颗名叫司禄。在斗魁中间,有一组象征贵人牢房的天理星。斗魁的下方有六颗星,两颗两颗一起互相并列的,名叫三台。三台星亮度正常,象征着君臣和谐;亮度不正常,象征着彼此乖违背戾。辅星明亮而接近开阳星,象征辅佐的大臣亲近而强大;两星相距远而且亮度小,就象征着辅佐的大臣疏远而衰弱。

注释 1 戴匡:上面似筐形。戴,上。匡,“筐”的古字。 文昌宫:星名。又称“文昌”,在北斗斗魁之西,有星六颗,属中宫紫微。在今大熊座,为三至五等星。《史记索隐》引《春秋元命包》曰:“上将建威武,次将正左右,贵相理文绪,司禄赏功进士,司命主老幼,司灾主灾咎也。”《史记志疑》:“《汉志》五司禄,六司灾。晋以下《志》皆作‘四曰司禄,五曰司命,六曰司寇’。”与此不同。 2 贵人之牢:即天理星,有四颗星。天理,“理贵人牢”。牢,监狱。 3 比:并列,靠近。 三能(tái):即三台,星名。共六星,属太微垣。在今大熊座,为三至四等星。能,通“台”。 4 色齐:亮度正常。 乖戾:乖违背戾。 5 辅星:星名。北斗第六星开阳一小伴星,今名大熊座 80 号星,为五等星。《史记正义》:“大臣之象也。” 明近:明亮而接近。 斥:远,疏远。

杓端有两星:一内为矛,招摇;一外为盾,天锋。[1]有句圜十五星,属杓,曰贱人之牢。[2]其牢中星实则囚多,虚则开出[3]。

斗杓端头有两颗星:一颗靠得近的为矛,名招摇;一颗离得远的为盾,叫天锋。有围成一个圆圈的十五颗星,也在杓尾方向,叫作贱人的牢房。圆圈内的星清楚明亮,象征着囚犯多;圆圈内的星模糊不清,象征犯人已经释放。

天一、枪、棓、矛、盾动摇,角大,兵起。[4]

天一、枪、棓、矛、盾这些星如果看上去在摇动,芒角又很长,象征着将有战事兴起。

注释 1 招摇:星名。即北斗第七星摇光。属氐宿,位于大角之北,在今牧夫座,三等星。 天锋:星名。一说即元戈,在招摇星南,四等星。一说在大角、帝席星之北,有梗河三星,三至五等星。属今牧夫座。
2 句圜十五星:包括七公七星,贯索九星。句,同“勾”。圜,同“圆”。七星,成弯曲状,今属武仙、牧夫二座。贯索,因其中正北一星常隐而不现,故古人以为八星,与七公成十五星。贯索属今北冕座。《史记正义》:“贯索九星在七公前,一曰连索,主法律,禁暴强,故为贱人牢也。” 3 虚:空。 开出:释放。 4 角:芒角。 兵:战争。《史记会注考证》引王先谦曰:“此数星或动摇,或有芒角,及大,皆兵起之象。”《占经》引《黄帝占》云:“天一星,地道也,欲其小有光,则阴阳和,万物成;天一星大而盛,水旱不调，五谷不成，天下大扰，人民流亡去其乡。”

东宫苍龙，房、心。[1]心为明堂，大星天王，前后星子属。[2]不欲直[3]，直则天王失计。房为府，曰天驷。[4]其阴，右骖。[5]旁有两星曰衿；北一星曰舝。[6]东北曲十二星曰旗。[7]旗中四星曰天市；中六星曰市楼。[8]市中星众者实，其虚则秏。[9]房南众星曰骑官[10]。

二十八宿中东宫苍龙七宿中，有房宿、心宿。心宿是天王布政的宫室，它中间的一颗大星代表天王，前后两星代表太子和庶子。三颗星不应在一条直线上，否则，就表示天王的政令有疏失。房宿是天府，星名叫作天驷。它的北边，有东咸、西咸两星。在房宿四的近旁有相邻的两颗小星名叫钩、衿；北边有一颗星叫作舝。东北呈弯曲状有十二颗星叫作旗。旗的中间有四颗星叫作天市；靠南居中的六颗星叫作市楼。天市中星星众多，象征着丰收殷富；星数稀少，象征着国虚民贫。房宿南边的许多星叫作骑官。

注释 **1** 东宫苍龙：《史记索隐》案：《文耀钩》云“东宫苍帝，其精为龙”也。梁玉绳引《史记考异》以为篇首之中宫及此东宫与下文之南宫、西宫、剑匕宫五“宫”字皆当作“官”，下文云天之五官坐位可证。　房：星名。房宿的简称。东方苍龙七宿的第四宿，共四星，今属天蝎座。　心：星名。心宿的简称。东方苍龙七宿的第五宿，有三星，中间的心宿二，是一等亮星，古称“大火”，是观察授时的主要星辰。在今之天蝎座，两旁二星为三等星。　**2** 心为明堂：意即心宿为天王布政之宫。　子属：《史记索隐》引《鸿范五行传》曰：“前星，太子；后星，庶子。”　**3** 直：指心宿三星在一条直线上。中间大星，前星在其西南，后星在其东北，三星连接，稍有弯曲。　**4** 府：天府。　天驷：星名。房星的别称，即房宿。　**5** 阴：北边。　右骖:《史记志疑》以为“右”上缺“左”字,房北左右各四星,名东咸、西咸,即左、右骖也。东咸,星名。有星四颗,今属蛇夫座。西咸,星名,有星四颗,今属天蝎、天秤座。 6 衿:星名。在房宿四近旁,有相邻的两颗小星名钩、衿,合称“钩衿”,简称“衿”。四等星。 舝(xiá):《史记正义》引《星经》云:“键闭一星,在房东北,掌管籥也。” 7 旗:星名。《史记志疑》:“天市垣左右之星曰旗,共二十二,非十二也,‘曲’下缺‘二’字。”一说为二十三星。 8 天市:星名。天旗南北门左右各两星。南门两星当为宋、南海,北门两星为魏、河中。 市楼:星名。在天市中,有星六颗,今属蛇夫、巨蛇座,都是四至六等暗星。 9 实:指岁实,丰收。 虚:指星数稀少。 秏:同“耗”。《史记正义》:“秏,贫无也。” 10 骑官:星名。在库楼东侧,有十二星,属氐宿。在今豺狼座,全为三、四等星。

左角,李;右角,将。[1]大角者,天王帝廷。[2]其两旁各有三星,鼎足句之,曰摄提。[3]摄提者,直斗杓所指,以建时节,故曰“摄提格”[4]。亢为疏庙,主疾。[5]其南北两大星,曰南门[6]。氐为天根,主疫。[7]

角宿中左边一星,代表法官;右边一星,代表将帅。大角星,就是天王的帝廷。它的两旁各有三颗星,都是三方鼎立形成弯曲状,叫作摄提。之所以叫作摄提,是因为它们处在斗杓所指的方向下,为斗杓所提携,起到建明时节的作用,所以叫作“摄提格”。亢宿是天神的外朝,掌管疾疫的事务。它的南北有两颗大星,叫作南门。氐宿就是天根柢的意思,主管瘟疫之类的传染病。

注释 1 角:星名,即角宿。东方苍龙七宿第一宿,有星两颗,在今室女座。角宿一,一等星;角宿二,三等星。 李:《史记索隐》:“李即理。理,法官也。”左角,即角宿一。右角,即角宿二。 2 大角:星名。梗河以南,角亢以北,属亢宿。今名牧夫座 α 星,星等为零等。 天王帝廷:大角在紫宫帝星之南,心大星天王之北,太微五帝座之东,天市帝座之西,故称。廷,朝廷。 3 鼎足:意谓三方鼎立。 摄提:星名。左摄提、右摄提之合称。属亢宿。在今牧夫座。左摄提三星五至六等,右摄提三星三至六等。《史记索隐》案:《元命包》云“摄提之为言提携也,言提斗携角以接于下也”。
4 摄提格:摄提星随着斗柄指向寅位,就是一年的开始。格,始也。
5 亢:星名,即亢宿。东方苍龙七宿之第二宿,共四星,四至五等星,在今室女座。 疏庙:外朝。《史记正义》:“听政之所也。” 主疾:掌管疾疫之事。 6 南门:星名。在库楼南,属亢宿。有两星,南门一为三等星,南门二为零等亮星。在今半人马座。古人视它为天之外门,故称。 7 氐:星名,即氐宿,东方苍龙七宿中的第三宿。共有四星,二至四等星。今属天秤座。 天根:天的根柢。一说氐宿四星在亢东房西,跨黄道南北,叫作天根。 主疫:主管瘟疫之类的传染病。

尾为九子,曰君臣;[1]斥绝,不和。箕为敖客,曰口舌。[2]

火犯守角,则有战。[3]房、心,王者恶[4]之也。

尾宿有九颗星,象征着君臣关系;星与星之间的距离看起来疏远隔绝,象征着君臣不和睦。箕宿代表拨弄是非的人,所以说也是谗言的象征。

火星陵犯角宿而居之不去,象征着有战争发生。如果陵犯到房宿、心宿而不离去,这是王者所厌恶的天象。

注释 1 尾:星名,即尾宿,东方苍龙七宿的第六宿。共有九星,内四颗二等星,余为三至五等星,在今之天蝎座。 九子:指尾宿之九星,为后妃之属。 君臣:《史记志疑》:王孝廉以为乃“群姬”之讹。 2 箕:星名,即箕宿,东方苍龙七宿的第七宿。有四星,箕宿三是二等星,其余都是三等星。在今人马座。 敖客:调弄是非的人。敖,通“傲”。 口舌:谗言的象征。《汉书·天文志》“曰口舌”前有“后妃之府”四字。 3 火:

火星，又名荧惑。 犯：陵犯。 守：居之不去， 4 恶(wù)：厌恶。

南宫朱鸟，权、衡。[1]衡，太微，三光之廷。[2]匡卫十二星，藩臣：西，将；东，相；南四星，执法；中，端门；门左右，掖门。[3]门内六星，诸侯[4]。其内五星，五帝坐[5]。后聚一十五星，蔚然，曰郎位；傍一大星，将位也。[6]月、五星顺入，轨道，司其出，所守，天子所诛也。[7]其逆入，若不轨道，以所犯命之；中坐，成形，皆群下从谋也。[8]金、火尤甚。廷藩西有隋星五，曰少微，士大夫。[9]权，轩辕[10]。轩辕，黄龙体[11]。前大星，女主象；旁小星，御者后宫属。[12]月、五星守犯者，如衡占[13]。

南宫朱雀七宿中，主体有权、衡两组星官。衡，就是太微星区，为日、月、五星入朝的宫廷。周围环护着十二颗星，是藩卫的臣属：西垣是将帅，东垣是辅相，南边四颗星是左右执法的大臣，南面正中是端门，端门的左右是掖门。门内有六颗星是诸侯。门内另外五颗星是五帝坐。后面聚集着十五颗星，其中极其明亮的一颗叫作郎位星；旁边一颗大星，就是将位星。月和五星从西边进入太微廷，符合正常轨道，要注意观察它们从太微廷经过五帝坐往东行，如果停留而不离去，那么月或五星所占位置的星辰所象征的官员，就是天子所要责罚的。月和五星从东边进入太微廷，如果脱离了正常轨道，那么它们陵犯的星辰所象征的官员会受到责罚；如果陵犯了帝坐，祸福之形已经显现，这说明众多的臣属将犯上作乱。金星、火星从东边进入时这种情况更为严重。太微廷藩卫诸星的西边有呈南北下垂状的五颗星，叫作少微星，象征着士大夫。权，就是轩辕星。轩辕星，状似黄龙的身躯。前面的大星，是女主的象征；旁边的小星，是妃嫔婢女等后宫侍御。月和五星停留陵犯轩辕星，对吉凶的预测方法和太微廷是一样的。

注释 1 南宫朱鸟:《史记索隐》案:《文耀钩》云“南宫赤帝,其精为朱鸟”。南宫七宿都与鸟有关:柳为鸟嘴,星为鸟颈,张为鸟嗉囊,翼为鸟羽,其次即鹑首、鹑火、鹑尾,鹑也就是朱鸟。朱鸟,又称朱雀。 权:星名,轩辕星之别称。 衡:即太微。 2 太微:位于黄道北面,紧邻黄道的星区名。在翼轸之北,北斗以南,以五帝坐为中枢,由十星组成。在今后发、狮子、室女座。 三光:日、月、五星。 廷:宫廷。 3 藩臣:藩臣十二星,指太微西垣的西上相、西次相、西次将、西上将四星,东垣的东上将、东次将、东次相、东上相四星,以及其南面左执法、右执法四星。 执法:星名。有左执法、右执法四星组成太微的端门,都是四等星。在今室女座。 端门:南面的正门。此端门由左、右执法四星组成。 掖门:即端门左右的两旁门。左执法与东上相之间称为左掖门,右执法与西上将之间称为右掖门。组成掖门的四星,除西上将在今狮子座外,余三星均在室女座。

4 诸侯:星名。由五颗星组成,故又名“五诸侯”,在太微东西两藩内的五颗暗星,全是五六等星。在今后发座。此处上文“门内六星”,“六”字误。《史记正义》:“内五诸侯五星,列在帝庭。一曰帝师,二曰帝友,三曰三公,四曰博士,五曰太史。此五者,为天子定疑议也。” 5 五帝坐:星名。在太微中,有星五颗,古人认为是五方五神之座。黄帝居中,一颗,为二等星,余皆五六等。在今狮子座。《史记正义》:“黄帝坐一星,在太微宫中,含枢纽之神。四星夹黄帝坐:苍帝东方灵威仰之神;赤帝南方赤熛怒之神;白帝西方白招拒之神;黑帝北方汁光纪之神。五帝并设,神灵集谋者也。”

6 蔚然:众星相聚繁盛貌。此指明亮。 郎位:星名,在太微中帝坐东北,共十五星,全为五六等暗星。在今后发座。 将位:星名,郎位东北的一颗小星,名叫郎将,意为群郎之将帅。五等星,在今后发座。 7 五星:五大行星。 顺入:从西进入太微廷。 轨道:循正常之道。 司:同“伺”,观察。 所守:谓被月及五星占位的星辰象征的官员。 诛:责。

8 逆入:从东进入太微廷。 以:根据。 所犯:谓被月及五星陵犯的星辰象征的官员。 命:名也,即定罪名。 中坐:陵犯了帝坐。 成形:

是说祸福之形已经显现。 群下从谋:《史记正义》:“皆是群下相从而谋上也。”谋上,指犯上作乱。 9 廷藩:指太微廷的藩卫诸星。 隋:通“堕”,垂下。 五:《汉志》作“四”。 少微:星名。今知有四星,呈南北向下垂状,皆五、六等暗星。在今小狮、狮子座。 10 轩辕:星名。在文昌、三台之南有轩辕十七星。轩辕十四是一颗一等亮星,另有三颗三等,余皆为四等以下暗星。在今狮子、天猫座。 11 黄龙体:谓状似黄龙的身躯。《史记正义》:“轩辕十七星,在七星北,黄龙之体,主雷雨之神,后宫之象也。……其大星,女主也;次北一星,夫人也;次北一星,妃也;其次诸星皆次妃之属。女主南一小星,女御也;左一星,少民,后宗也;右一星,大民,太后宗也。” 12 前大星:指轩辕十四。 象:象征。 御者:指后宫次妃、御女等。 13 占:预测吉凶。

东井[1]为水事。其西曲星曰钺[2]。钺北,北河;南,南河;两河、天阙间为关梁。[3]舆鬼,鬼祠事;中白者为质。[4]火守南北河,兵起,谷不登[5]。故德成衡,观成潢,伤成钺,祸成井,诛成质。[6]

东井宿主管与水有关的事宜。它西边成弯曲状的一颗星叫作钺星。钺星北边,是北河星;南边,是南河星;北河星、南河星和天阙星之间是日、月、五星的通道,称作关梁。舆鬼宿,主管祭祀鬼事务;鬼宿中颜色显白的一颗星是质星。火星停留在南北河,象征有战事兴起,五谷歉收。所以帝王有德政会先在太微廷显示出来,帝王外出巡幸会先从天潢星显示出来,帝王政治有败乱先从钺星显示出来,政事有祸患会先从井宿显示出来,大臣有要诛杀的会先从质星显示出来。

注释 1 东井:星名。即井宿,南方朱鸟七宿的第一宿,共八星,二至五等星。在今双子座。 2 钺:星名。在井宿一之西,是一颗变星,通常约四等。在今双子座。 3 北河:星名。共三星,北河一四等,北河二二等，北河三一等。在今双子座。　南河：星名。在井之东南方，共三星，南河一五等，南河二三等，南河三为零等。在今小犬座。　两河：指北河、南河。　天阙：星名。一名“阙丘”，在南河之南，有星二颗，均五等。在今麒麟座。　关梁：因其间为日、月、五星的通道，故称。　**4** 舆鬼：星名。简称“鬼”，即鬼宿，南方朱鸟七宿的第二宿，共有四星。鬼宿四四等，余为五六等。在今巨蟹座。　鬼祠事：《史记志疑》疑是“主祠事”之误。主祠事，主管祭祀之事。　质：星名。一名“天质”，又名“积尸”，在舆鬼四星之中，是一个疏散星团。《史记正义》：“中一星为积尸，一名质，主丧死祠祀。”　**5** 不登：歉收。　**6** 德：指帝王德政。　衡：太微廷。《史记索隐》：“德成衡，衡则能平物，故有德公平者，先成形于衡。”　观：指帝王游观。　潢：星名，即天潢星。下文有此星。然在北宫，依文义当为天津星，天津星主计度，不主游观。又，下文西宫有“五潢，五帝车舍”，《史记索隐》解释为“以车载谷而贩”，也不主游观，故有说“潢”当是“权”之误。权为秤锤。这句是说，帝王游观，亦先成形于潢。　伤：败。《史记索隐》：“言王者败德，亦先成形于钺，以言有败乱则有钺诛之。”　祸成井：《史记集解》引晋灼曰：“东井主水事，火入，一星居其旁，天子且以火败，故曰祸也。”　诛成质：《史记集解》引晋灼曰：“荧惑入舆鬼、天质，占曰大臣有诛。”

柳为鸟注[1]，主木草。七星，颈，为员官，主急事。[2]张，素，为厨，主觞客。[3]翼为羽翮[4]，主远客。

柳宿是朱鸟的嘴，主管草木的生长。七星宿是朱鸟的颈，是喉咙，主管急难的事。张宿是朱鸟的食囊，是天廷的厨房，主管招待客人的事。翼宿是朱鸟的翅膀，主管迎送远方来的客人。

注释　**1** 柳：星名，即柳宿。南方朱鸟七宿的第三宿，有星八颗，三至五等星。在今长蛇座。 注:《汉书·天文志》作“喙”,即朱鸟之口。 2 七星:星名,又称“星”,即星宿。南方朱鸟七宿的第四宿,由七颗星组成,故名。星宿一二等,余四等以下。在今长蛇座。 主急事:《史记索隐》引宋均云:“颈,朱鸟颈也。员官,喉也。物在喉咙,终不久留,故主急事也。” 3 张:星名,即张宿。南方朱鸟七宿的第五宿,有星六颗,四至六等。在今长蛇座。 素:通“嗉”,鸟类的食囊。 觞(shāng)客:以酒食待客。觞,盛酒的杯。 4 翼:星名,即翼宿。南方朱鸟七宿的第六宿,有星二十二颗,翼五三等,翼一、二、七四等,余皆五等以下。在今巨爵、长蛇座。 羽翮(hé):鸟的翅膀。

轸为车,主风。其旁有一小星,曰长沙星,星不欲明,明与四星等,若五星入轸中,兵大起。[1]轸南众星曰天库楼,库有五车。[2]车星角若益众,及不具,无处车马。[3]

轸宿是天神的车子,主管风。它的旁边有一颗小星,叫作长沙星,通常光微弱得不能看见,但发亮时和轸宿的四颗星相当,如果五大行星进入轸宿当中,象征着战事将大规模兴起。轸宿南边一群星叫作天库楼星,天库楼星里外还有五颗柱星。五柱星的芒角假若增加得很多,以及显得分散而不整齐,就预示着将发生动乱,无处安顿车马。

注释 1 轸(zhěn):星名,即轸宿。南方朱鸟七宿的第七宿,有星四颗,全为三等。在今乌鸦座。 长沙:星名。一颗星,在轸宿所围的四边形之中,为五等星。《史记正义》:“主寿命。” 五星:指水、火、木、金、土五星。 2 天库楼:星名。属角宿,名为库楼,有十颗星,二至六等。在轸、角南方,属半人马座。 五车:星名。指库楼内外的五柱,共有星十五颗。柱一、三在长蛇座,余均在半人马座。 3 角:芒角。 不具:车马散处。 马:《汉志》作“焉”。

西宫咸池，曰天五潢。[1]五潢，五帝车舍。[2]火入，旱；金，兵；水，水。[3]中有三柱，柱不具，兵起。[4]

西宫咸池天区，名叫天五潢。五潢星，是五方帝的车舍。火星进入五潢，预示着要天旱；金星进入五潢，预示着有战争；水星进入五潢，预示着要发生水灾。五潢内外有三柱星，三柱星分散而不整齐，象征着有战争兴起。

注释 **1** 咸池：星区名号，因其中毕宿有咸池三而得名。五车中有咸池三星，在今御夫座，为五六等暗星。西宫七宿，其形似虎，故又称“西宫白虎”。《史记索隐》引《文耀钩》云：“西宫白帝，其精白虎。” 天五潢：星名。又称“五潢”，后世亦称“天潢”。在五车内，属毕宿，有五星，皆五等。在今御夫座。 **2** 五潢，五帝车舍：《史记索隐》释“五潢”为咸池三星，引《元命包》云“咸池主五谷，其星五者各有所职。咸池，言谷生于水，含秀含实，主秋垂，故一名‘五帝车舍’，以车载谷而贩也”。《史记正义》所释不同，以五帝车舍为五车星座，“五车五星，三柱九星，在毕东北，天子五兵车舍也”。五星为西北大星曰天库，次东北曰天狱，次东曰天仓，次东南曰司空，次西南曰卿。 **3**“火入”句：《史记索隐》：“谓火、金、水入五潢，则各致此灾也。案：宋均云‘不言木、土者，木、土德星，于此不为害故也’。” **4** 三柱：星名。共九星，各三星为一组，在五车内外，皆四至六等星。在今御夫座。 柱不具：三柱分散而不整齐。

奎[1]曰封豕，为沟渎。娄[2]为聚众。胃为天仓[3]。其南众星曰廥积[4]。

奎宿叫封豕星，象征天上的沟渠。娄宿三星象征苑囿，牧养的牛羊可供祭祀之用，胃宿象征着上天的仓廪，是五谷的府库。它的南边有许多星合称为“廥积”。

注释 **1** 奎：星名，即奎宿。又名“天豕”“封豕”。西宫咸池七宿的第一宿，共十六星，奎宿九二等，奎宿五三等，余皆四至七等。奎一至奎九在今仙女座，奎十至奎十六在今双鱼座。 2 娄：星名，即娄宿。西宫咸池七宿的第二宿。有星三颗，娄一三等，娄二五等，娄三二等。在今白羊座。 聚众：《史记正义》："娄三星为苑，牧养牺牲以共祭祀，亦曰聚众。" 3 胃：星名，即胃宿。西宫咸池七宿的第三宿。有三星，四至六等。在今白羊座。 天仓：《史记正义》："胃主仓廪，五谷之府也。" 4 廥(kuài)积：星名。又名"刍藁"，有六星，五至六等，在天苑西，娄胃之南。在今鲸鱼座。《史记集解》引如淳曰："刍藁积为廥也。"

昴曰髦头，胡星也，为白衣会。[1]毕曰罕车，为边兵，主弋猎。[2]其大星旁小星为附耳[3]。附耳摇动，有谗乱臣在侧。昴、毕间为天街[4]。其阴，阴国；阳，阳国。[5]

昴宿叫髦头星，是象征胡人的星宿，它望上去是一片白色云气。毕宿像是插着旌旗的兵车，用于边境的战争，主管天子的游猎之事。它的大星旁有一颗小星叫作附耳。附耳星看上去若是摇动的，则预示有谗佞的臣子在天子的身边。昴宿和毕宿之间是天街星。天街星北边的一颗星，主管北边国家的事务；天街星南边的一颗星，主管南边国家的事务。

注释 1 昴：星名，即昴宿，又名"胡星""髦头""留"，西宫咸池七宿的第四宿。有七星，俗称七姐妹，昴六三等，昴三六等，余皆四等。在今金牛座。 胡星：象征胡人之星。《史记正义》："摇动若跳跃者，胡兵大起。" 白衣会：此星实际是一疏散的星团，望上去好像一片白气之状。 2 毕：星名，即毕宿，又名"罕车"，西宫咸池七宿的第五宿。有八星，毕五为一等亮星，毕八变星，余六星四等。在今金牛座。 罕车：《广雅》释罕为捕兔之网，罕车就是载着捕兔网的猎车。《玉篇》释罕为旌旗，罕车是插着旌旗的兵车。故下文云"为边兵"。 弋猎：泛指打猎。弋，以绳系箭而射。 3 附耳：星名。毕宿五近旁的一颗小星，五等星。在今金牛座。 4 天街：星名。有二星，五等，属毕宿。在今金牛座。《史记正义》："天街二星，在毕、昴间，主国界也。街南为华夏之国，街北为夷狄之国。" 5 阴：指天街二星北边的一星。 阳：指天街二星南边的一星。

参为白虎。[1]三星直者，是为衡石[2]。下有三星，兑，曰罚，为斩艾事。[3]其外四星[4]，左右肩股也。小三星隅置，曰觜觿，为虎首，主葆旅事。[5]其南有四星，曰天厕[6]。厕下一星，曰天矢[7]。矢黄则吉；青、白、黑，凶。其西有句曲九星，三处罗：一曰天旗，二曰天苑，三曰九游。[8]其东有大星曰狼[9]。狼角变色，多盗贼。下有四星曰弧，直狼。[10]狼比地有大星，曰南极老人。[11]老人见，治安；不见，兵起。常以秋分时[12]候之于南郊。

附耳入毕中，兵起。

参宿形状像白虎。它中间在一条直线上的三颗星，像是一杆秤。下面有三颗星，形状上小下大，叫作罚星，主管斩杀的事。它外面的四星，是左右肩膀和大腿。有三颗小星排列成三角形，叫作觜宿，像是虎的头，主管采摘野生植物之事。它的南边有四颗星，叫作天厕。天厕星下面有一颗星，叫作天矢。天矢星发黄色就吉利；发青色、白色、黑色，都是凶象。参宿西边弯曲排列着九星，分作三处罗列：一组叫作天旗，二组叫作天苑，三组叫作九游。参宿东边有一颗大星叫作狼。狼星的芒角变了颜色，象征盗贼很多。下边有四颗星叫作弧，弧的矢正对着狼星。沿狼星往南靠近地平面的地方有一颗大星，叫作南极老人。老人星可见，国治民安；不可见，战事会兴起。常常在秋分前后的黎明，在城的南郊对它进行观测。

附耳星进入毕宿之中，将会有兵事兴起。

注释 1 参(shēn):星名。又名"参伐",即参宿,西宫咸池七宿的第七宿。有七星,参四为变星,余为零至二等星,在今猎户座。参星是古代确定岁时季节的标准星象。 白虎:参宿形似白虎的身躯。 2 三星直:参宿中间三星在一条东西向的直线上。 衡石:泛指秤。衡,秤。石,权,即秤锤。衡有石则平,故连称。 3 兑:通"锐",上小下大之形。 罚:星名。参宿中部三星下的三小星,亦作"伐",三至五等星。在今猎户座。 艾:通"刈(yì)",割,杀。 4 其外四星:指参宿四、五、六、七四星。 5 隅置:排列成三角形。隅,角。置,设置,排列。 觜觿(zī xī):星名。简称"觜",即觜宿,西宫咸池七宿的第六宿。有三星,四至五等。在今猎户座。 葆旅:采摘野生植物。葆,菜。旅,野菜。 6 天厕:星名。在参伐南,有星四,三至四等。在今天兔座。 7 天矢:星名,亦名"天屎",在天厕南,五等星。在今天鸽座。 8 句曲:弯曲。如钩一样弯曲。 罗:罗列。《汉志》"罗"后有"列"字。 天旗:星名。属毕宿,有九星,三至五等。在今猎户座。 天苑:星名。在昴宿南,属昴宿,成圆环状,有十六星,三至五等。在今波江座。 九游:星名,亦作"九斿",在玉井西南,有九星,属毕宿。在今波江座。 9 狼:星名。名天狼,简称"狼",亦名"犬星",在参宿东南,属井宿。色白,是全天最亮的一颗恒星。 10 四星:《史记志疑》案:弧九星,言四星误。 弧:星名。弧矢之简称。又称"天弓""狼弧",共九星,呈弓矢状,内三颗二等,余为三至四等,属井宿。在今大犬、船尾座。 直:正。 11 狼:《汉志》无此字。 比:靠近。 南极老人:星名。又名老人星。在井宿、天狼星之南,为一颗负一等星。今名船底座α星。 12 秋分时:《史记正义》:"常以秋分之曙见于景,春分之夕见于丁。"景,唐讳字,丙。夕,夜。

北宫玄武,虚、危。[1]危为盖屋;虚为哭泣之事。[2]

北宫是玄武星区,中间有虚宿、危宿。危宿的形状像盖屋;虚宿主占卜死丧哭泣的事务。

其南有众星，曰羽林天军[3]。军西为垒，或曰钺。[4]旁有一大星为北落[5]。北落若微亡[6]，军星动角益希，及五星犯北落，入军，军起。火、金、水尤甚：火，军忧；水，水患；木、土，军吉。危东六星，两两相比，曰司空。[7]

虚宿、危宿的南面有一大群星，叫作羽林天军。天军星的西面是垒壁阵星，或者叫作钺星。垒星的旁边有一颗亮星是北落星。北落星假若隐没不见，天军星动摇，芒角更加稀疏，以及有水火木金土五星陵犯北落星，进入天军星里面，象征着军事行动要兴起。火星、金星、水星陵犯时尤其严重：火星陵犯，军事上会有忧患；水星陵犯，会发生水害；木星、土星陵犯，军事上会吉利。危宿的东面有六颗星，它们两两并列，叫作司空。

注释　1 北宫玄武：星区名。《史记索隐》引《文耀钩》云："北宫黑帝，其精玄武。"　虚：星名。即虚宿，北宫玄武七宿的第四宿。有二星，一为今小马座α星，四等；另一为宝瓶座β星，三等。　危：星名。即危宿，北宫玄武七宿的第五宿。有三星，三至四等，在今飞马、宝瓶座。　2 盖屋：《史记索隐》引宋均云："危上一星高，旁两星堕下，似乎盖屋也。"隋，通"堕"。　哭泣之事：《史记正义》："虚主死丧哭泣事，又为邑居庙堂祭祀祷祝之事；亦天之冢宰，主平理天下，覆藏万物。"　3 羽林天军：星名。亦名"羽林军"，简称"天军"。属室宿，有四十五星，四至七等。在今宝瓶、南鱼座。《史记正义》："羽林四十五星，三三而聚，散在垒壁南，天军也。亦天宿卫之兵革出。"　4 垒：星名，垒壁阵之简称，有十二星，为羽林天军之垣垒，星四三等，余为四五等。在今双鱼、宝瓶、摩羯座。　钺：《汉志》作"戊"，羽林天军东侧有斧三星，盖指此，在今天鹤、凤凰座。《史记志疑》以为"钺为垒之异名"，义不可晓。　5 北落：星名。又名"北落师门"，属室宿，一颗一等亮星。在今南鱼座。　6 微亡：北落星因接近地平面，受蒙气影响，有时隐而不见。　7 比：近。　司空：《史记正义》以为"恐'命'

字误为‘空’也”。危东六星当为司命二星、司禄二星、司危二星。在今宝瓶、飞马、小马座。

营室为清庙，曰离宫、阁道。[1]汉中四星，曰天驷[2]。旁一星，曰王良[3]。王良策马，车骑满野。[4]旁有八星，绝汉，曰天潢。[5]天潢旁，江星[6]。江星动，人涉水[7]。

营室是天帝祭祖的祠庙，附近有离宫、阁道等星。在银河中间有四颗星，叫作天驷。天驷星旁边的一颗星，名作王良。策星摇动，那人间就会车骑布满原野，预示战争发生。营室的旁边有八颗星，在银河的尽头，叫作天潢星。天潢星当中有一颗星，名叫江星。江星摇动，象征人间要发大水。

注释 1 营室：星名，简称“室”，即室宿，北宫玄武七宿的第六宿，有二星，均二至六等。在今飞马座。 清庙：帝王诸侯祭祖之祠庙。《史记》无壁宿，先秦时二十八宿有“东萦”“西萦”，西萦为室宿，东萦即壁宿。此处营室包括室宿二星、离宫六星、壁宿二星，共十星，室宿二星与壁宿二星形近四方，故为清庙之形。 离宫：星名。属室宿，三对六星，三至五等。在今飞马座。 阁道：星名。在奎北、王良东，属奎宿。有六星，三至五等。在今仙后座。 2 天驷：《史记索隐》：“《元命包》云‘汉中四星曰骑，一曰天驷’。” 3 王良：星名。在奎宿北，阁道西，属奎宿。共五星，二至五等。在今仙后座。王良，原为春秋晋国一位善驭者之名。
4 策马：指策星摇动。策，星名。《史记正义》：“策一星，在王良前，主天子仆也。”又策，马鞭。 车骑满野：指王良星、策星附近显现小星密布，象征着战事发生。 5 绝汉：银河尽头处。 天潢：《史记索隐》引宋均云：“天潢，天津也。”天津，星名，共九星，天津四一等，余为二至五等。在今天鹅座。 6 江星：此江星可能是“天津四星”。另有天江四星，在尾宿之北，属尾宿，三至六等。在今蛇夫座。 7 人：星名。共四星，在今飞马座。

人星近江星，又离天汉不远，故象征着要发大水。

杵、臼四星[1]，在危南。匏瓜，有青黑星守之，鱼盐贵。[2]

杵星、臼星的四颗星，它们在危宿的南面。匏瓜星当中，如果有客星进入停留不出，就预示着鱼、盐的价格贵。

南斗为庙，其北建星。[3]建星者，旗也。牵牛为牺牲[4]。其北河鼓[5]。河鼓大星，上将；左右，左右将。婺女，其北织女。[6]织女，天女孙[7]也。

南斗是天上的庙宇，它的北边是建星。建星，象征着旗帜。牵牛宿是庙宇祭祀用的牲畜。它的北边是河鼓星。河鼓中间的一颗亮星，象征着上将；左右各一颗星，象征着左右将。婺女星，它北边有织女星。织女是天帝的孙女。

注释 1 杵：星名。在危宿北，有三星，四至五等，属危宿。在今蝎虎、飞马座。 臼：星名。在危宿北，有四星，四至五等，属危宿。在今飞马座。 2 匏(páo)瓜：星名。在牛宿、女宿之间，河鼓之东，离珠之北。有星五，四至五等，属女宿。在今海豚座。 青黑星：指客星。 3 南斗：星名。即斗宿，北宫玄武七宿的第一宿，共六星，成斗状，斗三为变星，余五星二至三等。在今人马座。 建星：星名。有六星，三至六等。在今人马座。 4 牵牛：星名。牛宿之别名，北宫玄武七宿的第二宿。有六星，三至六等。在今摩羯座。 牺牲：供祭祀之用的牲畜。 5 河鼓：星名。又称“牵牛”“天鼓”，属牛宿，有三星。河鼓二是一等星，即下句之“大星”；河鼓一四等，河鼓三三等，即下句所称之“左右”。在今天鹰座。 6 婺女：星名。一作“须女”“务女”，即女宿，北宫玄武女宿之第二宿。有四星，四至五等，在今宝瓶座。 织女：星名。亦名“天女”“天孙”。有三星，在河西北，天纪东。属牛宿。织女一为白色亮星，零等，在今天琴座。织女隔银河与牵牛(河鼓星)遥遥相对，俗称牛郎织女。 7 天女孙：《史记集解》引徐广曰："孙，一作'名'。"《史记索隐》："织女，天孙也。" 按：以上是叙说天空中的五宫二十八宿星象。其中中宫列有78颗星，东宫列有94颗星，南宫列有135颗星，西宫列有117颗星，北宫列有134颗星，总计列有恒星558颗，反映了自先秦以来至当时的认识水平。这是本篇的第一部分。

察日、月之行以揆岁星顺逆[1]。曰东方，木，主春，日甲乙。[2]义失者，罚出岁星[3]。岁星赢缩，以其舍命国。[4]所在国不可伐，可以罚[5]人。其趋[6]舍而前曰赢，退舍曰缩。赢，其国有兵不复；缩，其国有忧，将亡，国倾败。[7]其所在，五星皆从[8]而聚于一舍，其下之国可以义致天下。

观察日、月的运行以估量岁星是顺行还是逆行。岁星就是木星，主东方，五行属木，掌管春作，日期是甲乙。有失义的国家，其惩罚就从岁星上显示出来。岁星在运行中有赢有缩，就从它所在的星宿来判定相应分野的吉凶。岁星运行所在星宿对应的国家不可以去讨伐，但这个国家可以去讨伐别的国家。岁星运行的速度快，超过了推算位置而前移至下一星宿，这叫作赢；如果速度慢，没有达到预定星宿，这叫作缩。假若是赢，在它分野内的国家战事不会止息；假若是缩，在它分野内的国家会有忧患，将帅会死亡，国家将会倾覆败亡。岁星所在之处，金、水、火、土各星都跟从而相聚在一星宿区内，在它分野内的国家就可通过行义而取得天下。

注释 **1** 揆：度量，揆度。 岁星：木星古名。与太阳的距离在太阳系八大行星中居第五位，体积、质量居第一位，公转周期约11.86年。古代曾依据它在十二星次中所处的位置来纪年，如岁在鹑火、岁在星纪等，故称。 顺逆：天文术语中的顺行与逆行。星宿通常都自西向东运动，称为顺行;在视运动中行星有时会自东向西,这种方向的运动,称为逆行。2“曰东方……”句:依照五行学说,将五大行星分别与五方、四季、十天干、五常相配,而产生各种说法,故岁星属木,又称木星,东方,主春,日为甲乙,五常为义;荧惑属火,为火星,南方,主夏,为丙丁,为礼;填(又作镇)星属土,为土星,主季夏,为戊己,为德;太白属金,为金星,西方,主秋,为庚辛,为杀;辰星属水,为水星,北方,主冬,为壬癸,为刑。 3 罚出岁星:即上天的惩罚(指天象变异)通过岁星表现出来。 4 赢缩:天文术语。依古人的推算,行星在轨道运行中超过了应抵之宿而到达了前一宿,即称“赢”;若运行较慢而落在应抵之宿后面的一宿,即称“缩”。这与推算不准确有关。 以其舍命国:用它所在星宿相对应的分野来判定吉凶。舍,星宿。 5 罚:《汉志》正作“伐”。 6 趋:急促,指运行速度快。7 复:解除,止息。 将:将帅。 8 从:前后相跟从。

以摄提格岁[1]:岁阴左行在寅,岁星右转居丑。[2]正月,与斗、牵牛晨出东方,名曰监德。[3]色苍苍[4]有光。其失次,有应见柳。[5]岁早,水;晚,旱。[6]

在摄提格岁即寅年:岁阴在寅位自东向西运行,岁星处在丑位自西向东运行。正月里,岁星和斗宿、牵牛宿一道黎明前出现在东方,名叫监德。它的颜色青苍而明亮。它运行中如果超前或落后一个星次,就有应验在相对的柳宿出现。岁星早出,有水灾;晚出,有旱灾。

注释 1 摄提格岁:即寅岁。《尔雅·释天》:“太岁在寅为摄提格,在卯曰单阏,在辰曰执徐,在巳曰大荒落,在午曰敦牂(zāng),在未曰协洽,在申曰涒滩,在酉曰作噩,在戌曰阉茂,在亥曰大渊献,在子曰困敦,在丑曰赤奋若。” 2 岁阴:又名“岁雌”,亦即“太岁”,古代历法术语和计数序列。古人以为岁星十二年一周天,将黄、赤道附近分为十二部分,称作十二星次,岁星每年走一次;岁雌亦为十二位,与十二地支相当,与十二星次相配,形成专以纪年的一组计数序列。故有岁阴在寅,岁阴在卯等等。 左行:自东向西行。此与天行或十二辰方向相同。 右转:自西向东行。 3 正月:夏历正月,建寅之月。指明月份,是说明太阳所在的辰次。据《淮南子·天文训》载,太阳位置是:“正月建营室,二月建奎娄,三月建胃,四月建毕,五月建东井,六月建张,七月建翼,八月建亢,九月建房,十月建尾,十一月建牵牛,十二月建虚。” 监德:古代岁星纪年的一种别名。是寅年即摄提格岁岁星在正月晨见东方之名。以下如降入、青章,等月份不同,名称亦不同。《史记正义》引晋灼云:“太岁在四仲,则岁行三宿;太岁在四孟、四季,则岁行二宿。二八十六,三四十二,而行二十八宿,十二岁而周天。” 4 苍苍:青黑的样子。 5 失次:超前或落后于应到的星次。 应:应验。 柳:在周天中与牛宿相对应之宿。
6 岁早:指岁星超前一个星次。 晚:指岁星落后一个星次。

岁星出,东行十二度,百日而止,反[1]逆行;逆行八度,百日,复东行。岁行三十度十六分度之七,率日行十二分度之一,十二岁而周天。[2]出常东方,以晨;入于西方,用昏。

单阏岁:岁阴在卯,星居子。以二月与婺女、虚、危晨出,曰降入。大有光。其失次,

岁星出现后,先自西往东运行十二度,运行一百日就停止不动,然后返回来逆行;逆行八度,经过一百日,又再次向东运行。它一岁运行三十度又十六分度之七,大概每日运行十二分度之一,这样十二年就可绕天一周。它出现的时候常常是在东方,时间是在早晨;隐没于西方,时间是在傍晚。

单阏岁即卯年:岁阴是在卯位,岁星处在子位。在二月里和婺女宿、虚宿、危宿一道黎明前出现,叫作降入。显得特别明亮。它运行中如果失次,就有应验在张宿出现。这一年会发生严重水灾。

有应见张。其岁大水。

执徐岁：岁阴在辰，星居亥。以三月与营室、东壁晨出，曰青章。青青甚章[3]。其失次，有应见轸。岁早，旱；晚，水。

大荒骆岁：岁阴在巳，星居戌。以四月与奎、娄晨出，曰跰踵。熊熊[4]赤色，有光。其失次，有应见亢。

敦牂岁：岁阴在午，星居酉。以五月与胃、昴、毕晨出，曰开明。炎炎有光。偃兵；唯利公王，不利治兵。[5]其失次，有应见房。岁早，旱；晚，水。

叶洽岁：岁阴在未，星居申。以六月与觜觿、参晨出，曰长列。昭昭[6]有光。利行兵。其失次，有应见箕。

执徐岁即辰年：岁阴是在辰位，岁星处在亥位。在三月里和营室宿、东壁宿一道黎明前出现，叫作青章。青青的颜色特别鲜明。它运行中如果失次，就有应验在轸宿出现。岁星早出，有旱灾；晚出，有水灾。

大荒骆岁即巳年：岁阴是在巳位，岁星处在戌位。在四月里与奎宿、娄宿一道黎明前出现，叫作跰踵。是非常强盛的红色，有光芒。它运行中如果失次，就有应验出现在亢宿。

敦牂岁即午年：岁阴是在午位，岁星处在酉位。在五月里和胃宿、昴宿、毕宿一道黎明前出现，叫作开明。炎炎明亮而有光芒。这一年会停止战争；利于帝王诸侯的施政，不利于治军备战。它运行中如果失次，有应验在房宿出现。岁星早出，有旱灾；晚出，有水灾。

叶洽岁即未年：岁阴是在未位，岁星处在申位。在六月里和觜宿、参宿一道黎明前出现，叫作长列。昭昭明亮而有光芒。这一年利于用兵作战。它运行中如果失次，就有应验在箕宿出现。

注释　1 反：同“返”。　2 率：大概，通常。　周天：意为绕天一周。

3 章:鲜明。 4 熊熊:光盛貌。 5 偃兵:停息战争。 公王:指帝王诸侯。
6 昭昭:光明貌。

涒滩岁:岁阴在申,星居未。以七月与东井、舆鬼晨出,曰大音。昭昭白。其失次,有应见牵牛。

作鄂岁:岁阴在酉,星居午。以八月与柳、七星、张晨出,曰长王。作作[1]有芒。国其昌,熟谷。其失次,有应见危。有旱而昌,有女丧,民疾。

阉茂岁:岁阴在戌,星居巳。以九月与翼、轸晨出,曰天睢。白色大明。其失次,有应见东壁。岁水,女丧。

大渊献岁:岁阴在亥,星居辰。以十月与角、亢晨出,曰大章。苍苍然,星若跃而阴出

涒滩岁即申年:岁阴是在申位,岁星处在未位。在七月里和东井宿、舆鬼宿一道黎明前出现,叫作大音。昭昭明亮颜色雪白。它运行中如果失次,就有应验在牵牛宿出现。

作鄂岁即酉年:岁阴是在酉位,岁星处在午位。在八月里与柳宿、七星宿、张宿一道黎明前出现,叫作长王。灼灼明亮而有芒角。这一年国家会昌盛,五谷丰熟。它运行中如果失次,就有应验在危宿出现。这一年如果有旱灾而且很严重,则会有后妃丧亡,民间会发生疫病。

阉茂岁即戌年:岁阴是在戌位,岁星处在巳位。在九月里与翼宿、轸宿一道黎明前出现,叫作天睢。颜色雪白特别明亮。它在运行中如果失次,就有应验在东壁宿出现。这年有涝灾,有后妃丧亡。

大渊献岁即亥年:岁阴是在亥位,岁星处在辰位。在十月里和角宿、亢宿一道黎明前出现,叫作大章。光色青苍,星体像是要从黑暗中跳出在晨曦中闪亮似的,这就称作正平。它分野内的国

旦[2],是谓正平。起师旅,其率[3]必武;其国有德,将有四海。其失次,有应见娄。

家兴师出战,其统帅一定很勇武;这个国家会有德政,将来会占有天下。它运行中如果失次,就有应验在娄宿出现。

困敦岁:岁阴在子,星居卯。以十一月与氐、房、心晨出,曰天泉。玄色[4]甚明。江池其昌,不利起兵。其失次,有应见昴。

困敦岁即子年:岁阴是在子位,岁星处在卯位。在十一月和氐宿、房宿、心宿一道黎明前出现,叫作天泉。颜色淡黑但特别明亮。这一年有江河池沼的建设,会使国家昌盛,但不利于兴兵出战。它运行中如果失次,就会有应验在昴宿出现。

赤奋若岁:岁阴在丑,星居寅。以十二月与尾、箕晨出,曰天晧[5]。黫然[6]黑色甚明。其失次,有应见参。

赤奋若岁即丑年:岁阴是在丑位,岁星处在寅位。在十二月和尾宿、箕宿一道黎明前出现,叫作天晧。颜色青黑而特别明亮。它运行中如果失次,就有应验在参宿出现。

注释 1 作作:明亮貌,形容光芒四射。 2 星:指岁星。 阴出旦:跳出黑暗进入黎明。阴,黑暗。旦,平旦,黎明。 3 率:通“帅”。 4 玄色:黑色。 5 晧:同“皓”,《汉志》作“昊”。 6 黫(yān)然:黑貌。

当居不居,居之又左右摇,未当去去之,与他星会,其国凶。[1]所居久,国有德厚。其角动,乍[2]小乍大,若色

木星按推算应当留某一宿而没有留,或留在那里而又左右摇晃,不应当离开留的位置却离开了,运行到其他星的附近,都会使该宿分野内的国家出现大灾难。留在那一宿的时间长,就说明相应的分野国积有厚德。它的芒角

数变，人主有忧。

其失次舍以下，进而东北，三月生天棓，长四丈，末兑。[3]进而东南，三月生彗星，长二丈，类彗。[4]退而西北，三月生天欃[5]，长四丈，末兑。退而西南，三月生天枪[6]，长数丈，两头兑。谨视其所见之国，不可举事用兵。其出如浮如沈[7]，其国有土功；如沈如浮，其野亡。色赤而有角，其所居国昌。迎角而战者，不胜。星色赤黄而沈，所居野大穰。[8]色青白而赤灰，所居野有忧。岁星入月，其野有逐相；与太白斗[9]，其野有破军。

岁星一曰摄提，曰重华，曰应星，曰纪

闪动，忽然小忽然大，好像颜色有多种变化，这个国家的国君会有忧患。

木星失次超过了一宿，顺行达到东北方向，三个月以后会出现天棓星，长有四丈，尾巴是尖的。顺行到东南方向，三个月以后会生出彗星，长有二丈，形似一把扫帚。如果逆行到西北方向，三个月以后会出现天欃，长有四丈，尾巴是尖的。逆行到达西南方向，三个月以后会出现天枪，长有数丈，两头都是尖的。要谨慎地观察这种情况的出现，在它相应的分野国，一般是不可以采取军事行动的。木星运行中看上去是向北上浮，实际却是向南下沉，在它相应的分野国领土会扩张；看上去像是向南下沉，却实际是向北上浮，在它相应的分野国领土会丧失。木星颜色红而且有芒角，在它所停留之宿的相应分野国会昌盛起来。和这个国家交战的一方，是不会取得胜利的。木星颜色赤黄而显得质地沉重，在它所停留之宿的相应分野国会有大丰收。颜色青白而带赤灰，相应的分野国会有忧患。岁星和月亮相合，在它相应的分野国会要罢免并驱逐宰相；和金星离了又合，合了又离去，在它相应的分野国作战时军队会有大败。

岁星也称为摄提，还叫重华，叫应

星。营室为清庙，岁星庙也。

星，叫纪星。上面说过营室是天上的清庙，指的就是岁星的庙。

注释 1 居：留。行星由顺行转为逆行，或由逆行转为顺行，这中间在视运动上有个停留的时间，叫作“留”。 与他星会：即运行到其他星的附近。 2 乍：忽然，骤然。 3 失次舍以下：指在失次、失舍的情况下运行。 天棓：与下文的彗星、天欃、天枪，都是古代奇异天象名称，所指都是一头尖一头粗，或两头都尖，长数丈的彗星。《史记正义》：“岁星之精散而为天枪、天棓、天冲、天猾、国皇、天欃，及登、天荆、真若、天猿、天垣、苍彗，皆以广凶灾也。天棓者，一名觉星，本类星而末锐，长四丈，出东北方、西方。其出，则天下兵争也。” 兑：通“锐”。 4 彗星：《史记正义》：“天彗者，一名埽星，本类星，末类彗小者数寸长，长或竟天，而体无光，假日之光，故夕见则东指，晨见则西指，若日南北，皆随日光而指。光芒所及为灾变，见则兵起；除旧布新，彗所指之处弱也。” 类：类似。 彗：扫帚。 5 天欃：《史记正义》：“天欃者，在西南，长四丈，锐。京房云‘天欃为兵，赤地千里，枯骨籍籍’。” 6 天枪：《史记正义》：“天枪者，长数丈，两头锐，出西南方。其见，不过三月，必有破国乱君，伏死其辜。” 两头兑：《汉志》作“左右锐”。 7 如浮如沈(chén)：意为如浮而沉。浮，指向北上浮。沈，旧同“沉”，指向南下沉。 8 沉：沉重，有质感。 穰：丰收。 9 斗：《宋史·天文志》：“离复合、合复离曰斗。”

察刚气以处荧惑[1]。曰南方，火，主夏，日丙丁。礼失，罚出荧惑，荧惑失行[2]是也。出则有兵，入则兵散。以其舍命

观察刚正执法的气概来判断火星所处的位置。火星主南方，五行属火，四季主夏，日期为丙丁。国家有失礼的行为，对它的惩罚会从火星不规则的运行中表现出来。火星出现就会有战争，火星隐没战争就消散。通常

国。荧惑为勃乱、残贼、疾、丧、饥、兵。[3]反道二舍以上，居之，三月有殃，五月受兵，七月半亡地，九月太半亡地。[4]因与俱出入，国绝祀。居之，殃还[5]至，虽大当小；久而至，当小反大。其南为丈夫丧，北为女子丧。[6]若角动绕环之，及乍前乍后，左右，殃益大。与他星斗，光相逮[7]，为害；不相逮，不害。五星皆从而聚于一舍，其下国可以礼致天下。

以火星所在星宿来占卜其相应分野国的吉凶。火星主管惩罚，它的出现意味着叛乱、凶杀、疫疾、饥荒、战争。逆行在两宿以上，留在某宿，留三个月，分野国就会有祸殃；留五个月，分野国就会有外敌入侵；留七个月，其分野国就会失掉一半的国土；留九个月，分野国三分之二的土地就会亡失。九个月以后还在某宿进进出出，分野国就会完全灭亡。火星留在某宿，分野国旋即就有了祸殃，那么本应严重的祸殃会相对减轻；若是祸殃缓缓而来，那么本应是轻微的祸殃反而会变严重。火星运行到舆鬼宿南边，预示男子的死丧多；在舆鬼宿北边，女子的死丧会多些。假若火星有芒角、摇动、原地旋转，或是忽前忽后，忽左忽右，祸殃会更大。和其他星相遇，若光芒相接，就会造成灾害；如果光芒未相接，就不会有灾害。五星都随从火星先后相聚在同一宿，其分野国就可以以礼号召整个天下。

注释　1 刚气：刚正执法的气概。《史记索隐》："徐广云'刚'一作'罚'。案：姚氏引《广雅》'荧惑谓之执法'。《天官占》云'荧惑，方伯象，司察妖孽'。"则此文"察罚气"为是。　处：指位置。　荧(yíng)惑：火星古名。太阳系八大行星之一。地球轨道外相邻的一颗。由于火星呈红色，荧荧似火，亮度常变，且在天空中运动情况复杂，使人迷惑，故称。　2 失行：失却正常的运行，即不规则的运行。如时现时没，时东时西等。　3 勃：

通“悖”，乖戾。　残贼：凶杀。　4 反道：即逆行。　太半：即大半。　5 还：通“旋”，旋即，立刻。　6“其南”二句：《史记索隐》案：宋均云“荧惑守舆鬼南，为丈夫受其咎；北，则女子受其凶也”。　7 相逮：是说相斗两星的亮度、大小相当。若相差悬殊，不可相比，即为不相逮。

法[1]，出东行十六舍而止；逆行二舍；六旬，复东行，自所止数十舍，十月而入西方；伏行五月，出东方。其出西方曰反明，主命者[2]恶之。东行急，一日行一度半。

其行东、西、南、北疾也。兵各聚其下，用战，顺之胜，逆之败。荧惑从太白，军忧；离之，军却。出太白阴，有分军；行其阳，有偏将战。当其行，太白逮之[3]，破军杀将。其入守犯[4]太微、轩辕、营室，主命恶之。心为明堂，荧惑庙也。谨候此。

火星的运行规律是：出现后顺行十六舍就留下来；接着逆行二舍；经过六十日，再次顺行，从停留的点再向东顺行几十舍，约十个月后从西方隐入地下；隐伏五个月，然后出现在东方。如果隐伏后在西方出现就叫作反明，相应分野的国君很厌恶它。火星向东顺行的速度快，一日能运行一度半。

火星运行向东、向西、向南、向北都很快。兵众各自聚集在火星运行方向下面的相应分野，如果用来占卜战事，顺火星所行会取胜，逆火星所行会失败。火星紧随金星运行，军事上有忧患；火星逐渐远离金星而运行，军队就会退却。运行在金星的北边，军队要分路作战；运行在金星的南边，会有偏将出战。正当它在运行时，金星从后面追上来，就会有军队被打败且将领被杀的事发生。火星运行中停留或陵犯太微垣、轩辕座、营室宿，相应分野的国君很厌恶它。心宿是天帝的明堂，它就是火星执法的庙堂。谨慎地观察以上情况以便占候吉凶。

注释 1 法:法度,常规。指火星运行的规律。 2 主命者:指相应分野国的国君。 3 太白逮之:指被金星追上。《史记索隐》引宋均云:"太白宿,主军来冲拒也。" 4 守犯:《史记集解》引孟康曰:"犯,七寸已内光芒相及也。"引韦昭曰:"自下触之曰'犯',居其宿曰'守'。"

历斗之会以定填星之位[1]。曰中央,土,主季夏,日戊己,黄帝,主德,女主象也。岁填一宿[2],其所居国吉。未当居而居,若已去而复还,还居之,其国得土,不乃得女[3]。若当居而不居,既已居之,又西东去,其国失土,不乃失女,不可举事用兵。其居久,其国福厚;易[4],福薄。

由历法中与南斗交会的年份确定土星的位置。在五行中它主持中央,属土,在四时中主季夏,日期为戊己,在五帝中配黄帝,主德政,是女主的象征。每年运行经过一宿,它所停留的这一宿相应的分野国就会吉利。不应当停留而停留,或者已经离去又重新回来,回来后就停下来,其分野国会获得领土,不然就会得到女子。假若在推测中应当停留而没有停留,或者已经停留,又离开那宿到西或到东边去了,其分野国就要失掉领土,不然就要失去女子,这个国家不可以进行军事行动。土星停留在某宿时间很长,其分野国福泽就厚;如果很快就离去了,这个国家的福泽就薄。

注释 1 斗之会:即与斗交会,填星在斗宿。 填(zhèn)星:土星古名。太阳系八大行星之一,是五大行星中轨道最远的一颗。亮度一等,公转周期29.46年,古代以为它岁镇二十八宿中的一宿,故称。《史记索隐》引晋灼曰:"常以甲辰之元始建斗,岁镇一宿,二十八岁而周天。"填,通"镇",镇守。 2 岁填一宿:一年运行经过一宿。 3 得女:是说像在会盟、和亲的交往中得到女子。 4 易:《史记集解》引徐广曰:

“易犹轻速也。”

其一名曰地侯，主岁。岁行十三度百十二分度之五，日行二十八分度之一，二十八岁周天。其所居，五星皆从而聚于一舍，其下之国，可以重[1]致天下。礼、德、义、杀、刑尽失，而填星乃为之动摇[2]。

土星另一个名称叫地侯，主占卜收成的好坏。土星一年运行十三度又一百一十二分度之五，平均日行二十八分度之一，经过二十八年环绕一周天。它所停留的地方，五星都随从它聚集在这一宿，其分野国就会以厚德而获得天下的拥护。如果礼、德、义、杀、刑等政教规范都丧失殆尽，土星就会动摇不定。

注释 1 重：厚重之德。《史记正义》：“言五星皆从填星，其下之国倚重而致天下，以填主土故也。” 2 乃为之动摇：填星主土，为黄帝，实驾驭天下，故虽主季夏，与四季亦密切相关，除德之外，礼、义、杀、刑也与之联系在一起。若五常尽失，则土星不居。

赢，为王不宁；其缩，有军不复。填星，其色黄，九芒，音曰黄钟宫。其失次上二三宿曰赢，有主命不成，不乃大水。失次下二三宿曰缩，有后戚，其岁不复，不乃天裂若地动。[1]

土星运行出现赢，为王的就不得安宁；它的运行出现缩，有战争就不会停息。土星，颜色是黄的，有九个芒角，对应的音律是黄钟宫调。它失次超过二三宿就叫作赢，象征君主有政令得不到执行，不然就会发生大水灾。它失次落后二三宿就叫作缩，对应分野国的王后会有悲戚之事，这一年会阴阳不和，不然就会发生天裂或是地动的大灾难。

斗为文太室，填星庙，天子之星也。[2]

斗宿为周文王的太室，也就是土星的庙堂，它是占卜天子吉凶的星宿。

注释 1 戚：悲戚。 其岁不复：这年阴阳不和。孔颖达注《易经·复卦》言“阳气反复”为复。故冬至阴不复，阳不至；夏至阳不复，阴不至，就出现阴阳不和。 若：或。 2 文太室：即周文王的太室，也就是文王的明堂、清庙。与上文“营室为清庙”“心为明堂”中的清庙、明堂同义。 天子之星：即占卜天子吉凶的星宿。

木星与土合，为内乱，饥，主勿用战，败；水则变谋而更事；火为旱；金为白衣会[1]若水。金在南曰牝牡[2]，年谷熟。金在北，岁偏无[3]。火与水合为焠，与金合为铄[4]，为丧，皆不可举事，用兵大败。土为忧，主孽卿；大饥，战败，为北军，军困，举事大败。[5]土与水合，穰而拥阏[6]，有覆军，其国不可举事。出，亡地；入，得地。金为疾[7]，

木星和土星会合，象征有内乱发生，会出现饥荒，国君不可以发动战争，不然就会失败；木星和水星会合，国家就会变换谋略并更改政事；木星和火星会合，预示要发生旱灾；木星和金星会合，象征有丧事或者水灾。木星在北，金星在南，叫作牝牡，预示这年五谷丰熟。木星在南，金星在北，这年的收成或有或无。火星和水星会合称为焠，火星和金星会合称为铄，象征着有丧事。这两种情况出现后，都不可举办大事，如果出兵作战，会大败。火星与土星会合称为忧，象征有孽子为卿；会发生大饥荒，战争要失败，成为败北之军，军队会被围困，举办其他事也会大败。土星和水星会合，五谷会丰收，但流通受阻，会有覆军的危险，相应的分野国不可以举办大事。土星和水星相合出现在天空，相应的分野国会丧

为内兵，亡地。三星若合[8]，其宿地国外内有兵与丧，改立公王。四星合[9]，兵丧并起，君子忧，小人流。五星合，是为易行，有德受庆，改立大人，掩有四方，子孙蕃昌；无德受殃若亡。[10]五星皆大，其事亦大；皆小，事亦小。

失土地；二星相合隐没于地下，相应的分野国会得到土地。土星和金星会合，象征有疾疫，国内有反叛的军队，会丧失土地。三颗行星如果会合在一处，会合之宿的相应分野国，内外会有战事和丧事，要改立君王。四星相合，战争丧事会一起发生，当权者会有忧患，百姓会流离失所。五星相会合，这就是易世而行，有德的国家受到赏庆，改立的国君，可囊括四方，子孙繁多昌盛；无德的国家会遭受祸殃或者是灭亡。五颗行星都显得很大，相关的事体也大；都显得小，事体也小。

注释　1 白衣会：指丧事。　2 牝牡：《史记索隐》引晋灼曰："岁，阳也；太白，阴也，故曰牝牡也。"　3 偏无：或有或无。　4 铄(shuò)：熔化。　5 孽卿：孽子为大臣。　北军：军队败北。《史记正义》："凡军败曰北。"　6 拥阏(è)：壅塞。阏，阻塞。　7 金为疾：《史记会注考证》："以上言木、火、土三星相合之应，其特不详金、水二星者，太白、辰星二条已言之，故不复说。"　8 三星若合：《史记集解》引徐广曰："或云木、火、土三星若合，是谓惊立绝行。"　9 四星合：《汉志》作"四星若合，是谓大汤(荡)，其国兵丧并起"。　10 易行：易世而行。　掩：覆盖，包括。　无德：以下《汉志》作"亡德受罚，离其国家，灭其宗庙，百姓离去，被满四方"。

蚤出者为赢[1]，赢者为客。晚出者为缩，缩者为主人。必有天

行星早于推算的时间出现为赢，赢者为客星。晚于推算的时间出现为缩，缩者为主人星。发生赢缩一定有上天

应[2]见于杓。星同舍为合。相陵为斗，七寸以内必之矣[3]。

五星色白圜，为丧旱；赤圜，则中不平，为兵；青圜，为忧水；黑圜，为疾，多死；黄圜，则吉。[4]赤角犯我城[5]，黄角地之争，白角哭泣之声，青角有兵忧，黑色则水。意，行穷兵之所终。五星同色，天下偃兵，百姓宁昌。春风秋雨，冬寒夏暑，动摇常以此。

填星出百二十日而逆西行，西行百二十日反东行。见三百三十日而入，入三十日复出东方。太岁在甲寅，镇星在东壁，故在营室。[6]

的应验在北斗斗杓显示出来。不同的星在同一宿为合。相陵犯为斗，斗者相距在七寸以内必定会出现祸患。

五颗星颜色显白并成圆形，象征有丧事和旱灾；颜色显赤并成圆形，旁侧和中间有些不平，象征有战争；颜色青而成圆形，象征有忧患和水灾；颜色显黑而成圆形，象征有疾疫，多死亡；颜色显黄而成圆形，则会吉利。出现赤色芒角预示有外敌侵犯我国，出现黄色芒角预示有国土之争，出现白色芒角预示有死丧哭泣之声，出现青色芒角预示有战争忧患，出现黑色芒角预示会有水灾。它们的形状、颜色能应验军事行动的最终结果。五星同是一种颜色，天下就会停息干戈，百姓安宁昌盛。春风秋雨，冬寒夏暑，其变化常在这些天象上表现出来。

土星在东方出现后顺行一百二十日而逆转西行，西行一百二十日又返回东行。出现三百三十日而隐入地下，隐没三十日重新出现在东方。太岁在寅的甲寅年，土星在东壁宿，所以说是在营室宿。

注释 1 蚤：通“早”。 赢：亦作“盈”。 2 天应：王先谦曰：“斗杓居中而运，历指十二辰，五星失行，则天应随之而见。” 3 七寸以内：指观测者所见两星的距离。 必之:指必定有祸。《汉志》云:“二星相近者其殃大,二星相远者殃无伤也,从七寸以内必之。” 4 圜:同“圆”。 则中:即“侧中”,边沿与中间。 5 我城:我国。 6 镇星:即填星。 东壁:原称东营,是营室的一部分,所以镇星在东壁,也就可说是在营室。 按:以上总论五星,似当在辰星条之后。

察日行以处位太白[1]。曰西方,秋,日庚辛,主杀。杀失者,罚出太白。太白失行,以其舍命国。其出行十八舍二百四十日而入。入东方,伏行十一舍百三十日;其入西方,伏行三舍十六日而出。[2]当出不出,当入不入,是谓失舍,不有破军,必有国君之篡。

观察太阳的运行来判定金星所处的位置。金星属西方,四季属秋,日期为庚辛,象征着刑杀。刑杀失当时,惩罚从金星表现出来。金星运行失常,按照它运行抵达的次舍来推断相应分野国的吉凶。金星出现后运行十八舍经过二百四十日就隐入地下。隐没在东方,伏行十一舍经过一百三十日;金星隐没在西方,伏行三舍经过十六日就出现了。应当出现的时候不出现,应当隐没的时候不隐没,这就叫作失宿,那么相应的分野国如果没有军队溃败的事情发生,一定会有国君之位被篡夺。

注释 1 太白:金星古名。太阳系八大行星之一,大小和地球相近,轨道很接近圆形,为五大行星中之最亮者。 2 入东方:即入于东方。金星运行中与日接近,没入日出前东方的晨光中,称入东方。反之,与日接近,日没时于西方隐没,称入西方。 伏行:指行星运行到太阳附近,星光为太阳所掩没,隐伏而不见。

其纪上元[1],以摄提格之岁,与营室晨出东方,至角而入;与营室夕出西方,至角而入。与角晨出,入毕;与角夕出,入毕。与毕晨出,入箕;与毕夕出,入箕。与箕晨出,入柳;与箕夕出,入柳。与柳晨出,入营室;与柳夕出,入营室。凡出入东西各五,为八岁二百二十日[2],复与营室晨出东方。其大率[3],岁一周天。其始出东方,行迟,率日半度,一百二十日,必逆行一二舍;上极[4]而反,东行,行日一度半,一百二十日入。其庳[5],近日,曰明星,柔;高,远日,曰大嚣,刚。其始出西方,行疾,率日一度半,百二十日;上极而行迟,日半度,百二十日,

按照上元历法,在摄提格的寅年,金星和营室宿早晨同时出现在东方,到达角宿而隐没;与营室傍晚同时出现在西方,也是到角宿而隐没;与角宿早晨同时出现,就隐没在毕宿;与角宿傍晚同时出现,也隐没在毕宿。与毕宿早晨同时出现,就隐没在箕宿;与毕宿傍晚同时出现,也隐没有箕宿。与箕宿早晨同时出现,就隐没在柳宿;与箕宿傍晚同时出现,也隐没在柳宿。与柳宿早晨同时出现,就隐没在营室;与柳宿傍晚同时出现,也隐没在营室。总共出现与隐没在东、西方各五次,经历的时间为八年又二百二十日,又重新与营室在早晨同时出现在东方。金星大约是每年环绕一周天。金星开始出现在东方,运行迟缓,大概是一日运行半度,运行一百二十日,必定要逆行一二舍;到达极点以后再返回来,向东运行,每日运行一度半,经过一百二十日就隐没。金星位置最低时,靠近太阳,叫作明星,光芒显得柔和;位置最高时,离太阳较远,叫作大嚣,光芒显得刚劲。金星开始出现在西方,运行快疾,一般的标准是一日运行一度半,运行一百二十日;到达极点以后运行变得迟缓,每日运行半度,经过一百二十

旦入，必逆行一二舍而入。其庳，近日，曰大白，柔；高，远日，曰大相，刚。出以辰、戌，入以丑、未。[6]

日，黎明前隐没，一定要逆行一二舍才能隐没。金星位置最低时，靠近太阳，叫作大白，光芒显得柔和；位置最高时，离太阳较远，叫作大相，光芒显得刚劲。它出现在辰位、戌位，隐没在丑位、未位。

注释 1 上元：古历法术语。中国古历所选取的某一个甲子日夜半日、月合朔，正好交冬至节，又恰逢五星同聚一经度的理想推算起点，称作"上元"。《史记正义》："其纪上元，是星古历初起上元之法也。" 2 八岁二百二十日：金星出行240日，入东方伏行130日，又出行240日，入西方伏行16日，一复，依本篇为626日，五复共3130日，一年365，则为八岁210日，数相近。 3 大率：大约，大体上。 4 上极：到达极点。 5 庳(bēi)：低下。 6 辰、戌、丑、未：古代用十二支表示方位，辰为东偏南，戌为西偏北，丑为北偏东，未为南偏西。

当出不出，未当入而入，天下偃兵，兵在外，入。未当出而出，当入而不入，天下起兵，有破国。其当期出也，其国昌。其出东为东[1]，入东为北方；出西为西，入西为南方。所居久，其乡利；易，其乡凶。[2]

应当出现的时候不出现，没有到应当隐没的时候就隐没了，象征着天下将息兵，军队在国外的会回国。没有到应当出现的时候就出现了，应当隐没而不隐没，天下会有战事兴起，会有国家破亡。金星在该出现时出现了，其相应的分野国就会昌盛。金星出现在东方占验就在东方，隐没在东方占验则在北方；出现在西方占验就在西方，隐没在西方占验则在南方。所停留的时间久，它对应的分野国吉利；很快就过去了，它对应的分野国就有凶险。

出西至东，正西国吉。出东至西，正东国吉。其出不经天；经天，天下革政。[3]

出现在西方往东运行，正西方向的国家吉利。出现在东方往西运行，正东方向的国家吉利。金星出现后不会经过整个天空；如果经过了整个天空，天下就要改朝换代。

注释 **1** 其出东为东：谓金星出现在东方，占验即在东方。下三句仿此。**2** 乡：通“向”。 易：疾过。 **3** 经天：《史记索隐》引孟康曰：“谓出东入西，出西入东也。太白阴星，出东当伏东，出西当伏西，过午为经天。”又引晋灼曰：“日，阳也，日出则星没。太白昼见午上为经天。” 革政：改朝换代。

小以角动，兵起。始出大，后小，兵弱；出小，后大，兵强。出高，用兵深吉，浅凶；庳，浅吉，深凶。[1]日方南金居其南，日方北金居其北，曰赢，侯王不宁，用兵进吉退凶。[2]日方南金居其北，日方北金居其南，曰缩，侯王有忧，用兵退吉进凶。用兵象太白：太白行疾，疾行；迟，

金星的芒角稍微有些闪动，有战事兴起。开始出现的时候显得大，后来变小了，相应分野国军力弱小；出现的时候显得小，后来变大了，相应分野国军力强大。出现的时候地理位置较高，军队深入敌腹就吉利，浅入就凶险；地理位置比较低，军队浅入就吉利，深入敌腹就凶险。太阳向南行金星在太阳的南面，或是太阳向北行金星在太阳的北面，叫作赢，预示侯王不会安宁，用兵作战前进就吉利，后退就凶险。太阳向南行金星在太阳的北面，或者太阳向北行金星在太阳的南面，叫作缩，预示侯王会有忧患，用兵作战退却吉利，前进凶险。指挥作战要观察太白星的表象：太白星运行快，就迅速进军；太白星运行慢，就要持重缓行。太白星有芒角，就要敢于决战。太白星摇动像是很急躁，军队也应该行动。太白星显得圆而且安

迟行。角，敢战。动摇躁，躁。圜[3]以静，静。顺角所指，吉；反之，皆凶。出则出兵，入则入兵。赤角，有战；白角，有丧；黑圜角，忧，有水事；青圜小角，忧，有木事；黄圜和角，有土事，有年。[4]其已出三日而复有微入，入三日乃复盛出，是谓耎，其下国有军败将北。[5]其已入三日又复微出，出三日而复盛入，其下国有忧；师有粮食兵革，遗人用之；卒虽众，将为人虏。[6]其出西失行，外国败；其出东失行，中国败。其色大圜黄滜[7]，可为好事；其圜大赤，兵盛不战。

静，军队就应该静下来。顺着芒角所指的方向进军，就吉利；反之，则会凶险。太白星出现就出动军队，太白星隐没就招回军队。太白星显出赤色芒角，预示着有战斗发生；显出白色芒角，会有丧事；显出黑色芒角环绕，会出现忧患，发生五行中属水的事；显出青色小芒角环绕，会出现忧患，发生五行中属木的事；显出黄色环形上有芒角，有五行中属土的事发生，这年有好收成。金星已经出现三日而再行有短暂的隐没，隐没了三日又再行有较长时间的出现，这叫作退而不进，其相应分野国就会有军败将亡的事发生。金星已经隐没三日又再次短暂出现，出现三日又再次有较长时间的隐没，其相应分野国有忧患；军队储备的粮食兵器，会丢弃给人家使用；士卒虽然人多，但将领却会成为人家的俘虏。金星出现在西方运行失常，外国入侵者会失败；金星出现在东方运行失常，本国军队会失败。金星大而圆，呈黄色并带有润泽，预示可以做一些交战双方互相交好的事；金星大而圆并呈红色，象征兵势强盛而没有进行战争。

注释　**1** 深：深入。　浅：浅入。　**2** 日方南：日方南行，谓夏至到冬至之间。　日方北：日方北行，谓冬至到夏至之间。　**3** 圜：同“圆”。

4 有水事：据《汉书·五行志》，水曰润下，即水性为向下渗透。水事即水失其性，于是“雾水暴出，百川逆溢，坏乡邑，溺人民，及淫雨伤稼穑，是为水不润下”。　有木事：木曰曲直，即木性为节制礼度。木事即木失其性，于是会出现“田猎驰骋不反宫室，饮食沉湎不顾法度，妄兴徭役以夺民财，作为奸诈以伤民财”等的情况。　有土事：土爰稼穑，即土性为耕种收获。土事即土失其性，盖有“治宫室，饰台榭，内淫乱，犯亲戚，侮父兄”之类的事情发生。　5 微入：较短时间的隐没。　盛出：较长时间的出现。　耎(ruǎn)：《汉志》作“耎而伏”。晋灼解释为“耎，退也，不进而伏，伏不见也”。按：此为逆伏。　北：王先谦疑“北”乃“死”之误。　6 遗：丢弃。　将：将军。　7 滜：通“泽”，润泽。

太白白，比[1]狼；赤，比心；黄，比参左肩；苍，比参右肩；黑，比奎大星。五星皆从太白而聚乎一舍，其下之国可以兵从天下[2]。居实，有得也；[3]居虚，无得也。行胜色，色胜位，有位胜无位，有色胜无色，行得尽胜之。[4]出而留桑榆间，疾其下国。[5]上而疾，未尽其日，过参天，疾其对国。[6]上复下，下

太白星颜色显白，和天狼星类似；颜色显赤，和心宿类似；颜色显黄，和参宿左肩的参宿四类似；颜色显苍，和参宿右肩的参宿五类似；颜色显黑，和奎宿的亮星类似。五星都跟从太白星而聚集到一宿中，其相应的分野国可以指挥军队纵横天下。金星处在它应处的位置上，其相应的分野国有得到实利的机会；如果是超过或落后于应处的位置，其相应的分野国就没有可能得到实利。就占卜的重要性而言，火星的运行是否合度胜过它的颜色显示，颜色显示胜过所在的方位，观察到位置胜过没有观察到位置，有颜色的条件胜过没有颜色，运行的合度胜过所有其他的条件。太白星出现后停留在树梢间迟迟不下落，其相应的分野

复上，有反将。其入月，将僇[7]。金、木星合[8]，光，其下战不合，兵虽起而不斗；合相毁，野有破军。出西方，昏而出阴，阴兵强；暮食出，小弱；夜半出，中弱；鸡鸣出，大弱：是谓阴陷于阳。[9]其在东方，乘明而出阳，阳兵之强；鸡鸣出，小弱；夜半出，中弱；昏出，大弱：是谓阳陷于阴。太白伏也[10]，以出兵，兵有殃。其出卯南，南胜北方；出卯北，北胜南方；正在卯，东国利。出西北，北胜南方；出西南，南胜北方；正在西，西国胜。

国会造成损害。太白星上升得很快，没有用尽它运行所需要的时间，就经过了三分之一的天空，其相对的分野国会遭受损害。上升了又下落，下落了又上升，预示会出现反叛的将领。太白星为月亮所掩，预示将军会遭到杀戮。金星和木星会合，有光亮，其分野国会有战争而兵不相遇，即使调动了军队也不会交战；二星会合互相掩蔽，预示原野上有破败的军队。太白星出现在西方，黄昏时位置偏北，北方兵强；傍晚吃饭时出现，其兵稍弱；夜半时出现，其兵较弱；鸡鸣时出现，兵特别弱：这就叫作阴陷于阳。太白星出现在东方，乘着黎明位置偏南，南方兵强；鸡鸣时出现，兵稍弱；夜半出现，兵较弱；黄昏时出现，兵特别弱：这就叫作阳陷于阴。太白星在地下伏行的时候，在这个条件下出兵，兵一定会遭殃。太白星出于卯位以南，南方能战胜北方；出于卯位以北，北方能战胜南方；正好出现在卯位，东方的国家吉利。太白星出于酉位以北，北方能战胜南方；出于酉位以南，南方能战胜北方；正好出现在酉位，西方的国家会取胜。

注释 **1** 比：类似。下同。五星都如此，不只是金星。五星各有本色，如木星青，火星赤之类；四时也有固定的颜色，如春青，夏赤之类；运行的方向也有颜色区别，如东行为木，南行为火之类。其占吉凶均须依据以上的变化条件。《史记正义》引《晋书·天文志》云："凡五星有色，大小不同，各依其行而应时节。色变有类：凡青，比参左肩；赤，比心大星；黄，比参右肩；白，比狼星；黑，比奎大星。不失本色而应其四时者，吉；色害其行，凶也。" **2** 从天下：纵横天下。从，通"纵"。 **3** 居实：当居而居谓居实；不当居而居谓居虚。《史记索隐》："实谓星所合居之宿，虚谓赢缩也。" 有得：指得到实利。 **4** 行胜色：《史记集解》引晋灼曰："太白行得度者，胜色也。"按：行指运行合度与失度。 位：指星出现时所在的辰次，它相应的分野国为得位者。 **5** 留桑榆间：金星出现于傍晚，正常是在视平线上，如留桑榆间，乃为早现。 疾：《汉志》作"病"，损害。 **6** 未尽其日：因为上升得快，没有用尽它运行所需的时间。 参天：天空的三分之一，约合 60°。 疾其对国：疾，《汉志》作"病"。对国，相对应的分野国。 **7** 僇(lù)：通"戮"，杀戮。 **8** 金、木星合：王元启以为"木"当作"水"。 **9** 昏而出阴：阴，指北方。 阴陷于阳：阴阳相对而言：南为阳，北为阴；动为阳，静为阴；主为阳，客为阴；中国为阳，外国为阴。 **10** 伏：指伏行。 也：王元启以为当加"土"作"地"，谓入地不见也。

其与列星[1]相犯，小战；五星，大战。其相犯，太白出其南，南国败；出其北，北国败。行疾，武；不行，文。[2]色白五芒，出蚤为月蚀，晚为天夭[3]及彗星，将发其国。出东为德，举事左之迎

太白星和诸恒星相陵犯，预示着有小战争；和五星相陵犯，则有大战。在相陵犯的时候，太白星位在所犯星的南面，预示南方国家会失败；在所犯星的北面，则北方国家会失败。太白星运行的速度快，预示着要靠武力解决问题；它处在留的时候，预示着用协商的方法可以解决问题。颜色显白并有五个芒角，早于推算时间出现就可能有月蚀，晚于推算时间出现就可能有天夭和彗星出现，祸事

之[4]，吉。出西为刑，举事右之背之，吉。反之皆凶。太白光见景[5]，战胜。昼见而经天，是谓争明，强国弱，小国强，女主昌。

将会发生在相应的分野国。太白星出现在东方为德星，行事若在太白星的左方或者是面对着它，就会吉利。出现在西方就为刑星，行事若在太白星的右方或者是背对着它，就会吉利。反过来则全都有凶险。太白星光亮得使物体能见到影子，战争就会取得胜利。太白星白昼出现并经过整个天空，这就叫作争明，预示着强国会变弱，小国会变强，女主的势力会昌盛。

亢为疏庙，太白庙也。太白，大臣也，其号上公。其他名殷星、太正、营星、观星、宫星、明星、大衰、大泽、终星、大相、天浩、序星、月纬。大司马[6]位谨候此。

亢宿是天神的外庙，就是太白星神的庙。太白星，就是大臣的象征，它的称号叫上公。太白星还有别的名称如殷星、太正、营星、观星、宫星、明星、大衰、大泽、终星、大相、天浩、序星、月纬等。处在大司马官位的人要谨慎地观察太白星来占候吉凶。

注释　1 列星：指二十八宿诸恒星。　2 武：武勇。指靠武力解决问题。　文：多礼有文。指靠谈判、协商解决问题。　3 天夭：意为被上天伤害，即天灾、自然灾害。　4 左：指在左方。　迎：相对为迎。　5 景："影"的本字。　6 大司马：汉武帝时由太尉改称的最高军政首脑，故其占卜要谨慎观察金星。

察日辰之会，以治辰星之位。[1]曰北方，水，太阴之精[2]，主冬，日壬癸。刑失者，罚出

观察日和星辰的交会，来确定辰星的位置。辰星属北方，五行属水，它是太阴的精气，四季主冬，日期为壬癸。国家在刑罚方面有失误，惩罚会从辰星

辰星,以其宿命国。

是正四时:仲春春分,夕出郊[3]奎、娄、胃东五舍,为齐;仲夏夏至,夕出郊东井、舆鬼、柳东七舍,为楚;仲秋秋分,夕出郊角、亢、氐、房东四舍,为汉;仲冬冬至,晨出郊东方,与尾、箕、斗、牵牛俱西,为中国。其出入常以辰、戌、丑、未。

表现出来,根据辰星的状况判断所在宿之相应分野国的吉凶。

由辰星的位置来正四季:二月春分,黄昏时它出现在西郊外奎、娄、胃以东五宿的范围内,相应的分野域为齐;五月夏至,黄昏时它出现在西郊外东井、舆鬼、柳以东七宿的范围内,相应的分野域为楚;八月秋分,黄昏时它出现在西郊外角、亢、氐、房以东四宿的范围内,相应的分野域为汉;十一月冬至,清晨它出现在东方郊外,和尾宿、箕宿、斗宿、牵牛宿一起西行,相应的分野域为中原。辰星的出现和隐没常常在辰、戌、丑、未四个方位。

注释 1 日辰之会:日与辰星之交会。《史记索隐》:“即正四时以治辰星订立是也。” 辰星:水星古名。太阳系八大行星之一,距离太阳最近,体积、质量为八大行星中最小者。由于离日距离最大不超过21°,故视日所在,不难找到辰星。 2 太阴之精:古代天文术语。辰星属北方,北属阴。星占家遂以辰星为太阴之精气。 3 郊:郊外。下同。

其蚤,为月蚀;晚,为彗星及天夭。其时宜效[1],不效为失,追兵在外不战。一时[2]不出,其时不和;四时不出,天下大饥。其当效而出

辰星的出现早于推算时间,预示着要发生月蚀;晚于推算时间出现,预示着会有彗星和天夭。某时辰星应该出现而没有出现,就是罚有失当的表现,追击敌国的军队在国外而不去战斗。一个季节辰星不出现,这个季节就是阴阳不和;四季辰星不出现,天下

也，色白为旱，黄为五谷熟，赤为兵，黑为水。出东方，大而白，有兵于外，解。常在东方，其赤，中国胜；其西而赤，外国利。无兵于外而赤，兵起。其与太白俱出东方，皆赤而角，外国大败，中国胜；其与太白俱出西方，皆赤而角，外国利。五星分天之中[3]，积于东方，中国利；积于西方，外国用兵者利。五星皆从辰星而聚于一舍，其所舍之国可以法致天下。辰星不出，太白为客；其出，太白为主。出而与太白不相从，野虽有军，不战。出东方，太白出西方；若出西方，太白出东方，为格[4]，野虽有兵，不战。失其时而出，为当寒反温，当温反寒。当出不出，是谓击卒，兵

会发生大饥荒。辰星在应当出现时出现，其颜色显白预示要发生旱灾，显黄就预示五谷丰熟，显赤预示有战争，显黑预示有水灾。出现在东方，星大而色白，象征有敌兵在外，会解围而去。常常在东方，颜色显赤，预示着中原的国家会战胜；它与太白星一起出现在西方，都显赤色而且有芒角，外国吉利。将天空以子、午位为界分开，五星积聚在东方，中原国家会吉利；积聚在西方，外国运兵作战会吉利。五星都跟从辰星而聚集在某一宿，它所聚这一宿的相应分野国可以运用法治取得天下。辰星不出现，太白星就是客星；辰星出现，太白星就是主星。辰星出现了而和太白星不在同一方位，则野外虽有军队，但是不作战。辰星出现在东方，太白星出现在西方；假若辰星出现在西方，太白星出现在东方，这种情况象征阻隔，野外虽然有兵但不进行战斗。辰星未在它应当出现的时间出现，预示着天气应当寒冷反而温暖，应当温暖反而寒冷。应当出现而不出现，这就叫作击卒，战事会大规模兴起。辰星为太白星所掩蔽而从上面出现，预示着要破军杀将，客军将会胜利；从下面出现，预示着客军要丧失土

大起。其入太白中[5]而上出，破军杀将，客军胜；下出，客亡地。辰星来抵[6]太白，太白不去，将死。正旗上出[7]，破军杀将，客胜；下出，客亡地。视旗所指，以命破军。其绕环太白，若与斗，大战，客胜。免过太白，间可椷剑，小战，客胜。[8]免居太白前，军罢；出太白左，小战；摩太白，有数万人战，主人吏死；[9]出太白右，去三尺，军急约战。青角，兵忧；黑角，水。赤行穷兵之所终。

地。辰星来靠近太白星，太白星不离去，预示着有将领会要死亡。辰星有芒角从正上方出现，预示着要军溃将亡，敌军会取胜；从正下方出现，敌国要丧失土地。观察辰星芒角所指的方向，来判定哪方的军队会失败。辰星环绕着太白星运行，如同与太白星相斗，预示着有大战发生，客军会胜利。兔星在太白星近旁经过，中间的距离若是只容得一把剑，预示着有小规模的战争发生，客军会胜利。兔星留在太白星的前面，预示着要罢兵休战；出现在太白星的左面，预示着有小规模战争；和太白星光相触而过，预示着会有几万人参加的战事发生，主军的将校会死；出现在太白星的右边，相距若有三尺远近，预示着军情紧急约期相战。辰星的芒角显青色，有兵忧；芒角显黑色，会有水灾。颜色赤红而运行，预示着失败之军的末日到了。

注释　1 效：见。　2 时：季。　3 天之中：以十二辰中之子位、午位为界将天体分为两部分，丑、寅、卯、辰、巳位为东，未、申、酉、戌、亥位为西。　4 格：阻隔。　5 入太白中：为太白星所遮掩。　6 抵：靠近。　7 正旗上出：旗，《汉志》作“其”，指辰星的芒角。　8 免：应作“兔”，即兔星。《史记索隐》：“兔过太白。案：《广雅》云‘辰星谓之兔星’，则辰星之别名兔，或作‘鵵’也。”　椷(hán)：通“函”，容纳。　9 摩：光相接触，切摩而过。　主人吏：主军的将校。

兔七命[1]，曰小正、辰星、天欃、安周星、细爽、能星、钩星。其色黄而小，出而易处，天下之文变而不善矣。[2]兔五色，青圜忧，白圜丧，赤圜中不平，黑圜吉。赤角犯我城，黄角地之争，白角号泣之声。

其出东方，行四舍四十八日，其数二十日，而反入于东方；其出西方，行四舍四十八日，其数[3]二十日，而反入于西方。其一候[4]之营室、角、毕、箕、柳。出房、心间，地动。

辰星之色：春，青黄；夏，赤白；秋，青白，而岁熟；冬，黄而不明。即变其色，其时不昌。春不见，大风，秋则不实。夏不见，有六十日之旱，月蚀。秋不见，有兵，春则

兔星有七个名称，叫作小正、辰星、天欃、安周星、细爽、能星、钩星。辰星颜色发黄而显得小，出现后又改变了位置，预示着天下政治教化的变革对百姓是不利的。兔星可以呈五种颜色：青而圆预示忧患，白而圆预示丧事，赤而圆预示国中不安定，黑而圆预示吉利。出现赤色芒角预示有敌军来侵犯我国的城邑，出现黄色芒角预示有土地的争斗，出现白色芒角预示有丧葬的哭泣声音。

辰星出现在东方，经过四宿运行四十八日，其中疾行二十日，然后又反方向隐没在东方；辰星出现在西方，经过四宿运行四十八日，其中疾行二十日，然后又反方向隐没在西方。可以在营室、角、毕、箕、柳任何一宿来观察占候辰星。辰星出现在房宿、心宿之间，将会发生地震。

辰星的颜色：春天，青黄色；夏天，赤白色；秋天，青白色，预示着丰收；冬天，色发黄不明亮。即使辰星变换了颜色，冬季仍会万物萧杀。辰星如果春天不出现，有大风，秋天的收成就不会好。夏天不出现，会发生六十天的旱灾，有月蚀。秋天不出现，有战争发生，到了春天庄稼会不生。冬天不出

不生。冬不见，阴雨六十日，有流邑[5]，夏则不长。

现，会发生六十天的阴雨，城邑的百姓会流亡，到了夏天庄稼会不长。

注释 1 命：名。 2 易处：改换了位置。 文变：指政治教化的变革。 不善：不好，不利。 3 数：指疾行。 4 一候：指从其中的一宿来观察占候。 5 流邑：城邑的百姓流亡。 按：以上是讲五星的运行及其有关的占候，为本篇的第二部分。

角、亢、氐，兖州[1]。房、心，豫州[2]。尾、箕，幽州[3]。斗，江、湖[4]。牵牛、婺女，杨州[5]。虚、危，青州[6]。营室至东壁，并州[7]。奎、娄、胃，徐州[8]。昴、毕，冀州[9]。觜觿、参，益州[10]。东井、舆鬼，雍州[11]。柳、七星、张，三河[12]。翼、轸，荆州[13]。

七星为员官，辰星庙，蛮夷星也。[14]

角、亢、氐三宿，分野是兖州。房、心二宿，分野是豫州。尾、箕二宿，分野是幽州。斗宿，分野是江、湖地区。牵牛、婺女二宿，分野是扬州。虚、危二宿，分野是青州。营室到东壁二宿，分野是并州。奎、娄、胃三宿，分野是徐州。昴、毕二宿，分野是冀州。觜觿、参二宿，分野是益州。东井、舆鬼二宿，分野是雍州。柳、七星、张三宿，分野是三河。翼、轸二宿，分野是荆州。

七星是员官的象征，也是辰星的庙宇，是占卜蛮夷吉凶的星宿。

注释 1 兖州：古州名。汉代兖州约当今山东西南部地区。 2 豫州：古州名。汉代豫州约当今河南东部及安徽北部地区。 3 幽州：古州名。汉代幽州约当今河北北部、辽宁大部及朝鲜大同江流域。 4 江、湖：江，指长江下游地区。湖，指太湖流域一带。汉代指九江、庐江、豫章、丹阳诸地，因“皆襟带江湖”（王先谦语），故名。 5 杨州：古州名，即扬州。

汉代扬州约当今安徽南部、江苏南部及江西、浙江、福建等地区。 **6** 青州:古州名。汉代青州约当今山东北部地区。 **7** 并州:古州名。汉代并州约当今山西大部及河北、内蒙部分地区。 **8** 徐州:古州名。汉代徐州约当今江苏北部及山东东南部地区。 **9** 冀州:古州名。汉代冀州约当今河北中南部及山东、河南部分地区。 **10** 益州:古州名。汉代益州约当今四川东部、重庆市、贵州大部,及甘肃、陕西、湖北等部分地区。 **11** 雍州:古州名。汉代改名凉州,约当今甘肃、宁夏,及陕西西部、青海东部等地区。 **12** 三河:指河内、河南、河东三郡。 **13** 荆州:古州名。汉代荆州约当今湖北、湖南,及广东、广西、贵州等部分地区。 按:这种将天上的星宿对应地上区域的分配方法,叫天文地理分野。其方位之间存在着某种对应关系,如属东方七宿的地理分野大都在东部之类。然北方七宿中有江、湖、扬州,西方七宿中有徐州,南方七宿中有雍州,可知分野的分配不单纯是从地理方位来考虑的,还有其他历史文化的原因。 **14** 梁玉绳以为,此"十二字当在前辰星条末'夏则不长'之下,错简于此。'官'乃'宫'之讹"。

两军相当,日晕。[1]晕等,力钧;厚长大,有胜;薄短小,无胜。[2]重抱大破无。抱为和,背为不和,为分离相去。[3]直[4]为自立,立侯王;破军若曰杀将。负且戴[5],有喜。围在

两军敌对,会发生日晕。日晕四周均匀,象征双方势均力敌;日晕又厚又长又大,则有胜负的分别;日晕又薄又短又小,则分不出胜负。日晕生成、绕日、扩大、散开、消失的变化过程明显。日晕绕日象征会言和修好,有日晕的光气背日向外,象征不会言和修好,但两军会不经接触,分别离去。光晕直立日上象征着有自立的事发生,即自立侯王,还会发生军败将亡的事。日的上下方都有光晕,预示有喜庆的事发生。云气在日晕之中,被围在城中的一方会取胜;云气在日晕之外,在城外

中[6],中胜;在外,外胜。青外赤中,以和相去;赤外青中,以恶相去。气晕[7]先至而后去,居军胜。先至先去,前利后病;后至后去,前病后利;后至先去,前后皆病,居军不胜。见而去,其发疾[8],虽胜无功。见半日以上,功大。白虹屈短[9],上下兑,有者下大流血。日晕制胜,近期三十日,远期六十日。

其食,食所不利;复生,生所利;而食益尽,为主位。[10]以其直[11]及日所宿,加以日时,用命其国也。

进行包围的一方会取胜。日晕外层青中层赤,象征两军和好而都离去;外层赤中层青,则两军交恶而相离去。气晕先出现而后散去,象征驻守之军会取胜。先出现又先散去,则开始有利后来有害;后出现又后散去,则开始有害后来有利;出现得晚又早散去,则开始和后来都有害,驻守之军不能取胜。日晕出现到散去,它发生的过程变化非常快,预示着即使取得了胜利也没有大功。出现半日以上,预示着功劳大。白虹弯曲而短,两头成尖锐形,预示着它所对应的分野地区会发生大规模的流血事件。通过日晕占候战争的胜败,应验的日期近在三十日,远在六十日之内。

发生日食,所在的分野国会不吉利;食后日复生光,所在宿的分野国吉利;而发生日全食,象征分野国国君会有事。用太阳所食的部位和日食发生时所在的宿位,配上日期干支,来判定相应分野国的吉凶。

注释　1 相当:敌对。　日晕:大气现象。太阳光线经大气层中冰晶折射和反射形成的一种环绕太阳的白色或彩色光环。多发生在卷层云上,光环内部明显晦暗。　2 晕等:日晕四周均匀。　钧:通“均”。　厚长大:指日晕看起来又厚又长又大。　3 重抱大破无:指日晕的变化过程。

重,云气生成。抱,云气绕日。大,云气扩大。破,云气散开。无,云气消失。背:指日晕的光气背日向外。 4 直:谓光晕直立日上。 5 负且戴:谓太阳上下方都有日晕。日晕在太阳下方叫负;在太阳上方叫戴。 6 围在中:指云气在日晕之中。 7 气晕:气象现象。由悬浮在大气中的冰晶对光线折射和反射而形成的一种光学现象。多发生在日月周围,多呈环状,亦有弧状、柱状或亮点状。 8 发疾:指发生变化的过程非常快,亦即时间短。疾,快速。 9 白虹:大气现象。一种横亘天际、成带状如虹的淡白色云气。屈:曲。 10 食:指日食。复生:食后复生光。食益尽:日全食。 11 其直:指当食的部位,即日廓上被食的部位。直,当。

月行中道[1],安宁和平。阴间,多水,阴事。外北三尺,阴星。北三尺[2],太阴,大水,兵。阳间,骄恣。阳星,多暴狱。太阳[3],大旱丧也。角、天门,十月为四月,十一月为五月,十二月为六月,水发,近三尺,远五尺。[4]犯四辅[5],辅臣诛。行南北河[6],以阴阳言,旱水兵丧。

月亮运行在黄道附近,预示着安宁和平。运行在黄道北,预示着多水灾,多刑杀之事。黄道之外北边三尺,是阴星。阴星北边三尺,是太阴道,月亮运行于此预示有大水灾和战事发生。月亮运行到黄道南,预示着国君骄横恣肆。运行到黄道南的阳星区域,预示着多残暴的冤狱。运行到阳星南边的太阳道,预示着要发生大的旱灾和死丧之事。运行到角宿、天门星区域,若发生在十月,则灾害将显示在来年四月;发生在十一月,则灾害将显示在来年五月;发生在十二月,则灾害将显示在来年六月,灾害是发大水,日期来得较近的水深会有三尺,日期来得远的水深会有五尺。月亮运行陵犯了房宿的四辅,预示着有辅臣被诛杀。运行到南河星、北河星区域,按阴阳来判断,有旱灾、水灾、战事、死丧等事发生。

注释 1 月行中道：指月亮在黄道附近运行。《史记索隐》："中道，房星之中间也。房有四星，若人之房三间有四表然，故曰房。南为阳间，北为阴间，则中道房星之中间也。故房是日、月、五星之行道，然黄道亦经房、心。若月行得中道，故阴阳和平；若行阴间，多阴事；阳间，则人主骄恣；若历阴星、阳星之南北太阴、太阳之道，即有大水若兵，及大旱若丧也。" 2 北三尺：《史记索隐》："谓阴间外北三尺曰阴星，又北三尺曰太阴道，则下阳星及太阳亦在阳间之南各三尺也。" 3 太阳：指月亮运行接近太阳道。 4 角、天门：指月行经角宿与天门星星区。天门星在角宿之南。 十月为四月：指月亮十月行犯此区，当为来年四月成灾。 5 犯四辅：《史记索隐》："谓月犯房星也。四辅，房四星也。房以辅心，故曰四辅。" 6 行南北河：《史记正义》："南河三星，北河三星，若月行北河以阴，则水、兵；南河以阳，则旱、丧也。"

月蚀岁星[1]，其宿地，饥若亡。荧惑也乱，填星也下犯上，太白也强国以战败，辰星也女乱。蚀大角，主命者恶之；心，则为内贼乱也；列星，其宿地忧。[2]

月亮掩蔽了岁星，这种现象所在宿对应的分野地会发生饥荒或死亡。月亮掩蔽了荧惑星会发生动乱，掩蔽了填星会有臣下犯上作乱，掩蔽了太白星会有强国战事失败，掩蔽了辰星会发生后宫叛乱。月亮掩蔽了大角星，是国君们最厌恶的事；掩蔽了心宿，就预示着有内贼作乱；掩蔽了列星，所在宿对应的分野地有战事和死丧一类忧患。

月食始日，五月者六，六月者五，五月复六，六月者一，而五月者五，凡百一十三月而复始。[3]故月蚀，

月食从开始之日算起，经过五个月发生一次的会有六次，又经过六个月发生一次的有五次，经过五个月发生一次的会再有六次，然后是经过六个月发生一次的有一次，而经过五个月发生一次的又总共有

常也；日蚀，为不臧也。[4]甲、乙，四海之外，日月不占[5]。丙、丁，江、淮、海岱也。戊、己，中州、河、济也。庚、辛，华山以西。壬、癸，恒山以北。日蚀，国君；月蚀，将相当之。

五次，经过一百一十三个月后又会像这样重新开始。所以月蚀的发生，是有规律的；日蚀发生了，预示会不吉利。甲、乙日发生交食，应验在四海之外，就不以日月占卜吉凶。丙、丁日交食，应验在长江、淮河、渤海到泰山一带。戊、己日交食，应验在中原、黄河、济水一带。庚、辛日交食，应验在华山以西地区。壬、癸日交食，应验在恒山以北地区。发生日蚀，应验在国君身上；发生月蚀，应验要由将相承担。

注释　1 月蚀岁星:《史记正义》引孟康云:“凡星入月，见月中，为星蚀月；月掩星，星灭，为月蚀星也。”　2 大角:《史记正义》:“大角一星，在两摄提间，人君之象也。”　列星:《史记索隐》:“谓月蚀列星二十八宿，当其分地有忧。忧谓兵及丧也。”　3 始日:谓月食始起之日。　五月者六:谓每五个月发生一次月蚀的情况会出现六次。《史记索隐》:“今以《汉志·三统历》法计，则六月者七，五月者一，又六月者一，五月者一，凡一百三十五月而复始耳。”　按:张文虎以《三统历》每隔 $5\frac{20}{23}$ 月一食的周期推算为“六月者七，五月者一，又六月者七，五月者一，又六月者六，五月者一”，才合一百三十五月之数。　4 常:指规律性。　臧:善，此处意为吉利。　5 日月不占:《史记集解》引晋灼曰:“海外远，甲、乙日时不以占候。”　按:以上是关于太阳和月亮的运动及日、月食方面的内容，属本篇的第三部分。

国皇星，大而赤，状类南极。[1]所出，其下

国皇星，体大而赤红，形状类似南极老人星。它出现时所在之宿对应的

起兵，兵强；其冲不利。

昭明星[2]，大而白，无角，乍上乍下。所出国，起兵，多变。

五残星[3]，出正东东方之野。其星状类辰星，去地可六丈。

大贼星[4]，出正南南方之野。星去地可六丈，大而赤，数动，有光。

司危星[5]，出正西西方之野。星去地可六丈，大而白；类太白。

分野国会兴起战事，兵力很强盛；和它相对之宿的分野国则不吉利。

昭明星，体大而色白，没有芒角，忽上忽下。它所出现之宿对应的分野国，有战争兴起，形势多变。

五残星，出现在正东方向东方分野的上空。这颗星形状类似辰星，离地面大约有六丈高。

大贼星，出现在正南方向南方分野的上空。星离地面大约有六丈高，体大而赤红，随时间多次移动，有光亮。

司危星，出现在正西方向西方分野的上空。星离地面大约有六丈高，体大而色白，类似太白星。

注释 1 国皇星：古代奇异天象名称。色或黄白，望之似有芒角，去地二三丈。可能是彗星或新星、超新星。 南极：星名。即老人星。
2 昭明星：古代奇异天象名称。又名“笔星”，在天空突然出现，明亮如太白。可能是新星或超新星爆发现象。 3 五残星：古代奇异天象名称。又名“五锋”，星的表现有“如晕之气”，形似有毛状，为红色大星，移动频繁。可能是无尾之彗星。《史记正义》：“见则五分毁败之征，大臣诛亡之象。” 4 大贼星：古代奇异天象名称。长九尺，随时间而移动。可能是有尾的彗星。《史记正义》：“出则祸合天下。” 5 司危星：古代奇异天象名称。光有毛状，细心观察实系红色，并有两条角状的尾巴。可能是有双尾的彗星。《史记正义》：“见则天子以不义失国而豪杰起。”

狱汉星[1]，出正北北方之野。星去地可六丈，大而赤，数动，察之中青。此四野星所出，出非其方，其下有兵，冲不利。

四填星，所出四隅，去地可四丈。[2]

地维咸光[3]，亦出四隅，去地可三丈，若月始出。所见，下有乱；乱者亡，有德者昌。

烛星[4]，状如太白，其出也不行。见则灭。所烛[5]者，城邑乱。

如星非星，如云非云，命曰归邪[6]。归邪出，必有归国者[7]。

狱汉星，出现在正北方向北方分野的上空。星离地面大约有六丈高，体大而色赤，多次移动，仔细观察它的中部带青色。这四颗分野星所出现的一宿，以及出现在不应当出现的方向上，它下面相应的地区会发生战事，相对之宿所对应的分野国会不吉利。

四填星，它所出现的方位是东南、西南、东北、西北四角，离地面大约有四丈高。

地维咸光，也出现在四角方位，离地面大约有三丈高，好像月亮刚刚升起。它所出现之宿对应的分野国会有骚乱；作乱的会败亡，有德行的会昌盛起来。

烛星，形状像太白星，它出现后并不移行。出现后随即消失。星光所照到的地方，城邑会有骚乱。

像星又不是星，像云又不是云，取名叫归邪。归邪出现，必定有归降于本国的人。

注释　1 狱汉星：古代奇异天象名称。又名“咸汉”，有尾二三条，常移动。可能是彗星。　2 四填星：古代奇异天象名称。有红光的大星，经常在夜半出现，在天空任何方向都有可能看到。可能是新星爆发。　四隅：指东南、西南、东北、西北四个方位。　3 地维咸光：古代奇异天象名称。一作“地维藏光”，为红色大星，在天空任何一个方向都可能出现。可能是彗星，也可能是新星或超新星爆发现象。　4 烛星：古代奇异天象名称。

有三条彗向上伸出，瞬息即灭。可能是新星、超新星爆发或火流星、彗星。**5** 烛：照。 **6** 归邪：古代奇异天象名称。可能是彗星或新星。《史记集解》引孟康曰："星有两赤彗上向，上有盖状如气，下连星。" **7** 归国者：归降于本国的人。一说为回归本国的人。

星者，金之散气，其本曰火。[1]星众，国吉；少则凶。

汉者，亦金之散气，其本曰水。[2]汉，星多，多水，少则旱，其大经[3]也。

天鼓[4]，有音如雷非雷，音在地而下及地。其所往者，兵发其下。

天狗[5]，状如大奔星，有声，其下止地，类狗。所堕及，望之如火光炎炎冲天。其下圜如数顷田处，上兑者则有黄色，千里破军杀将。

格泽[6]星者，如炎火之状。黄白，起地而上。下大，上兑。其见也，不种而获；不有土[7]

星，是五行中金的离散之气所形成，它的本质是如火的发热体。星多，预示着国家吉利；少，则会凶险。

银河，也是五行中金的离散之气，它的本质如金属体形成的河流。银河中所见的星多，预示着多水灾，所见的星少，就会发生旱灾，这是关于它占验的大致原则。

天鼓，出现时有声音像雷又不是雷，它的声音到达地面还传播到地下。它下落的方向，会有战事发生在它所对应的分野。

天狗，形状像一颗迅速奔驰的大流星，运行中有声音，它下落止于地上，类似一条狗。它坠落所及的天空，望起来像是火光炎炎冲天。它下落到地面会出现一个圆形的有几顷田大的坑，上端尖锐的部分呈黄色，象征千里之内有破军杀将的事发生。

格泽星，形状像炎火。颜色黄白，从地面开始而上升。下部大，上端尖锐。它要是出现了，不耕种就会有收获；如功，必有大害。

果不搞好治水土之事，一定会有大灾害。

注释 1 金之散气：实质上是说星球是金属之体。 火：是说星体是发热的火球。 2 汉：指银河。银河又名天河、河汉、汉津，简称“汉”，是由众多恒星组成的一条云状光带。 水：如河中之水。《史记索隐》：“水生于金，散气即水气。《河图括地象》曰‘河精为天汉’也。” 3 大经：大致原则。 4 天鼓：古代奇异天象名称。可能是流星和陨星所致。 5 天狗：古代奇异天象名称。是有声的火流星或陨石。 6 格泽星：古代奇异天象名称。可能是极光或黄道光。《史记索隐》：“一音鹤铎，又音格宅。” 7 土功：治水土之事。

蚩尤之旗[1]，类彗而后曲，象旗。见则王者征伐四方。

蚩尤之旗，类似彗星但后部是弯曲的，像一面旗子。它出现了就会有王者去征伐四方。

旬始[2]，出于北斗旁，状如雄鸡。其怒，青黑，象伏鳖。

旬始，出现在北斗星的近旁，形状像雄鸡。它如果发怒，颜色为青黑，像一只伏鳖。

枉矢，类大流星，蛇行而仓黑，望之如有毛羽然。[3]

枉矢，类似大流星，蜿蜒行进而颜色苍黑，看上去好像有毛羽一样。

长庚[4]，如一匹布着天。此星见，兵起。

长庚，好像一匹布挂在天空。这颗星出现，战事会兴起。

星坠至地，则石[5]也。河、济之间，时有坠星[6]。

星坠落到地面，就成了陨石。黄河、济水一带，时常会出现陨星。

天精而见景星[7]。景星者，德星也。其状无常，常出于有道之国。

天空清朗就会出现景星。景星就是德星。它没有固定的形状，常常出现在有道的国家。

注释 1 蚩尤之旗：古代奇异天象名称。形态有二：一种像红色的云；一种上部呈黄色，下段呈白色。因其尾部弯曲，状如旗，故称。可能是彗星或极光。 2 旬始：古代奇异天象名称。可能是彗星，一以为极光。古人视作妖气。 3 枉矢：古代奇异天象名称。一种是蛇行状的流星、大流星；另一种与大流星类似，但行速慢，呈蓝黑色，状如毛羽，可能是彗星。 蛇行：像蛇一样蜿蜒前行。 4 长庚：古代奇异天象名称。可能是彗星或极光。 5 石：陨石。 6 坠星：即陨星。 7 精：清朗。《汉志》作"甠"，亦作"暒"，雨止无云。 景星：亦称瑞星。《史记集解》引孟康曰："有赤方气与青方气相连，赤方中有两黄星，青方中一黄星，凡三星合为景星。"《史记正义》："景星状如半月，生于晦朔，助月为明。见则人君有德，明圣之庆也。"

凡望云气，仰而望之，三四百里；平望，在桑榆上，千余二千里；登高而望之，下属地者三千里。[1]云气有兽[2]居上者，胜。

自华[3]以南，气下黑上赤。嵩高[4]、三河之郊，气正赤。恒山之北，气下黑上青。勃、碣[5]、海岱之间，气皆黑。江、淮之间，气皆白。

凡是望云气，仰面而望，可见的云气距人有三四百里；平视望去，云气在桑榆树梢上，距人有千余至二千里；登上高山而眺望，可见到下面连接到地上的云气距人有三千里远。云气上方有形状像野兽的，是取胜之气。

自华山以南，云气下为黑色上为赤色。嵩山、三河的郊野，云气是正赤色。恒山的北面，云气下为黑色上为青色。渤海、碣石山、东海与泰山之间，云气都是黑色。长江、淮河之间，云气都是白色。

注释 1 望云气：即星占家的所谓"望云"。观察云气，预卜吉凶。 属(zhǔ)：连接。 2 有兽：指有形状像野兽一样的云。 3 华：华山。

4 嵩高:嵩山。 5 碣:碣石山。在今河北昌黎县北。

徒[1]气白。土功[2]气黄。车[3]气乍高乍下,往往而聚。骑[4]气卑而布。卒气抟[5]。前卑而后高者,疾;前方[6]而后高者,兑;后兑而卑者,却。其气平者其行徐。前高而后卑者,不止而反。气相遇[7]者,卑胜高,兑胜方。气来卑而循车通[8]者,不过三四日,去之五六里见。气来高七八尺者,不过五六日,去之十余里见。气来高丈余二丈者,不过三四十日,去之五六十里见。

象征服役的云气呈白色。象征有土木工程兴建的云气呈黄色。象征战车行进的云气忽高忽低,常常是聚集在一起。象征战骑奔驰的云气低而分布较广。象征参战士卒的云气是团聚的。前面低下而后面高抬的云气,象征军队行进得快;前面平正而后面高抬的云气,象征部队精锐;云气后面成锐形而低者,象征军队退却。某军队上空的云气平平,象征它行进缓慢。云气前面高而后面低下,象征军队不停而返。云气两相敌对的,象征云气低的一方要战胜云气高的一方,强锐的一方要战胜平正的一方。云气来得低而且循着车辙运行,不超过三四日,距离也就五六里,可见到这支军队。云气来得高有七八尺的,不超过五六日,距离也就十多里,可见到这支军队。云气来得高有一丈多近二丈的,不超过三四十日,距离五六十里,可见到这支军队。

注释 1 徒:指服劳役之人。 2 土功:此处指兴建土木工程。 3 车:指战车。 4 骑:指战骑。 5 卒:指参战的士卒。 抟(tuán):把散碎的东西捏聚成团。 6 方:平正。 7 相遇:两相敌对。 8 车通:即车辙。通,因避汉武帝讳而改“辙”为“通”。

稍云精白者[1]，其将悍，其士怯。其大根而前绝远者[2]，当战。青白，其前低者，战胜；其前赤而仰者，战不胜。阵云如立垣[3]。杼云[4]类杼。轴云[5]抟两端兑。杓云如绳者，居前亘[6]天，其半半天。其蛪[7]者类阙旗故。钩云句曲。诸此云见，以五色合占。而泽抟密，其见动人，乃有占；兵必起，合斗其直。[8]

飘浮的云气呈洁白色，象征军队的将帅强悍，士卒怯懦。云气基部宏大而前方伸得很远，象征军队应当作战。云气青色白，它的前部低下，作战会取胜；云气前面色赤而高仰，战斗不会胜利。象征战阵的云气像一堵耸立的城墙。杼云类似织机上的梭子。轴云团聚但两端成锐形。杓云像一根绳子，横亘于天，它的一半就能绵延半个天空。另一种叫霓云的，类似城阙上的旗帜。钩云是像钩一样的弯曲。诸如此类的云气出现，结合云气的五种颜色进行占验。而云气润泽团聚紧密的，它出现时引人注目，才可以用来占候；战事一定要兴起，双方相应的云气会表现出交战的状态。

注释 1 稍云：即“捎云”，飘浮的云。稍，通“捎”，《汉志》正作“捎”。 精白：洁白。 2 大根：指宽大的基部。 绝远：指伸得很远。 3 阵云：状似战阵之云。 立垣：耸立的城墙。 4 杼(zhù)云：状似织梭之云。杼，织布梭。 5 轴云：状似织机上绕经线的圆轴之云。 6 亘(gèn)：横亘。 7 蛪(ní)：同“霓”。副虹。 8 泽：云气润泽。 抟密：团聚而紧密。 合斗：交战。 直：相应的云气。

王朔所候，决于日旁。[1]日旁云气，人主象。皆如其形以占。

王朔所占候的，取决于日旁的云气。日旁的云气，是人主的象征。都要按云气的形状来占候吉凶。

故北夷之气如群畜穹闾，南夷之气类舟船幡旗。[2] 大水处，败军场，破国之虚[3]，下有积钱，金宝之上，皆有气，不可不察。海旁蜄气象楼台，广野气成宫阙然。[4] 云气各象其山川人民所聚积。

所以北方游牧民族地区的云气像畜群和毡帐，南方渔业民族地区的云气像舟船和风帆。那些发生过大水的地方，有军队被打败的战场，国家已经破亡的废墟，地下埋有金银财宝的地方，上面都有相应的云气，不可不仔细观察。海边的蜃气像楼台，沙漠地方的云气如宫殿模样。云气各自和所在地山川人民积聚的气相像。

注释　1 王朔：西汉武帝时术士，占候家。　决于日旁：以太阳周围云气的变化决定占候的吉凶。　2 穹(qióng)闾：即穹庐，游牧民族的毡帐。　幡旗：本是直挂的长方形旗，此指船帆。　3 虚："墟"的本字。　4 蜄气：即通常所说的海市蜃楼之景。蜄，同"蜃"。　广野：指沙漠地区。

故候息秏者，入国邑，视封疆田畴之正治，城郭室屋门户之润泽，次至车服畜产精华。[1] 实息者，吉；虚秏者，凶。

所以占候一国的虚实消长，要亲自进入这国的城邑，考察那里的疆界、田畴整治的情况，城郭房屋门户是否整理，其次是车服是否精致，畜产是否肥美。充实蓄息多的，吉利；空虚耗损多的，凶险。

若烟非烟，若云非云，郁郁纷纷，萧索轮囷，是谓卿云。[2] 卿云，喜气也。若雾非雾，衣冠而不濡，见则其域被甲而趋。[3]

像烟又不是烟，像云又不是云，繁盛而多，疏散屈曲，这就叫作卿云。卿云，象征着喜气。像雾又不是雾，衣帽沾着它也湿不了，这种云气出现，那个区域的人们都要因战守之事而披甲上阵了。

夫雷电、虾虹、辟历、夜

明者,阳气之动者也,春夏则发,秋冬则藏,故候者无不司之。[4]

雷电、虾虹、霹雳、夜明等现象,都是阳气运动所产生的,春、夏二季出现,秋、冬二季闭藏,所以占候的人没有不注意观察的。

注释 1 息秏:虚实消长。息,生育繁息。秏,同“耗”,消耗。 田畴:指农田。谷田曰田,麻田曰畴。 正治:整治。 润泽:整治之意。 精华:精致华美。 2 郁郁:繁盛貌。 纷纷:众多貌。 萧索:云气疏散貌。 轮囷:屈曲的样子。 卿云:大气现象。让人望之心境舒畅的一种高层云。《汉志》作“庆云”。 3 濡(rú):沾湿。 趋:快步而行。 4 虾虹:《汉志》作“霞虹”。大气现象,一种在雨幕或雾幕上形成的彩虹。其色红如熟虾,故称。 辟(pì)历:大气现象。即雷震、雷暴及看不到闪电之响雷,或由一组响雷组成的突然放电现象。 夜明:一种高空大气现象,可能是多出现于高纬地区之极光或气辉。 司:同“伺”,观察。

天开县物,地动坼绝。[1]山崩及徙,川塞溪垘,水澹地长,泽竭见象。[2]城郭门闾,润息槁枯;宫庙邸第,人民所次。[3]谣俗车服,观民饮食。五谷草木,观其所属[4]。仓府厩库,四通之路。六畜禽兽,所产去就;鱼鳖鸟鼠,观其所处。鬼哭若呼,

天开裂而悬示物象,地震动而地面断裂。山陵崩塌或移徙,河流溪谷堵塞,水动荡地长高,湖泽干涸等等都是兆应的征象。城郭和里巷的门户,有的潮湿而有的已枯槁;宫殿庙宇官邸宅第,人民所居之处。民谣风俗车骑服饰,还要观察民众的饮食。五谷草木,要观察其聚集生长的状况。仓廪钱府马厩武库,通向四方的道路。六畜禽兽,所出产的种类和分派的用场;鱼鳖鸟鼠,要观察它们栖息的处所。鬼哭好像呼叫,人们逢着它就会

其人逢俉。化[5]言,诚然。[6]

受惊吓。谣言等等,万物情状,确实都是占候的征象。

注释 1 县物:悬示物象。县,同“悬”。 坼(chè)绝:断裂。裂为坼,断为绝。 2 垘(fú):土壅,填塞。 澹(dàn):动荡。 地长(zhǎng):平地长为丘陵。 3 闾:里巷的大门。 润息:原作“闰臬”,据《汉书·天文志》改。潮湿、湿润之义。 次:居。 4 属(zhǔ):聚集。 5 逢俉(wù):相逢而惊。 6 化:《史记索隐》:“‘化’当为‘讹’字之误耳。”

凡候岁美恶[1],谨候岁始。岁始或冬至日,产气[2]始萌。腊明日,人众卒岁,一会饮食,发阳气,故曰初岁。[3]正月旦[4],王者岁首;立春日,四时之始也。四始[5]者,候之日。

凡是占候年岁的吉凶,要谨慎地占候一年的开始。岁始首先是冬至日,是一年生气开始萌发之时。腊明日,人们一年的农事结束,大家聚在一起会餐,这是阳气将发的时候,所以叫作初岁。正月初一日,是君主颁行的历法中的岁首;立春日,是一年四季的开始。这四个始日,就是占候年岁的重要日子。

注释 1 岁美恶:指年岁的吉凶。 2 产气:生气。 3 腊明日:即腊祭的第二天。汉代以冬至后第三个戌日为腊日,是日祭祀先祖为腊祭。 卒岁:一年结束。 4 正月旦:正月初一。 5 四始:指冬至日、腊明日、正月旦、立春日。

而汉魏鲜集腊明、正月旦决八风。[1]风从南方来,大旱;西

而汉代的魏鲜集中在腊明日、正月旦以八风来占候一岁的吉凶。风从南方来,这一年要大旱;从西南方来,会发生

南，小旱；西方，有兵；西北，戎菽为，小雨，趣兵；[2]北方，为中岁；东北，为上岁；东方，大水；东南，民有疾疫，岁恶。故八风各与其冲对，课多者为胜。[3]多胜少，久胜亟，疾胜徐。旦至食，为麦；食至日昳，为稷；昳至餔，为黍；餔至下餔，为菽；下餔至日入，为麻。[4]欲终日有云，有风，有日。[5]日当其时者，深而多实；无云有风日，当其时，浅而多实；有云风，无日，当其时，深而少实；有日，无云，不风，当其时者稼有败。[6]如食顷，小败；熟五斗米顷，大败。[7]则风复起，有

小旱；从西方来，会有战事；从西北方来，胡豆的收成好，有小雨，会急促兴兵；从北方来，会是中等年成；从东北来，就是上等丰收年；从东方来，会发生大水灾；从东南来，民众会有疾病瘟疫，年成很坏。因为八方之风各自有它相反方向的风相冲，所以占候时要以来风的次数、持续时间和风势强弱、风速快慢为依据。次数多的胜次数少的，持续时间久的胜急速吹过去的，风刮得快的胜风刮得慢的。从黎明到早饭时刮的风，是占候麦子的；早饭到过午时刮的风，是占候稷类的；过午到晚饭时刮的风，是占候黍类的；晚饭时到日落前刮的风，是占候豆类的；日落前到日没时刮的风，是占候麻类的。希望这两日全天会有云、有风、有太阳。有云、有风、有太阳的现象正好出现在某类作物的占候时刻，那么这类作物会长得茂盛而结实多；没有云而有风、有太阳，当其时的一类作物，虽长得不茂盛，但结的果实多；有云、有风，没有太阳，当其时的某一类作物，长得会茂盛，但结实会少；有太阳，没有云，不刮风，当其时的某一类作物会歉收。这种情况如果出现的时间只有一顿饭的工夫，则损伤不严重；要是有煮熟五斗米这么长的工夫，则损伤严重。要是风重新刮起来，有云，被损伤的庄稼会恢复起来。适宜栽种哪类作物，应以风来的时间

云,其稼复起。各以其时用云色占种[8]所宜。其雨雪若寒,岁恶。

和云的颜色来决定。在岁首如果下了雪或是很寒冷,这一年年成会不好。

注释 1 魏鲜:人姓名,汉代之善占候岁吉凶者。 八风:八方之风。 2 戎菽:胡豆。 为:成。 趣(cù):急促。 3 冲:相对应的一方。此指与来风相反的一方。 对:对立,对比。 课:此指计数。 4 旦:平旦,黎明。 食:早饭。 日昳(dié):日偏斜,日落。指未时。 餔(bū):同"哺",傍晚,晚饭时。指申时,相当于现在的十五点至十七点。 下餔:约当日没前一二小时。 日入:指酉时。 5"欲终日"句:《史记正义》:"正月旦,欲其终一日有风有日,则一岁之中五谷丰熟,无灾害也。" 6 日当其时者:日,指有云、有风、有日之"三有"之日。当其时,正当某类作物的占候时刻。 深:茂盛。 实:结实。 浅:不茂盛。 败:歉收。 7 食顷:指无风只有一顿饭的工夫。言其短暂。 熟五斗米顷:煮熟五斗米的工夫。言其时长。 8 种:五谷中的每一种。

是日光明,听都邑人民之声。[1]声宫,则岁善,吉;商,则有兵;徵,旱;羽,水;角,岁恶。

正月初一这一天光辉明亮,可以用都城民众发出的声音占候一年的吉凶。发出宫声,那么这一年就收成好,吉利;发出商声,那么就有战争;发出徵声,会发生旱灾;发出羽声,会有水灾;发出角声,年成不好。

或从正月旦比数雨[2]。率日食一升,至七升而极;[3]过之,不占。数至十二日,日

还可从正月初一开始连续计算下雨的日数占候年成好坏。大约是下一天雨相应有一升粮食的收获,一直计算到七升是最高限额;超过七升就不占了。从初一数到十二日,当成本年的一到十二个月,

直其月[4],占水旱。为其环域千里内占,则为天下候,竟正月。[5]月所离[6]列宿,日、风、云,占其国。然必察太岁所在。在金,穰;水,毁;木,饥;火,旱。此其大经也。

占卜是否会发生水旱灾害。为国都周围千里内占卜,那也就是为天下占候,必须用整个正月来计数。观察月亮所经历的各宿,使用前述太阳、风、云来占候相应分野国本年的收成。然而还必须观察太岁所在的方位。太岁在金位,会丰收;在水位,会毁败;在木位,会发生饥荒;在火位,会发生旱灾。这是观察占候的大致原则。

注释 1 是日:正月初一。 都邑:都城。 2 比:连续。 数(shǔ):计算。《史记索隐》:"谓以次数日以候一岁之雨,以知丰穰也。" 3 率:大率,大约。 极:极限。《史记集解》引孟康曰:"正月一日雨,民有一升之食;二日雨,民有二升之食;如此至七日。" 4 日直其月:《史记集解》引孟康曰:"月一日雨,正月水。" 5 环域:周围。 竟正月:经过整个正月。《史记集解》引孟康曰:"月三十日周天,历二十八宿,然后可以占天下。" 6 离:经历。

正月上甲[1],风从东方,宜蚕;风从西方,若旦黄云,恶。

冬至短极,县土炭,炭动,鹿解角,兰根出,泉水跃,略以知日至,要决晷景。[2]岁星所在,五谷逢

正月上旬甲日,风从东方来,这年宜于养蚕;风从西方来,假若日出时又有黄色云彩,则年成不好。

冬至日白昼最短,可在衡器的两端放上土块和木炭,木炭的一端下沉,鹿角脱落,兰花根发芽,泉水涌出,大略可以以此来确定日至之日,要准确测定冬至、夏至日,主要是取决于日晷的影子。岁星所在之宿相对应的分野,五谷丰登。与此宿相对之

昌。其对为冲,岁乃有殃。

宿所对应的分野,这一年则有灾殃。

注释 1 上甲:上旬甲日。 2 县土炭:在平衡器的两端分别挂上土块和木炭,以检验空气中的湿度,冬至以后阳气生,木炭逐渐加重,夏至以后阴气生,木炭又逐渐减轻,于是两端高低会有变化。 解:脱落。 出:发芽。 日至:冬至、夏至的总称。 晷(guǐ)景:日晷之影。景,"影"的本字。 按:以上是关于一些特殊天象的记载,其中一部分是属于气象方面的内容,可知中国古代往往将天文与气象放在一起。这是本篇的第四部分。

太史公曰:自初生民以来,世主曷尝不历日月星辰?[1]及至五家、三代,绍而明之,内冠带,外夷狄,分中国为十有二州,仰则观象于天,俯则法类于地。[2]天则有日月,地则有阴阳。天有五星,地有五行。天则有列宿,地则有州域[3]。三光[4]者,阴阳之精,气本在地,而圣人统理之。

太史公说:自从出现人类社会以来,世间君主何尝不去观测日月星辰的运行以制定历法呢?直到五帝、三代,将前人的成果继承下来并加以发展,使天体运行的规律更为明确,他们以华夏族居住的中国为内,以夷狄居住的地区为外,把中国分成十二州,仰头观测天上的星象,低头取法地上的各种事物。天上有日月,地上就分阴阳。天上有五星,地上有五行。天上有诸多星宿,地上就有相应的分野。日、月、星,是阴阳的精气所形成的,气的本源是在地上,而由圣人来统一调理这种天地间的关系。

注释 1 生民:出现人类社会。 曷:何。 历:观察,推算。 2 五家:即五帝。 三代:指夏、商、周。 绍而明之:继承并使之明确。 冠带:

本指礼帽、衣带，此指文明民族，华夏族。　夷狄：边远部族。　法类：取法、对应各种事物。　3 州域：指与列宿相对应的分野。　4 三光：指日、月、星。

幽厉以往，尚矣。所见天变，皆国殊窟穴，家占物怪，以合时应，其文图籍禨祥不法。[1]是以孔子论六经，纪异而说不书。[2]至天道命，不传；[3]传其人，不待告；[4]告非其人，虽言不著。[5]

周幽王、厉王之前，距今已经很久远了。那时见到某种天象变化，各国都按本国情况来占卜和解释，各家又占验出不同的怪异物象，这都是为了适合当时的应验，因此他们著录的图书典籍中的灾祥征兆不能作为后人占卜的法则。因此孔子在论说六经的时候，只采录他们记载的怪异天象、物象而不录他们各不相同的解释。至于有关天道性命之事，因其太微妙深奥了而不加传授；即使传授给某一个人，也让他依自己的天性去领悟而不解说；如果解说给了一个不恰当的人，他也是不会明白其中的微妙深奥之义的。

注释　1 国殊窟穴：各个国家均有不同的观测方法和解说。窟穴，此指观测方法和解说。　家占物怪：各家都占卜不同的怪异事物。　不法：不能作为法则。　2 六经：儒家六部经典，《诗》《书》《礼》《乐》《易》《春秋》。　纪异而说不书：只采录他们记载的灾异奇变之事，而不录他们的各种解释。　3 天道：指上天化育万物循环不息的自然规律。因与性命皆微妙深奥，故孔子不予传授。　命：即性命。　4 传其人，不待告：《史记正义》："待，须也。言天道性命，忽有志事，可传授之则传，其大指微妙，自在天性，不须深告语也。"　5 告非其人，虽言不著：《史记正义》："著，明也。言天道性命，告非其人，虽为言说，不得著明微妙，晓其意也。"

昔之传天数[1]者：高辛[2]之前，重、黎；于唐、虞，羲、和；有夏，昆吾；[3]殷商，巫咸[4]；周室，史佚、苌弘[5]；于宋，子韦[6]；郑则裨灶[7]；在齐，甘公[8]；楚，唐眛[9]；赵，尹皋[10]；魏，石申[11]。

从前传授天数的人：帝喾以前是重、黎；唐、虞时是羲氏、和氏；夏代是昆吾；殷时是巫咸；周朝是史佚、苌弘；宋国是子韦；郑国是裨灶；齐国是甘公；楚国是唐眛；赵国是尹皋；魏国是石申。

注释 1 天数：天文历法。 2 高辛：高辛氏，即帝喾。 3 有夏：即夏。有，名词词头。 昆吾：夏代天官名。《史记正义》引虞翻云："昆吾名樊，为已姓，封昆吾。" 4 巫咸：《史记正义》："巫咸，殷贤臣也，本吴人，冢在苏州常熟海隅山上。" 5 史佚(yì)、苌(cháng)弘：《史记正义》："史佚，周武王时太史尹佚也。苌弘，周灵王时大夫也。" 6 子韦：春秋宋景公时人，天文历算家。 7 裨(pí)灶：春秋郑国大夫，通晓天文星象。 8 甘公：《史记集解》引徐广曰："或曰甘公名德也，本是鲁人。"《史记正义》："《七录》云楚人，战国时作《天文星占》八卷。" 9 唐眛(mò)：战国时楚占星家。 10 尹皋：赵人。 11 石申：《史记正义》："《七录》云石申，魏人，战国时作《天文》八卷也。"又名石申夫。今本《甘石星经》是宋人辑录甘公、石申著作而成。

夫天运[1]，三十岁一小变，百年中变，五百载大变；三大变一纪，三纪而大备[2]：此其大数[3]也。为国者必贵三五[4]。上下各千岁，然后天人之际续备[5]。

天体运行，三十年有一小变，一百年会发生中变，五百年就有大变化；三个大变成为一纪，三纪就完成了整个周期变化：这是天体运行的大致规律。治理国家的人一定要重视这个三五变化的周期。考察上下各千年的变化，然后才能详备地了解天人之间的关系。

注释 1 天运:天体运行。 2 三纪而大备:经过三纪(一千五百年),就完成了整个周期变化。 3 大数:大致规律。 4 三五:指三十年一小变,五百年一大变。 5 天人之际:上天和人事之间的关系。 续备:贯通,完备。

太史公推[1]古天变,未有可考于今者。盖略以春秋二百四十二年之间,日蚀三十六,彗星三见,宋襄公时星陨如雨。[2]天子微,诸侯力政,五伯代兴,更为主命。[3]自是之后,众暴寡[4],大并小。秦、楚、吴、越,夷狄也,为强伯。田氏篡齐,三家分晋,并为战国。[5]争于攻取,兵革更起,城邑数屠,因以饥馑疾疫焦苦,臣主共忧患,其察禨祥候星气尤急。[6]近世十二诸侯七国相王,言从衡者继踵,而皋、唐、甘、石因时务论其书传,故其占验凌杂米盐。[7]

太史公推考古代的天象变化,认为没有什么可供当今时代运用的原则。大概的内容是春秋时期二百四十二年之中,日蚀发生了三十六次,彗星出现了三次,宋襄公时曾有过星陨如雨的情况。天子势力衰弱,诸侯们致力于武力征伐,五霸相继兴起,更替掌握天下的政令。从这以后,人数多的陵暴人数少的,势力大的吞并势力小的。秦、楚、吴、越,本来是夷狄之国,却成为了强大的霸主。田氏篡夺了姜姓齐国的政权,韩、赵、魏三家瓜分了晋国,于是进入了战国时期。各国争着攻夺略取,战争更迭地发生,有的城邑屡遭屠掠,以致人民遭受灾荒疾疫及焦土之苦,各国君臣也感到忧虑,于是推测吉凶占候星气尤其显得迫切。近代十二诸侯和七国相继为王的时期,倡言合纵连横学说的接踵出现,而尹皋、唐昧、甘德、石申等人趁着时务的需要而阐述主张、撰写书传,这就导致他们提出的占验事例都非常杂乱细碎而不足取法。

注释 1 推:推演,计算。 2 春秋二百四十二年:春秋时代因鲁国编年史《春秋》而得名,起于鲁隐公元年(前722),止于鲁哀公十四年(前481),共242年。 宋襄公时星陨如雨:鲁僖公十六年(宋襄公七年,公元前644年)正月戊申朔"陨石于宋五"。以上例子是举例大略而言。 3 力政:以武力征伐。政,通"征"。 伯:通"霸"。 4 众暴寡:势力强的欺侮势力弱的。 5 田氏篡齐:齐国国君原为姜姓,后田氏大臣逐渐掌权。公元前386年田和正式自立为齐君。 三家分晋:指韩、赵、魏三家瓜分晋国而自立。 6 兵革:战争。 数(shuò):屡次,多次。 饥馑:闹灾荒。 焦苦:因战火而烧焦土地的痛苦。 7 十二诸侯:指春秋时期的齐、楚、秦、晋、鲁、卫、陈、蔡、宋、郑、曹、燕十二个诸侯国。 七国相王:战国时期七雄(齐、楚、燕、韩、赵、魏、秦)互相尊称为王。 从衡:同"纵横"。 踵:继承,连接。 书传(zhuàn):图书著作。 凌杂米盐:《史记正义》:"凌杂,交乱也。米盐,细碎也。"

二十八舍主十二州,斗秉兼之,所从来久矣。[1]秦之疆也,候[2]在太白,占于狼、弧。吴、楚之疆,候在荧惑,占于鸟衡[3]。燕、齐之疆,候在辰星[4],占于虚、危。宋、郑之疆,候在岁星[5],占于房、心。晋之疆,亦候在辰星[6],占于参罚。

占候以二十八宿对应于十二州域,同时考虑到北斗斗柄的指向,这样的做法已经沿用很久了。秦国的疆域,候在太白,占验见于狼星、弧矢。吴国、楚国的疆域,候在荧惑,占验见于鸟衡星。燕国、齐国的疆域,候在辰星,占验见于虚宿、危宿。宋国、郑国的疆域,候在岁星,占验见于房宿、心宿。晋国的疆域,候也在辰星,占验见于参宿和罚星。

注释 1 二十八舍主十二州：二十八舍即二十八宿。《史记正义》："二十八舍，谓东方角、亢、氐、房、心、尾、箕；北方斗、牛、女、虚、危、室、壁；西方奎、娄、胃、昴、毕、觜、参；南方井、鬼、柳、星、张、翼、轸。《星经》云：'角、亢，郑之分野，兖州；氐、房、心，宋之分野，豫州；尾、箕，燕之分野，幽州；南斗、牵牛，吴、越之分野，扬州；须女、虚，齐之分野，青州；危、室、壁，卫之分野，并州；奎、娄，鲁之分野，徐州；胃、昴，赵之分野，冀州；毕、觜、参，魏之分野，益州；东井、舆鬼，秦之分野，雍州；柳、星、张，周之分野，三河；翼、轸，楚之分野，荆州也。'" 斗秉：指北斗七星。秉，通"柄"。北斗七星在天空中绕北极星而运转，斗柄临制四方，以此所及十二辰，领有二十八宿，和地下十二州分野对应。 2 候：征候，征兆。《史记正义》："太白、狼、弧，皆西方之星，故秦占候也。" 3 鸟衡：即柳宿。《史记正义》："荧惑、鸟衡，皆南方之星，故吴、楚之占候也。" 4 候在辰星：《史记正义》："辰星、虚、危，皆北方之星，故燕、齐占候也。" 5 候在岁星：《史记正义》："岁星、房、心，皆东方之星，故宋、郑占候也。" 6 亦候在辰星：《史记正义》："辰星、参、罚，皆北方西方之星，故晋占候也。"

及秦并吞三晋、燕、代，自河山[1]以南者中国。中国于四海内则在东南，为阳；阳则日、岁星、荧惑、填星；占于街[2]南，毕主之。其西北则胡、貉、月氏诸衣旃裘引弓之民，为阴；[3]阴则月、太白、辰星；占于街北，昴主之。故中国山川东北流，其

等到秦国并吞了三晋、燕、代，黄河、华山以南便是中国。中国在四海之中处于东南方向，属于阳；阳就和日、岁星、荧惑、填星相对应；占验见于天街星以南诸星，以毕宿为主。中国的西边、北边就是胡、貉、月氏等各个穿着毡裘引弓而射的民族，属于阴；阴就是月、太白、辰星；占验见于天街星以北诸星，以昴宿为主。所以中国的山川是从西南往东北的走向，它们总的脉络是头在陇、蜀地区，尾部消

维[4],首在陇、蜀,尾没于勃、碣。是以秦、晋好用兵,复占太白,太白主中国;而胡、貉数侵掠,独占辰星,辰星出入躁疾[5],常主夷狄:其大经[6]也。此更为客主人。荧惑为孛[7],外则理兵,内则理政。故曰"虽有明天子,必视荧惑所在"。[8]诸侯更[9]强,时灾异记,无可录者。

失在渤海、碣石山一带。因此秦国、晋国喜好用兵作战,它们的占验也见于太白,太白也主中国域内的祸福吉凶;而胡、貉民族多次侵扰掠夺,只能以辰星为占,辰星的出没轻躁迅疾,常常用来占卜夷狄之地的祸福吉凶:这是一般的原则。这就是前面所说辰星和太白更相为客人、主人。荧惑星是理星,在外就是理兵,在内就是理政。所以说"虽然有英明的天子,也一定要注意观察荧惑星所在的位置"。诸侯国更替强大,当时对灾异占验的记录解说各有不同,没有值得收录于本书的。

注释 1 河山:指黄河、华山。 2 街:天街,星名。古人以为东、南、中央皆为阳,街南毕星,主阳,中国为阳,毕主之;街北昴星,主阴,夷狄为阴,昴主之。 3 貉(mò):古代对东北部民族的泛称。 月氏(Yuè zhī):亦作"月支",古族名。其族先游牧于敦煌、祁连间,后在西域建立月氏国。 旃:通"毡"。 4 维:指山川脉络的主要走向。《史记正义》:"言中国山及川东北流行,若南山首在昆仑葱岭,东北行,连陇山至南山、华山,渡河东北尽碣石山。黄河首起昆仑山,渭水、岷江发源出陇山,皆东北东入渤海也。" 5 躁疾:轻躁、迅疾。 6 大经:常规,一般原则。 7 孛:此字原作"李",讹为"孛"。李,通"理",治理。王元启《史记三书正讹》以为自"荧惑为孛"以下至"必视荧惑所在"二十五字,当在本篇前文"荧惑"条"以其舍命国"下,错简在此,当移前。 8"故曰"句:《史记索隐》:"此据《春秋纬·文耀钩》,故言'故曰'。" 9 更:交替。

秦始皇之时，十五年彗星四见，久者八十日，长或竟天[1]。其后秦遂以兵灭六王，并中国，外攘四夷，死人如乱麻，因以张楚并起，三十年之间兵相骀藉，不可胜数。[2]自蚩尤[3]以来，未尝若斯也。

项羽救钜鹿，枉矢西流，山东遂合从诸侯，西坑秦人，诛屠咸阳。[4]

秦始皇的时候，十五年之中彗星四次出现，出现时间长的达到八十日，彗星最长时横贯了天空。这以后秦国就以武力灭亡了六国，统一了天下，对外又抵御四周的外族入侵，死人之多犹如乱麻，因而导致张楚等人共同起兵反叛，前后三十年间军队相互征伐，死伤不可胜数。从蚩尤以来，还未曾有过这样的战乱。

项羽援救钜鹿的时候，大流星枉矢向西下坠，崤山以东地区的各个诸侯势力就都联合起来，向西进军攻破秦国，坑杀秦人，屠戮了咸阳城。

注释　1 长或竟天：彗星最长时横贯天空。　2 攘(rǎng)：排除，抵御。　张楚：指陈胜起义军，因号为“张楚”，故名。　骀藉(tái jí)：践踏。　3 蚩(chī)尤：传说中东方九黎族首领，后战败为黄帝擒杀。　4 枉矢西流：矢状之大流星奔向西方。　山东：崤山以东地区。　从：通“纵”。

汉之兴，五星聚于东井[1]。平城之围[2]，月晕参、毕七重。诸吕作乱，日蚀，昼晦。吴楚七国叛逆，彗星数丈，天狗过梁野[3]；及兵起，遂伏尸流血其下。元光、元狩[4]，

汉朝的兴起，五大行星都会聚在东井宿之中。平城被围困，有月晕七重出现在参宿、毕宿。吕氏家族作乱，出现了日蚀，竟至白昼昏暗。吴楚七国举兵叛乱，彗星出现有几丈长，大流星天狗掠过梁地的原野；等到平叛的战争兴起，就有死亡的人伏尸流血在梁国城下。元光、元狩年间，一种叫蚩尤之旗的奇异天象再次出现，长度达到了半个天空。这以后京城

蚩尤之旗再见，长则半天。其后京师师四出，诛夷狄者数十年，而伐胡尤甚。[5]越之亡，荧惑守斗；[6]朝鲜之拔，星茀于河戍；[7]兵征大宛，星茀招摇：此其荦荦大者。[8]若至委曲[9]小变，不可胜道。由是观之，未有不先形见而应[10]随之者也。

派出的军队四面出击，诛讨夷狄的侵扰达数十年之久，而其中以征伐匈奴的事情尤为重大。南越被诛亡，有荧惑星在斗宿附近徘徊；朝鲜被攻拔，有不吉之星惑乱于南河星、北河星星区；出兵征讨大宛，不吉之星又惑乱在招摇星附近：这些都是非常明显的占验事例。至于说到一些琐碎的小型天象变化，实在说不尽。由此来观察，没有什么事情不是先有征兆出现而随后就被应验了的。

注释　**1** 五星聚于东井：《史记新证》直按：《窸斋砖瓦录》有“东井”残瓦当，在各瓦中面积最小。西汉盖以五星聚东井为发祥之瑞，《张耳传》亦载此事。　**2** 平城之围：指汉高帝七年（前200）刘邦所率汉军被匈奴围困平城（今山西大同市东北）之事。　**3** 天狗：流星名。　梁：汉初封国名，建都今河南商丘市东南。　**4** 元光：汉武帝第二个年号名，公元前134年—前129年。　元狩：汉武帝第四个年号名，公元前122—前117年。　**5** 京师：京城，朝廷。　胡：指匈奴。　**6** 越之亡：指公元前122年南越相吕嘉反，汉武帝派兵征讨平定。　荧惑守斗：火星在斗宿附近徘徊。《史记正义》：“南斗为吴、越之分野。”　**7** 朝鲜之拔：指公元前109年汉武帝派兵平定朝鲜。　星茀于河戍：有不吉之星惑乱于南河星、北河星。星，此指不吉之星，如彗星之类。茀，同“孛”，指彗星出现于某个星宿。河戍，南河星、北河星，一在井宿东南，一在井宿东北。南河星似守卫着越门，称南戍；北河星如守卫着胡门，称北戍，故合称“河戍”。
8 大宛（yuān）：西域古国名。公元前104年—前101年汉武帝派兵征服大宛。 招摇:《史记正义》:“招摇一星,次北斗杓端,主胡兵也。占:角变,则兵革大行。” 9 委曲:细微,琐碎。 10 应:应验,征兆。

夫自汉之为天数者,星则唐都[1],气则王朔,占岁则魏鲜。故甘、石历五星法[2],唯独荧惑有反逆行;逆行所守,及他星逆行,日月薄蚀,皆以为占。[3]

汉建国以来研究天数的人,占星的有唐都,望气的有王朔,占卜年岁的有魏鲜。故此甘德、石申利用五星作占的方法中,只有荧惑星有反方向的运行,也就是逆行;荧惑星逆行徘徊的位置,以及其他星的逆行,还有日月的薄蚀等,都是占卜所依据的内容。

注释 1 唐都:人名,汉代著名的天文历法家。 2 甘、石历五星法:甘德、石申推演“五星法”。“五星法”,亦名“五星占”,是用金木水火土五星的运行来推占吉凶。1973 年长沙马王堆汉墓出土了汉代帛书《五星占》,证实了史家之记载。 3 守:徘徊,滞留。 日月薄蚀:日月无光或亏缺。薄,日月无光曰薄。蚀,日食月食。

余观史记,考行事,百年之中,五星无出而不反逆行,反逆行,尝盛大而变色;[1]日月薄蚀,行南北[2]有时:此其大度[3]也。故紫宫、房心、权衡、咸池、虚危列宿部星,此天之五官坐位也,为经,

我查阅历史记载的文献,考察以往的历史事件,发现近百年间,五星没有出现后而不逆行的,在它们逆行的时候,常常会变大而且会改变颜色;日月发生薄蚀,和月亮运行在黄道南还是黄道北有关:这是一般规律。所以紫宫、房心、权衡、咸池、虚危列宿部内的星区,是天上五官的正位,是经星,不迁徙移动,大小各有差

不移徙，大小有差，阔狭有常。[4]水、火、金、木、填星，此五星者，天之五佐，为纬[5]，见伏有时，所过行赢缩有度。

别，彼此间距离的宽窄固定不变。水、火、金、木、填星，这五大行星，是上天的五个辅佐，东西运行，它们运行中出现与隐伏各有一定的规律，所经过宿区的赢缩都有确定的度数。

注释　1 史记:古代史书。　行事:以往的历史事件。　盛大:指星变大。　2 南北:黄道的南北。　3 大度:一般规律。　4 紫宫:此代指天帝之中宫。　房心:此指天之东宫。　权衡:此指天之南宫。　咸池:此指天之西宫。　虚危:此指天之北宫。　列宿部星:《史记正义》:"五官列宿部内之星也。"　经:位置恒定不变的星。　阔狭:距离、范围之宽窄。　常:固定。　5 纬:东西运行。《史记正义》:"五星行南北为经，东西为纬也。"

日变修德，月变省刑，星变结和。[1]凡天变，过度[2]乃占。国君强大有德者昌；弱小饰诈[3]者亡。太上修德，其次修政，其次修救，其次修禳，正下无之。[4]夫常星之变希见，而三光之占亟用。[5]日月晕適，云风，此天之客气，其发见亦有大运。[6]然其

日有变化就要修养德行，月有变化就要减省刑罚，星有变化就要修好内外关系。凡是天变，超出了常规的就要占卜吉凶。国君要是强大而有德行，国家就会昌盛；国君要是弱小而虚伪欺诈，国家一定会丧亡。国君最重要是修养德行，其次是搞好政治，再次是采取补救措施，再次就是祈求鬼神消除灾难，最糟糕的就是无视天变的发生。经星的变化很少有，而日月五星在不停地运动变化，因此常用于占候。日晕、月晕、日月交食、云气、风气，是天体自身以外所发生的变化，它们的出现在大的方面也是有一

与政事俯仰[7],最近天人之符。此五者,天之感动[8]。为天数者,必通三五[9]。终始古今,深观时变,察其精粗,则天官备矣。[10]

定规律的。然而这些变化与政治的兴衰直接关联,是最能沟通天人关系的表征。这五气,都是上天对人间事务的反应。对天数进行研究的人,必须精通三五的变化规律,了解古今终始的历史,深入观察时势的变化,研究占候的实质和表象,这样天官这门学问就能完备地掌握了。

注释 1 修德:修养德行。 省刑:减轻刑罚。 2 过度:越过常规。 3 饰诈:虚伪欺诈。 4 太上:最上。 修救:采取补救措施。 修禳(ráng):祈求鬼神,消除灾难。 正下无之:最下无视天变。 5 希:稀少。 亟(qì):屡次。 6 適(zhé):通"谪",指天象异变。此处指日月交食。 客气:指非天体自身出现的变化。 发见:变化出现。 大运:大的运行规律。 7 俯仰:指随政治兴衰而出现变化。 8 天之感动:上天对人间事务的反应。 9 三五:即前述三十年一小变,五百年一大变的规律。 10 精粗:实质和表面现象。 天官:天文。 按:以上论述了古代天文学发展脉络、著名天文学家及累积的许多珍贵史料,是本篇的最后部分。

苍帝行德,天门为之开。[1]赤帝行德,天牢为之空。[2]黄帝行德,天夭为之起。[3]风从西北来,必以庚、辛。一秋中,五至,大赦;三至,小赦。白帝行德,以正月二十日、二十一日,月

苍帝推行恩德,日月五星通行的天门因此开放。赤帝推行恩德,拘系贱人的天牢六星因此空荡。黄帝推行恩德,奇异天象因此出现了。有风从西北方向吹来,一定会在庚、辛日。一个秋天能吹来五次风,当有大赦;能吹来三次风,当有小赦。白帝推行恩德,在来年正月二十日、二十一日,有月晕成围,常有大赦,可说是太阳寒水的影响所致。一种

晕围，常大赦载，谓有太阳也。[4] 一曰：白帝行德，毕、昴为之围。围三暮，德乃成；不三暮，及围不合，德不成。二曰：以辰围，不出其旬。黑帝行德，天关为之动。[5] 天行德[6]，天子更立年；不德，风雨破石。三能、三衡者[7]，天廷也。客星出天廷，有奇令。

说法：白帝推行恩德，毕宿、昴宿因此被月晕包围。包围三个晚上，功德才算完成；没有三个晚上以及围没有合拢，功德就不能成。第二种说法：月晕包围辰星，应验就会不出旬日。黑帝推行恩德，天关星因此而变动。以上五帝都能推行恩德，天子会因风调雨顺而更改年号；若不能推行恩德，会有疾风暴水拔木破石之灾。三台和三衡是天帝的宫廷。有客星出现在天帝的宫廷中，一定会有异兆产生。

注释　1 苍帝：东方灵威仰之帝。《史记正义》："春，万物开发，东作起，则天发其德化，天门为之开也。" 天门：东方七宿角宿中之两星，即左右角间。此指日月五星运行时所循之黄道经过之处。　2 赤帝：南方赤熛怒之帝。《史记正义》："夏，万物茂盛，功作大兴，则天施德惠，天牢为之空虚也。" 天牢：即天牢六星。主禁暴，实系贱人之牢。　3 黄帝：中央含枢纽之帝。《史记正义》："季夏，万物盛大，则当大赦，含养群品也。" 天夭：不正常的天象。一说当作"天矢"。　4 白帝行德：按文意此四字应移于"风从西北来"之前。白帝，西方白招拒之帝。《史记正义》："秋，万物咸成，则晕围毕、昴三暮，帝德乃成也。" 太阳：在五运六气中冬季寒水为太阳。此指受冬季寒水的影响。　5 黑帝：北方汁光纪之帝。《史记正义》："冬，万物闭藏，为之动，为之开闭也。" 天关：星名。在黄道最北端夏至点附近，冬天可见。　6 天行德：指五方天帝行德，一年天气正常。　7 三能(tái)、三衡：能，通"台"。星名。《史记正义》："皆天帝之庭，号令舒散平理也，故言三台、三衡。言若有客星出三台、三衡之廷，必有奇异教令也。"

史记卷二十八

封禅书第六

原文

自古受命帝王，曷尝不封禅[1]？盖有无其应而用事[2]者矣，未有睹符瑞见而不臻乎泰山者也。虽受命而功不至，至梁父矣而德不洽，洽矣而日有不暇给，是以即事用希。[3]传曰[4]：“三年不为礼，礼必废；三年不为乐，乐必坏。”每世之隆，则封禅答焉，及衰而息。厥旷远者千有余载，近者数百载，故其仪阙然

原文

自古以来接受天命即位的帝王，哪个人不曾想要进行封禅活动？大概有未得到上天的符瑞而去从事这种活动的，却没有看到了符瑞显现而不奔赴泰山进行封禅的。有的帝王虽然是接受了天命，但自己的功绩没有达到应有的程度；有的帝王功绩达到了，但自己的恩德还未达到能使人悦服的程度；有的帝王虽功绩、恩德全都齐备了，但又没有空闲，所以真正能够去进行封禅活动的实在是很少。书传中说：“三年不采用礼制，礼制一定会废弃；三年不演奏乐曲，乐曲一定会毁坏。”每一个世代兴隆的时候，就会进行封禅典礼答谢天地，等到衰微了，这种活动也自然停息下来。这种典礼有时一停就是一千多年，短的也有几百年，所以封禅的礼仪早已残缺而湮灭，有关它

堙灭，其详不可得而记闻云。[5]

的详细情况也无法记载下来传于后世了。

注释 1 封禅：一种隆重的祭祀礼仪，祭天曰封，祭地曰禅，合称封禅。《史记正义》："此泰山上筑土为坛以祭天，报天之功，故曰封。此泰山下小山上除地，报地之功，故曰禅。言禅者，神之也……《五经通义》云：'易姓而王，致太平，必封泰山，禅梁父何？天命以为王，使理群生，告太平于天，报群神之功。'" 2 用事：指举行封禅祭礼。 3 梁父(fǔ)：一作"梁甫"，泰山下小山名，在今山东泰安市东南。此二字，方苞以为是衍文，实移至上句"泰山"二字之下即顺。 洽：融洽，周遍。 4 传曰：语见《论语·阳货》："君子三年不为礼，礼必坏；三年不为乐，乐必崩。" 5 旷远：历时久远。 阙：空缺。 堙(yān)灭：埋没。

《尚书》曰，舜在璇玑玉衡，以齐七政。[1]遂类于上帝，禋于六宗，望山川，遍群神。[2]辑五瑞，择吉月日，见四岳诸牧，还瑞。[3]岁二月，东巡狩，至于岱宗。岱宗，泰山也。柴，望秩于山川。[4]遂觐东后。东后者，诸侯也。合时月正日，同律度量衡，修五礼，五玉三帛二生

《尚书》中说，舜帝通过对北斗七星进行观测，列出了七项政事。于是对上帝进行类祭，对六宗进行禋祭，对山川之神进行望祭，并遍祭各种神灵。验视五等诸侯所执作为符信用的瑞玉，选择吉祥的月日，会见分管四方和各州的长官，然后给诸侯发还瑞玉。每年二月，舜帝到东方去巡行视察，一直到达岱宗。岱宗，就是泰山。他在泰山举行柴祭，按次序望祭山川之神。然后接受东后的朝见。东后，指东方的诸侯。他协调四时气节和月份大小，校正日的甲乙，统一音律和度量衡，修正吉、凶、宾、军、嘉五种礼仪，规定在进见时五等诸侯各自应执的瑞

一死贽。[5]五月，巡狩至南岳。南岳，衡山也。八月，巡狩至西岳。西岳，华山也。十一月，巡狩至北岳。北岳，恒山也。皆如岱宗之礼。中岳，嵩高也。五载一巡狩。

玉和三公所执的缯帛、卿和大夫所执的二牲、士所执的一死等礼物。五月，巡行视察到达南岳。南岳，就是衡山。八月，巡行视察到达西岳。西岳，就是华山。十一月，巡行视察到达北岳。北岳，就是恒山。他在这些山的祭祀仪式，与泰山是一样的。中岳，就是嵩山。天子每五年去进行一次巡行视察。

注释 1 在：观察。 璇玑玉衡：指北斗七星。璇玑属魁，玉衡属杓。 齐：排列。 七政：七项政事，即祭祀、班瑞、东巡、南巡、西巡、北巡、归格艺祖。 2 类：通“禷”，祭名。此祭向上天报告继承帝位之事。 禋(yīn)：祭名。洁祀，即斋戒沐浴而后祭祀。 六宗：指天地四时。马融曰：“万物非天不覆，非地不载，非春不生，非夏不长，非秋不收，非冬不藏，此其谓六也。” 望：祭山川之名。 3 辑：敛取，聚集。 五瑞：诸侯作为符信用的五种玉。《周礼·典瑞》：“公执桓圭，侯执信圭，伯执躬圭……子执谷璧，男执蒲璧。” 还瑞：将敛取的瑞玉还给诸侯，表示新的开始。 4 柴：祭名。祭祀时把牲畜放在堆积的木柴上焚烧。 望秩：按山川的等次、尊卑，分别望祭之。秩，次序。 5 五礼：即吉、凶、宾、军、嘉五礼。 五玉：即上文五瑞。 三帛：玄、纁、黄三色丝织品。 二生：羔、雁。 一死：指雉。 贽(zhì)：礼物。

禹遵之。后十四世，至帝孔甲，淫德好神，神渎，二龙去之。[1]其后三世，汤伐桀，欲迁夏社，不可，作《夏

禹遵循舜帝的做法。他以后的第十四世，到了孔甲帝，他品德不好，喜好祀神，但对天神怠慢不敬，天赐给他骑乘的两条龙就飞走了。孔甲以后的第三世，商汤讨伐夏桀，想迁移夏家的社神，后来

社》。[2]后八世,至帝太戊,有桑穀生于廷,一暮大拱,惧。[3]伊陟[4]曰:"妖不胜德。"太戊修德,桑穀死。伊陟赞巫咸,巫咸之兴自此始。[5]后十四世,帝武丁得傅说为相,殷复兴焉,称高宗。[6]有雉登鼎耳雊[7],武丁惧。祖己[8]曰:"修德。"武丁从之,位以永宁。后五世[9],帝武乙慢神而震死。后三世[10],帝纣淫乱,武王伐之。由此观之,始未尝不肃祇[11],后稍怠慢也。

认为不可以这么做,就写下了《夏社》。汤以后经过八世,到了太戊帝,朝堂前长出了一棵桑树和楮树的合生树,一夜之间就长到两手合抱这么粗,太戊帝害怕。贤臣伊陟说:"妖孽不会胜过德行。"太戊修善德行,合生树就死了。伊陟告诉大戊的另一个臣子巫咸,巫咸所主管的祈祷神灵消除灾祸之事受到重视就是从这个时候开始的。太戊以后的第十四世,武丁帝因为得到傅说做辅相,殷家重新兴盛起来了,武丁被尊为高宗。有只野鸡飞来停在鼎耳上鸣叫,武丁害怕。贤臣祖己劝谏说:"修养德行。"武丁听取了祖己的意见,他在帝位上因而得以长期安宁。以后的第五世,武乙帝因为怠慢天神被雷电震死了。武乙以后的第三世,纣帝淫虐暴乱,武王去讨伐他。由此可见,开国的君王未尝不是肃敬恭谨,以后的君王就逐渐怠惰了。

注释　1 后十四世:此及禹言之,为禹、启、太康、仲康、相、少康、予、槐、芒、泄、不降、扃、廑、孔甲。《汉志》作"后十三世",是。　神渎:对神怠慢。　二龙:指传说上天赐给孔甲骑乘的两条龙。　2 其后三世:孔甲之后,为皋、发、癸(桀)。　夏社:夏朝的土地祠。《夏社》:《尚书》篇名,已逸。　3 后八世:汤后八世为太丁、外丙、中壬、太甲、沃丁、太庚、小甲、雍己。　桑穀:桑树和楮树。　拱:两手合围。　4 伊陟(zhì):伊尹之子,时为太戊之臣。　5 赞:告知。　巫咸:负责祈神事务的商臣。　6 后十四世：此及太戊言之，为太戊、中丁、外壬、河亶甲、祖乙、祖辛、沃甲、祖丁、南庚、阳甲、盘庚、小辛、小乙、武丁。《汉志》作“后十三世”，是。 傅说(yuè)：商贤臣。事详《殷本纪》。 7 雊(gòu)：鸣。 8 祖己：殷贤臣。 9 后五世：武丁后五世为祖庚、祖甲、廪辛、康丁、武乙。 10 后三世：武乙后三世为文丁、帝乙、帝辛(纣)。 11 肃祗(zhī)：恭敬。

《周官》曰，冬日至，祀天于南郊，迎长日之至；夏日至，祭地祇。[1] 皆用乐舞，而神乃可得而礼也。天子祭天下名山大川，五岳视三公，四渎视诸侯，诸侯祭其疆内名山大川。[2] 四渎者，江、河、淮、济也。天子曰明堂、辟雍，诸侯曰泮宫[3]。

《周礼》中说，冬至日，在南郊祭祀天神，迎接白天慢慢加长之日的到来；夏至日，就祭祀地神。祭礼时都要采用依照乐曲节拍而起舞的祭祀形式，神灵才能够接受敬奉献礼。天子祭祀天下的名山大川，祭祀五岳之神采用对待三公的礼仪规格，祭祀四渎之神采用对待诸侯的礼仪规格，各地诸侯只能祭祀他封地疆土内的名山大川。四渎，是指长江、黄河、淮河、济水。天子举行祭祀的地方叫明堂、辟雍，诸侯举行祭祀的地方叫泮宫。

周公既相成王，郊祀后稷以配天，宗祀文王于明堂以配上帝。[4] 自禹兴而修社祀，后稷稼穑，故有稷祠，郊社所从来尚矣。

周公辅佐成王继位，在郊外祭祀后稷来配飨于天神，在明堂祭祀祖先文王来配飨于上帝。从禹起就开始对社神祭祀，后稷因为引导民众进行稼穑，所以有祭祀后稷之神的祠堂，郊祭社祭的由来已经很久远了。

注释 1《周官》：即《周礼》。 地祇(qí)：地神。 2 视：比照。 三公：

周朝以太师、太傅、太保为三公。 3 泮(pàn)官:亦作"頖宫",西周诸侯所设大学。《礼记·王制》:"大学在郊,天子曰辟雍,诸侯曰頖宫。"《史记索隐》:"服虔云'天子水匝,为辟雍。诸侯水不匝,至半,为泮宫'。" 4 后稷:古代周族的始祖,亦是教民种植的先祖,后奉为稷神。 配天:《史记集解》引王肃曰:"配天,于南郊祀之。" 宗祀:在宗庙中祭祀。后以统称祭祀祖宗。 上帝:《史记集解》引郑玄曰:"上帝者,天之别名也。神无二主,故异其处,避后稷也。"

自周克殷后十四世[1],世益衰,礼乐废,诸侯恣行,而幽王为犬戎所败,周东徙雒邑。秦襄公攻戎救周,始列为诸侯[2]。秦襄公既侯,居西垂,自以为主少暤之神,作西畤,祠白帝,其牲用駵驹、黄牛、羝羊各一云。[3]其后十六年,秦文公东猎汧、渭之间,卜居之而吉。[4]文公梦黄蛇自天下属地,其口止于鄜衍。[5]文公问史敦[6],敦曰:"此上帝之征,君其祠之。"于是作鄜畤,用三牲[7]郊祭白帝焉。"

周朝灭亡殷朝以后的第十四代,朝廷日趋衰败,礼乐制度废弃,诸侯们恣意妄行,以致周幽王被犬戎部族所打败,周家把京城往东迁徙到洛邑。秦襄公攻击犬戎救助周家,开始进入受封的诸侯行列。秦襄公已被封侯,处在西垂,自己认为应该主持祭祀西方的天神少皞,于是建造了西畤,来祭祀西方的天神白帝,祭祀用的家畜是赤身黑鬣的少壮马、黄牛和公羊各一头。这以后的第十六年,秦文公向东到了汧水和渭水一带进行狩猎活动,占卜问神是不是可以在此定居,得到的结果是吉利的。秦文公梦见有一条黄蛇从天上一直垂落到地面,它的口停在鄜地低平的山坡上。秦文公去问太史敦,敦说:"这就是上帝出现的象征,您去祭祀他吧。"于是建造鄜畤,采用牛、羊、猪三种家畜为祭品来祭祀白帝。

注释 1 十四世:《汉志》作“十三世”,是。 2 列为诸侯:秦襄公于周平王元年(前770)被封为诸侯。 3 西垂:古地区名,即“西犬丘”。在今甘肃天水市西南。 少皞之神:五行中西方金德之神。 西畤:所筑祭白帝之坛。 駵(liú)驹:赤身黑鬣的少壮马。“駵”也作“骝”。 羝(dī)羊:公羊。 4 十六年:当依《汉志》作“十四年”。《十二诸侯年表》载周平王元年即秦襄公八年,立西畤,至秦文公十年作鄜畤,正十四年。 汧(qiān):水名。源出陕西陇县,东注入渭。 渭:渭水。黄河支流。 5 属(zhǔ):连接,附着。 鄜(fū):古地名。后设县。在今陕西富县。 衍:山坡。 6 史敦:秦之太史,名敦。 7 三牲:牛、羊、猪三者。

自未作鄜畤也,而雍旁故有吴阳武畤,雍东有好畤,皆废无祠。[1]或曰:“自古以雍州积高,神明之隩,故立畤郊上帝,诸神祠皆聚云。[2]盖黄帝时尝用事,虽晚周亦郊焉。”其语不经见,缙绅[3]者不道。

作鄜畤后九年,文公获若石云,于陈仓北阪城祠之。[4]其神或岁不至,或岁数来。来也常以夜,光辉若流星,从东南来,集于祠城,则若

在没有建造鄜畤的时候,在雍邑近旁有吴阳祭地神的武畤,雍邑的东面还有祭天的好畤,都废弃不用了。有人说:“自古以来因为雍州地势很高,在四方之中是神明可以留居的地方,所以建立畤坛用来郊祭上帝,各种神灵的祭祀也都集中在这里。大约在黄帝的时候就曾有人在这里祭天,直到周朝末期仍有人在此祭祀。”这样的话不见于典籍,缙绅们也不会提及。

建造鄜畤以后第九年,秦文公获得一块质地如玉的石头,在陈仓山北面山坡上筑城来祭祀它。它的神灵有时一年也不来,有时一年来好几回,来的时候常常是夜晚,有像流星一样的光辉,从东南方向而来,会集于这个祠城中,外形像只雄鸡,发出殷殷之声,

雄鸡,其声殷云,野鸡夜雊。[5]以一牢祠,命曰陈宝。[6]

如野鸡夜中啼叫。用一种牺牲来祭祀它,把它称为陈宝。

注释 1 雍:邑名。在今陕西凤翔县南。 吴阳:地名。地近雍邑。 武畤:秦祭神处。 好畤:秦祭天处。 2 积:此指地势。 隩(ào):通“墺”。指四方可居住的地方。 3 缙绅:亦作“搢绅”。指古时官宦的装束,亦代称官宦。 4 若石:质如玉石。 陈仓:山名。在今陕西宝鸡市东。 阪(bǎn):山坡。 5 雄鸡:《汉志》作“雄雉”。 殷:《汉志》作“殷殷”,象声词。 野鸡:顾炎武以为“野中之鸡”;王引之以为“野地所畜之鸡”,均谓非雉。 6 牢:谓祭祀用的牺牲。 陈宝:《史记新证》直按:今宝鸡台下,有陈宝夫人祠,农民犹指为汉代祠址。

作鄜畤后七十八年,秦德公既立,卜居雍,“后子孙饮马于河”,遂都雍。雍之诸祠自此兴。用三百牢于鄜畤。作伏祠[1]。磔狗邑四门,以御蛊灾。[2]

建造鄜畤以后的第七十八年,秦德公即位,占卜是否可以建都于雍邑,占卜的结果是“若在雍邑建都,那你的后代将会使秦国东扩至黄河岸边”,于是把国都建在雍邑。雍邑的各种神灵祭祀从这个时候兴起。用三百套祭牲在鄜畤祭天。建立伏日祭祀的祠庙。在城邑的四门分解狗的肢体来祭神,来防御热毒恶气伤人的灾害。

德公立二年卒。其后四年,秦宣公作密畤[3]于渭南,祭青帝。

秦德公在位二年去世。这以后的第四年,秦宣公在渭水南岸建造了密畤,祭祀东方天神青帝。

其后十四年,秦缪公立,病卧五日不寤[4];寤,乃言梦见上帝,上

这以后的第十四年,秦穆公即位,他生病卧床五天不醒;醒来了,就说在梦中见到了上帝,上帝命令他平定晋国内

帝命缪公平晋乱。史书而记藏之府。而后世皆曰秦缪公上天。

乱。史官把这件事记录下来收藏在秘府内。结果后世都说秦穆公曾上过天。

注释 1 伏祠:伏日祭祀之祠。《史记索隐》案:服虔云“周时无伏,磔犬以御灾,秦始作之”;又《历忌释》曰“伏者何? 金气伏藏之名。四时代谢,皆以相生。而春木代水,水生木也。夏火代木,木生火也。冬水代金,金生水也。至秋,则以金代火,金畏于火,故至庚日必伏。庚者,金也”。2 磔(zhé):古时分裂牲畜以祭神。 蛊(gǔ):热毒恶气伤害人。 3 密畤:秦祭青神之坛。 4 寤(wù):睡醒。

秦缪公即位九年,齐桓公既霸,会诸侯于葵丘[1],而欲封禅。管仲[2]曰:“古者封泰山禅梁父者七十二家,而夷吾所记者十有二焉。昔无怀氏封泰山,禅云云;[3]虙羲[4]封泰山,禅云云;神农[5]封泰山,禅云云;炎帝[6]封泰山,禅云云;黄帝封泰山,禅亭亭[7];颛顼封泰山,禅云云;帝俈[8]封泰山,禅云云;尧封泰山,禅云云;舜封泰山,

秦穆公即位第九年,齐桓公称霸,在葵丘会见各国诸侯,这时候他想举行封禅活动。管仲说:“古时候到泰山举行封礼、到梁父山举行禅礼的君王有七十二家,而我夷吾所记下来的只有十二家。从前无怀氏到泰山行封礼,到云云山行禅礼;伏羲到泰山行封礼,到云云山行禅礼;神农到泰山行封礼,到云云山行禅礼;炎帝到泰山行封礼,到云云山行禅礼;黄帝到泰山行封礼,到亭亭山行禅礼;颛顼到泰山行封礼,到云云山行禅礼;帝喾到泰山行封礼,到云云山行禅礼;尧到泰山行封礼,到云云山行禅礼;舜到泰山行封礼,到云云山行禅礼;禹到泰山行封礼,到会稽山行禅礼;汤到泰山行封礼,到云云山

禅云云；禹封泰山，禅会稽[9]；汤封泰山，禅云云；周成王封泰山，禅社首[10]：皆受命然后得封禅。”桓公曰：“寡人北伐山戎，过孤竹；[11]西伐大夏，涉流沙，束马悬车，上卑耳之山；[12]南伐至召陵，登熊耳山以望江、汉。[13]兵车之会三，而乘车之会六，九合诸侯，一匡天下，诸侯莫违我。[14]昔三代受命，亦何以异乎？”

行禅礼；周成王到泰山行封礼，到社首山行禅礼：这些人都是接受天命登上帝王之位后才举行封禅活动的。”桓公说：“我北边讨伐了山戎部族，经过了孤竹国；西边讨伐了大夏，经过了流沙，缠束马足钩牢车辆，登上了卑耳山；南边攻伐到了召陵，登上熊耳山来眺望长江、汉水。主持诸侯国之间兵车的会盟有三次，乘车的会盟有六次，总共九次会合诸侯，拯救了天下，诸侯各国没有人违背我的意志。从前夏、商、周三代接受天命，和我现在的情况又有什么差别呢？”

注释　1 葵丘：邑名。在今河南兰考县东北。葵丘之会在公元前651年。2 管仲：名夷吾，字仲，齐桓公之卿。事详《管晏列传》。　3 无怀氏：《史记集解》引服虔曰：“古之王者，在伏羲前，见《庄子》。”　云云：山名，泰山支脉，在梁父山之东。　4 虙(Fú)羲：即伏羲。传说中远古部族首领，相传他教民结网，从事渔业畜牧。　5 神农：传说中远古部族首领，始教民务农业，故称神农。　6 炎帝：传说是神农氏的后代。皇甫谧称他传位八代。　7 亭亭：山名。泰山支脉，在今山东泰安市西。　8 帝俈(Kù)：即帝喾。　9 社首：会稽：山名。在今浙江绍兴市南。本名茅山。《吴越春秋》云“禹巡天下，登茅山，群臣乃大会计，更名茅山为会稽”。也称苗山。　10 社首：山名。在今山东泰安市西南。　11 山戎：亦称北戎。春秋时居于今河北西部太行山脉地带。　孤竹：殷至春秋时国名。在今河北卢龙东南。　12 大夏：古并州晋阳。在今山西太原市西南。　流沙：

在今山西平陆县东。　束马悬车:盖因山势陡险,故缠束马足,钩牢车辆,以防上山时跌滑。　卑耳山:亦作“辟耳山”,在今山西南部中条山西段。**13** 召(shào)陵:地名。在今河南漯河市召陵区。　熊耳山:在今河南西部秦岭东段支脉,主峰名全宝山。　**14** 兵车之会三:《史记索隐》:“案《左传》,三,谓鲁庄十三年(前681)会北杏,平宋乱;僖四年(前656)侵蔡,遂伐楚;六年(前654)伐郑,围新城是也。”　乘车之会六:《史记索隐》:“据《左氏传》云,谓庄十四年(前680)会于鄄,十五年(前679)又会鄄,十六年(前678)盟于幽,僖五年(前655)会于首止,八年(前652)盟于洮,九年(前651)会葵丘也。”　一匡天下:意谓拯救了天下,实指确定了周襄王的继承权。匡,匡扶,匡正。

于是管仲睹桓公不可穷以辞[1],因设之以事,曰:“古之封禅,鄗上之黍,北里之禾,所以为盛;江淮之间,一茅三脊,所以为藉也。[2]东海致比目之鱼,西海致比翼之鸟,然后物有不召而自至者十有五焉。[3]今凤皇麒麟不来,嘉谷不生,而蓬蒿藜莠茂,鸱枭数至,而欲封禅,毋乃不可乎?[4]”于是桓公乃止。是岁,秦缪公内[5]晋

于是管仲看到不可能用言辞来劝阻桓公,因而设想出一些不可能的事情来搪塞他,说:“古代进行封禅,要用鄗山上出产的黍子,北里出产的粟,作为祭祀使用的粮食;用长江、淮河一带所出产的一种秆上有三条棱脊的灵茅,作为铺在地上的垫物。要有东方极远海域捕来的比目鱼,西方极远地方捕的比翼鸟,然后还要有不召而自动到来的奇物十五种。现在凤凰、麒麟没有来到,祥瑞的谷物没有生长,蓬蒿藜莠这些秽草反而生长茂盛,猫头鹰这样的恶鸟飞来了好几次,还想去进行封禅,恐怕不可以吧?”于是齐桓公打消了封禅的念头。这一年,秦穆公把晋国公子夷吾送回晋国为君。此

君夷吾。其后三置晋国之君[6],平其乱。缪公立三十九年而卒。

后他连续三次安置了晋国的国君,平定了晋国的内乱。秦穆公在位三十九年后去世。

注释 1 穷以辞:使之理屈词穷。 2 鄗(hào)上:地名。今地不详。 北里:地名。今地不详。 盛:粢盛。装在祭器中的黍稷。 一茅三脊:《史记集解》引孟康曰:"所谓灵茅也。" 藉(jiè):荐神用的草垫子。 3 比目鱼:即鲽。古时谓此鱼一目,两相合才能游行,江东呼为王余,亦曰版鱼。 比翼鸟:传说此鸟一目一翼,两相比合才能飞,有名叫云蛮,《尔雅》注作鹣鹣。 4 凤皇:即凤凰。传说为祥瑞之鸟,雄曰凤,雌曰凰。 麒麟:传说中的仁兽,雄曰麒,雌曰麟。 蓬(péng)蒿(hāo)藜莠(yǒu):皆为秽恶之草。 鸱枭(chī xiāo):猫头鹰之类。枭,通"鸮"。 5 内:同"纳"。纳入。 6 三置晋国之君:指秦穆公送晋惠公、怀公、文公回国做了国君。

其后百有余年,而孔子论述六蓺,传略言易姓而王,封泰山禅乎梁父者七十余王矣,其俎豆之礼不章,盖难言之。[1]

此后的一百多年,孔子论述六艺,在其经义阐述文字里简略记载了七十多位改朝易姓而称王天下的君王到泰山去行封礼、到达梁父山去行禅礼的情况,但并未记载封禅之时祭祀的礼仪,大概是很难说清楚吧。

或问禘[2]之说,孔子曰:"不知。知禘之说,其于天下也视其掌。"诗云[3]纣在位,文王受命,政不及泰山。武王克殷

有人问禘祭的仪式,孔子说:"不知道。知道禘祭仪式的人,天下的事对他来说就像看自己手掌上的物品一样容易了。"诗中说商纣王还在帝位,文王虽然接受了天命,但其勋业还达不到去泰山行封礼的程度。武王战胜殷商以后两年,天下尚未安定就去世

二年，天下未宁而崩。爰周德之洽维成王，成王之封禅则近之矣。及后陪臣执政，季氏旅于泰山，仲尼讥之。[4]

了。因此周朝恩德的广布是从成王开始，成王去封禅是比较合乎情理的。后来周王室衰微，诸侯国中的权臣执掌政事，于是有鲁国的季孙氏到泰山去举行旅祭之事，孔子因此而讥刺他。

注释　1 六蓺：即儒家六经：《易》《书》《诗》《礼》《乐》《春秋》。后《乐》亡佚，则称五经。　传(zhuàn)：解释儒家经典的文字。　俎(zǔ)豆之礼：指祭祀的礼仪。俎、豆，都是古代祭祀用的器具。　2 禘(dì)：古代祭名。分大禘之祭、殷祭、四时祭三种。大禘之祭是在始祖庙，推寻始祖所出之帝而追祀，并以始祖配祭。殷祭是天子诸侯宗庙五年一次的禘祭，与祫(xiá)祭并举而称殷祭。殷，盛。四时祭是在宗庙举行的夏祭。语见《论语·八佾》。《史记集解》引包氏曰："孔子谓或人言知禘之说者，于天下之事如指视以掌中之物，言其易了。"　3 诗云：《史记志疑》引卢学士曰："说《诗》者以虞、芮质成为文王受命之年，史公所引即此。"诸解以卢为确。　4 陪臣：此指诸侯国的权臣。诸侯对天子称陪臣，诸侯的家臣对诸侯亦称陪臣。　季氏：指鲁国的季孙氏。　旅：《史记集解》引马融曰："旅，祭名。礼，诸侯祭山川在封内者。陪臣祭泰山，非礼也。"

是时苌弘以方事周灵王，诸侯莫朝周，周力少，苌弘乃明鬼神事，设射狸首。[1]狸首者，诸侯之不来者。依物怪欲以致诸侯。诸侯不从，而晋人执杀苌弘。周人

这个时候苌弘用方术侍奉周灵王，诸侯国国君没有谁来朝拜周王，周王室的力量弱小，苌弘就运用鬼神之术，设立用箭射狸首的诅咒活动。狸首就是诸侯中不来朝拜的人。想通过鬼神的力量招来诸侯。诸侯不听从，晋国人捉拿并

之言方怪者自苌弘。

其后百余年，秦灵公作吴阳上畤，祭黄帝；作下畤，祭炎帝。

后四十八年，周太史儋[2]见秦献公曰："秦始与周合，合而离，五百岁当复合，合十七年而霸王出焉。[3]"栎阳雨金，秦献公自以为得金瑞，故作畦畤栎阳[4]而祀白帝。

其后百二十岁而秦灭周，周之九鼎入于秦。[5]或曰宋太丘社亡[6]，而鼎没于泗水彭城下。

其后百一十五年而秦并天下。

杀死了苌弘。周朝人讲鬼神之术是从苌弘开始的。

一百多年后，秦灵公在吴阳建造了上畤，祭祀黄帝；建造了下畤，祭祀炎帝。

又过了四十八年，周朝太史儋见到秦献公的时候说："秦当初是和周合在一起，后来又分离，经过五百年当会重新合在一起，此后十七年将会有霸王出现。"栎阳地方像下雨一样下了金子，秦献公自己认为得到了五行中金的祥瑞，所以在栎阳建造了畦畤来祭祀白帝。

又过了一百二十年，秦国灭亡了周朝，周朝的九鼎转移给了秦国。有人说宋国的太丘社毁弃，有一只鼎沉没在彭城城下的泗水中。

一百一十五年后，秦国统一了天下。

注释 1 苌弘：周大夫，有方术。 狸首：本为逸诗篇名。"诸侯之不来者"，盖为其首句。《史记集解》引徐广曰："狸，一名'不来'。" 2 周太史儋：周朝之太史名儋者。 3 秦始与周合：此指秦、周俱为黄帝之后。 合而离：秦襄公始封为诸侯，为周、秦相离。事在公元前770年。 五百岁当复合：指秦昭襄王五十二年(前255)灭周，合500岁有余。 合十七年而霸王出：自秦昭王灭周，至秦王政九年(前238)，正好17年。 4 栎阳：地名。在今陕西西安市临潼区东北。 畦(qí)畤：祭坛名称。 5 其后：

指周太史儋见秦献公之后。 九鼎:相传为夏禹所铸之传国宝鼎,象征拥有九州。 6 亡:毁弃,湮灭。

秦始皇既并天下而帝,或曰:“黄帝得土德,黄龙地螾[1]见。夏得木德,青龙止于郊,草木畅茂。殷得金德,银自山溢[2]。周得火德,有赤乌之符[3]。今秦变周,水德之时。昔秦文公出猎,获黑龙,此其水德之瑞。”于是秦更命河曰德水,以冬十月为年首,色上黑,度以六为名,音上大吕,事统上法。[4]

秦始皇统一天下而称帝后,有人说:“黄帝得到土德,所以有黄色的龙和特大蚯蚓出现。夏代得到木德,青色的龙栖息在郊野,草木茁壮繁茂。殷代得到金德,白银从山地溢出。周代得到火德,有赤乌状天火符瑞出现。现在秦取代了周朝,正是属于水德的时候。从前秦文公外出狩猎,捕获一条黑龙,这就是水德的祥瑞。”于是秦朝把黄河改名叫德水,规定冬季十月为岁首,崇尚黑色,以六为器物的单位,音律崇尚大吕,国家政事统统崇尚法治。

注释 1 地螾(yǐn):大蚯蚓。螾,同“蚓”。《史记集解》引韦昭曰:“黄者地色,螾亦地物,故以为瑞。” 2 溢:流出。 3 赤乌之符:《史记索隐》:“《中候》及《吕氏春秋》皆云‘有火自天止于王屋,流为赤乌,五至,以谷俱来’。” 4 以六为名:《史记正义》引张晏云:“水,北方,黑。水终数六,故以方六寸为符,六尺为步。” 音:音律。 大吕:十二律之一。 上法:崇尚法令。上,通“尚”。

即帝位三年,东巡郡县,祠驺峄山[1],颂秦

登上帝位的第三年,往东去巡察郡县,在驺峄山祭祀,称颂秦国的功

功业。于是征从齐、鲁之儒生博士七十人，至乎泰山下。诸儒生或议曰："古者封禅为蒲车，恶伤山之土石草木；埽地而祭，席用菹秸，言其易遵也。[2]"始皇闻此议各乖异，难施用，由此绌[3]儒生。而遂除车道，上自泰山阳至巅，立石颂秦始皇帝德，明其得封也。[4]从阴道下，禅于梁父。其礼颇采太祝[5]之祀雍上帝所用，而封藏皆秘之，世不得而记也。

业。于是从原先的齐国、鲁国地区，征集了信奉孔子学说的儒生和通晓古今的博士七十人跟从着他，到达了泰山脚下。这些儒生中有人议论说："古时候举行封禅活动使用的是用蒲草裹着车轮的车子，担心硬车轮会伤害山上的土石草木；扫干净地面就可以举行祭祀，只用枯草或农作物茎秆就可以做垫席，这说明后人很容易遵照实行。"秦始皇听到这些议论相互矛盾，很难采用，于是就贬黜了这些儒生。他决定修筑行车大道，从泰山的南面一直往上修到山顶，竖立石碑刻字歌颂自己的德行，表明他是有资格举行封礼的。从泰山北面下来，在梁父山举行禅礼。秦始皇封禅的礼仪大略采用太祝官在雍邑祭祀上帝时所用过的一套仪式，但具体情况都封藏起来秘不示人，因此世人不知详情而未能记载。

始皇之上泰山，中阪[6]遇暴风雨，休于大树下。诸儒生既绌，不得与[7]用于封事之礼，闻始皇遇风雨，则讥之。

始皇帝上泰山的时候，中途遇到了暴风雨，就停在一棵大树下面休息。诸儒已经被贬黜，就不能参加在泰山顶祭天的典礼，听到始皇帝遇到了风雨，就讥刺他。

注释　1 驺峄山：驺县之峄山。在今山东邹城市。　2 蒲车：以蒲草裹车轮之车。　埽(sǎo)：同"扫"。　菹(zū)秸：用茅草或禾秸编成的席子。

菹，枯草。 3 绌：通“黜”，贬黜。 4 除：修筑。 阳：山南曰阳，北曰阴。 5 太祝：官名。掌祭祀之事。 6 中阪：山坡中段。 7 与(yù)：参与。

于是始皇遂东游海上，行礼祠名山大川及八神，求仙人羡门之属。[1]八神将自古而有之，或曰太公[2]以来作之。齐所以为齐，以天齐[3]也。其祀绝，莫知起时。八神：一曰天主，祠天齐。天齐渊水，居临菑南郊山下者。[4]二曰地主，祠泰山梁父。盖天好阴，祠之必于高山之下，小山之上，命曰畤；地贵阳，祭之必于泽中圜丘云。[5]三曰兵主，祠蚩尤[6]。蚩尤在东平陆监乡[7]，齐之西境也。四曰阴主，祠三山[8]。五曰阳主，祠之罘[9]。六曰月主，祠之莱山[10]。皆在齐北，並[11]

于是始皇帝就继续往东到海边游览，举行典礼祭祀名山大川和八神，寻求如羡门高一类的仙人。八神是自古以来就有的，有人说是太公望以后才有的。齐国之所以被称为齐，就是因为它正对着天的肚脐。对天齐的祭祀已经断绝，谁也不知道是什么时候断绝的。八神的名称：第一位叫天主，在天齐祭祀它。天齐是泉水的名称，位于临淄城南郊山下。第二位叫地主，在泰山脚下的梁父山祭祀它。大约天神喜好阴，祭祀它一定要在高山的下面，小山的上头，神祠称为畤；地神喜好阳，祭祀地神一定要在水泽当中的圆形高丘上。第三位叫兵主，在蚩尤山祭祀它。蚩尤山在东平郡的陆监乡，为齐国的西部边境地区。第四位叫阴主，在参山祭祀它。第五位叫阳主，在之罘山祭祀它。第六位叫月主，在莱山祭祀它。参山、之罘山、莱山都在齐国北部，靠近渤海。第七位叫日主，在成山祭祀它。成山山势陡峭延伸入海，处在齐国的最东北角，因而是最先迎勃海。七曰日主，祠成山[12]。成山斗[13]入海，最居齐东北隅，以迎日出云。八曰四时主，祠琅邪[14]。琅邪在齐东方，盖岁之所始。皆各用一牢具祠，而巫祝所损益，珪币杂异焉。[15]

接日出的地方。第八位叫四时主，在琅邪山祭祀它。琅邪山在齐国的东方，大约是表示一年开始的地方。八神都用一套盛在器皿中的牛、羊、猪来祭祀，但是各个祠庙中主持祭礼的人对祭品会有增减，祭祀用的玉帛等物也各有不同。

注释 1 祠：祭祀。 羡门：古时仙人，名高。 2 太公：太公尚吕望，齐之开国国君。 3 天齐：《史记集解》引苏林曰："当天中央齐。"齐，通"脐"。 4 渊水：泉水。 临菑：又称"临淄""临甾"。因城临菑（淄）水得名。在今山东淄博市东北。 5 畤(zhì)：祭天地及古代帝王的处所。 圜丘：圆形高丘。 6 蚩(chī)尤：传说中与黄帝同时的部族首领之一，好杀伐，为黄帝所败。后人崇为兵主。 7 监(kàn)乡：乡名，一作"阚乡"。《史记索隐》引《皇览》云："蚩尤冢在东平郡寿张县阚乡城中。" 8 三山：即参山。汉时在东莱郡曲成县境。在今山东莱州市北渤海南岸。
9 之罘(fú)：山名。汉时在东莱郡育犁县东北。在今山东烟台市北。
10 莱山：山名。汉时在琅邪郡长广县西北。在今山东莱阳市北。
11 並(bàng)：通"傍"，挨着。 12 成山：山名。汉时在东莱郡不夜县东北。在今山东半岛之最东角。 13 斗：通"陡"，陡峭。 14 琅邪：山名。在今山东青岛市黄岛区。 15 巫祝：掌管祭祀之人。 损益：增减。 珪币：祭祀用的玉、帛。

自齐威、宣之时，驺子[1]之徒论著终始五德之运，及秦帝而齐人奏

从齐国威王、宣王的时候起，驺衍这一类人著书立说讲金、木、水、火、土五德终始之运，等到秦国成就帝业，就

之,故始皇采用之。而宋毋忌、正伯侨、充尚、羡门高最后皆燕人,为方仙道,形解销化,依于鬼神之事。[2]驺衍以阴阳主运[3]显于诸侯,而燕齐海上之方士传其术不能通,然则怪迂阿谀苟合之徒自此兴,不可胜数也。

有齐国人奏上这种学说,始皇帝于是就采用了。而宋毋忌、正伯侨、充尚、羡门高都是些燕国人,羡慕并且仿效古人的神仙之道,声称人老死后,精神可以解脱形体,羽化登仙,所依据的是有关鬼神的一些故事。驺衍用阴阳交替可以主宰王朝命运的学说在诸侯各国显名,燕国、齐国一带近海地区的方术之士传授他的主张而不能捞得功名富贵,于是一批靠奇谈怪论迎合帝王所好的人就冒出来,这种人多得数也数不清。

注释　1 驺子:指驺衍,创五德终始说。　2 方:通“仿”,效法。《史记集解》引韦昭曰:“皆慕古人名效神仙者。”　形解销化:指修炼成仙以后,会摆脱自己的形体,飞身化去。　3 阴阳主运:驺子著有《主运》,以阴阳五行的变化解释王朝更替。

自威、宣、燕昭使人入海求蓬莱、方丈、瀛洲[1]。此三神山者,其传[2]在勃海中,去人不远;患且至,则船风引而去。盖尝有至者,诸仙人及不死之药皆在焉。其物禽兽尽白,而黄金银为宫阙。未至,望之如云;及到,三神山反居水

从齐国威王、宣王、燕昭王开始,就不断派人到海上去寻找神仙居住的蓬莱、方丈、瀛洲三座山。这三座神山,传说是在渤海中,离人的聚居地不太远;可是只要寻找神山的船靠近那里,就会有风把来船牵引到别处去。大约有人曾到过这里,各种仙人和长生不死之药都在这里。这个地方的禽兽等生物都是白色的,而宫阙都是用黄金白银建

下。临之,风辄引去,终莫能至云。世主莫不甘心[3]焉。及至秦始皇并天下,至海上,则方士言之不可胜数。始皇自以为至海上而恐不及矣,使人乃赍[4]童男女入海求之。船交海中,皆以风为解,曰未能至,望见之焉。[5]其明年,始皇复游海上,至琅邪,过恒山,从上党[6]归。后三年,游碣石,考入海方士,从上郡归。[7]后五年,始皇南至湘山[8],遂登会稽,並海上,冀遇海中三神山之奇药。不得,还至沙丘[9]崩。

造的。人们还未到达的时候,远远地望见好像一簇云;等到人们到达了,这三座神山反倒沉入水底。快要临近这三座神山,风就会把你吹走,最终也没有谁能够到达神山。历代国君都对此念念不忘。等到秦始皇统一了天下,巡视到了海上,来讲述这件事的方士不可胜数。始皇帝思量自己去了恐怕到不了神山上,于是就派人携带些童男童女到海上去寻找。船进入大海当中,这些人都以有风作为借口,说没有能够到达,只是望见了而已。第二年,始皇帝再次巡游海上,到了琅邪山,经过恒山,从上党郡回来。三年后,又巡游碣石山,查问了到过海上的方士,从上郡回来。五年后,始皇帝南巡到了湘山,接着登上了会稽山,乘船沿着海岸北上,希望能够遇见海中的三座神山及那里所产的长生不死之药。但他什么也没得到,返回咸阳的途中死于沙丘。

注释 1 蓬莱、方丈、瀛洲:传说为海中的三座仙山。 2 传:传说,相传。 3 甘心:心中特别羡慕。 4 赍(jī):携带。 5 交:往来相错。 解:解脱责任。《史记索隐》引顾野王云:“皆自解说,遇风不至也。” 6 上党:郡名。治所长子,在今山西长子县西南。 7 碣石:山名。在今河北昌黎县北。 考:考校,查问。 上郡:郡名。治所肤施,在今陕西榆林市东南。

8 湘山：一名君山。又名洞庭山。在今湖南岳阳市西之洞庭湖中。
9 沙丘：又称沙丘平台，秦属钜鹿郡。在今河北广宗县西北。

二世元年，东巡碣石，并海南，历泰山，至会稽，皆礼祠之，而刻勒始皇所立石书旁，以章[1]始皇之功德。其秋，诸侯畔秦。三年而二世弑死。

始皇封禅之后十二岁，秦亡。诸儒生疾秦焚《诗》《书》，诛僇文学，百姓怨其法，天下畔之，皆讹曰："始皇上泰山，为暴风雨所击，不得封禅。[2]"此岂所谓无其德而用事者邪？

秦二世元年，东巡至碣石山，沿着海岸往南，经过泰山，到了会稽山，都按礼仪对之祭祀，又在秦始皇所立的石碑文字旁边进行刻字，来表彰秦始皇的功德。这年秋天，各地诸侯背叛秦朝。三年，秦二世就被杀死。

秦始皇进行封禅活动以后的第十二年，秦朝灭亡。儒生们痛恨秦朝焚毁《诗》《书》，诛杀文学之士，百姓们怨恨秦朝的酷法，天下于是背叛秦朝，人们都谣传说："秦始皇上泰山的时候，被暴风雨袭击，没有能够举行封禅典礼。"这难道不是所说的没有得到上天的符瑞而去封禅的情况吗？

注释 1 章：表彰。《史记新证》直按：峄山、泰山、之罘、琅邪台，诸刻石后段，皆刻有二世制诏。所奇者每石皆有余空，若似预留为后代补刻者。 2 疾：痛恨。 僇(lù)：通"戮"，杀戮。 文学：指文学之士。 讹：讹传，谣传。

昔三代之居皆在河洛之间，故嵩高为中岳，而四岳各如其方，四渎咸

从前夏、商、周三代居住在黄河、洛河一带，所以嵩高山被称为中岳，而四岳各按其所在方位命名，四条大

在山东。[1]至秦称帝，都咸阳，则五岳、四渎皆并在东方。自五帝以至秦，轶[2]兴轶衰，名山大川或在诸侯，或在天子，其礼损益世殊，不可胜记。及秦并天下，令祠官所常奉天地名山大川鬼神可得而序[3]也。

于是自殽以东，名山五，大川祠二。曰太室。太室，嵩高也。恒山，泰山，会稽，湘山。水曰济，曰淮。春以脯酒为岁祠，因泮冻，秋涸冻，冬塞祷祠。[4]其牲用牛犊各一，牢具珪币各异。

河都在崤山以东。到了秦国称帝，建都在咸阳，那么五岳、四条大河就都一并在东方。从五帝以来一直到秦朝，时而兴时而衰，名山大川有时在诸侯的控制下，有时在天子的控制下，对它们祭祀的礼仪有增有减，各个时代都不相同，不能将其一一记下来。等到秦国统一了天下，命令祠官将经常奉祭的天地名山大川鬼神按次序记载下来。

于是从崤山往东，名山有五座，要祭祀的大川有两条。五座名山之一为太室。太室，就是嵩高山。还有恒山，泰山，会稽山，湘山。两条大川指济水、淮水。春季是在河水解冻的时候用干肉、酒进行祭祀，秋季是在河水干枯快要冰冻时进行祭祀，冬季为酬报神灵的保佑而进行祭祀。各个季节祭祀的时候都用一头小牛当作牺牲，盛装供品的器皿以及玉帛等物各自有所不同。

注释　1 洛：洛水。《史记正义》云，夏先后都阳城、平阳、安邑、晋阳；殷先后都亳、偃师、河北；周先后都酆、鄗、河南，三代之居皆在河洛之间也。　山东：崤山与函谷关以东。　2 轶(dié)：通“迭”，更迭。　3 序：有次序地记载。　4 脯(fǔ)：干肉。　泮(pàn)冻：解冻。　涸(hù)冻：冻结。涸，通“冱”，冻结。　塞：古时祭祀酬神之称。《史记索隐》：“与‘赛’同。赛，今报神福也。”

自华以西，名山七，名川四。曰华山，薄山。薄山者，衰山[1]也。岳山，岐山，吴岳，鸿冢，渎山。渎山，蜀之汶山。[2]水曰河，祠临晋；沔，祠汉中；湫渊，祠朝䢵；江水，祠蜀。[3]亦春秋泮涸祷塞，如东方名山川，而牲牛犊牢具珪币各异。而四大冢鸿、岐、吴、岳，皆有尝禾。[4]

从华山往西，名山有七座，名川有四条。名山有华山，薄山。薄山，就是衰山。还有岳山，岐山，吴岳，鸿冢，渎山。渎山，就是蜀郡的岷山。水道有黄河，在临晋祭祀；沔水，在汉中祭祀；湫渊，在朝那祭祀；长江，在蜀郡治所祭祀。也是在春季解冻、秋季封冻时祭祀，并在冬季酬报神灵的保佑，和祭祀东方的名山川是一样的，而牺牲用的小牛、盛装供品用的器皿以及玉帛等物各自有所不同。四座高大的山鸿冢、岐山、吴岳、岳山，都有用新谷当作祭品的尝祭。

注释　1 衰山：又名首阳山、条山等。在今山西永济市南。　2 岳山：在今陕西武功县境。　岐山：在今陕西岐山县东北。　吴岳：即吴山。在今陕西陇县南。　鸿冢：山名。在今陕西凤翔县东。　汶山：即岷山。在今四川省境。　3 临晋：县名。在今陕西大荔县东。　沔(miǎn)：水名。汉水上游。　汉中：郡名。治所西城，在今陕西安康市西。　湫(jiǎo)渊：湖名。在今宁夏固原市。　朝䢵(zhū nuó)：即“朝那”，县名。在今宁夏固原市东南。　4 冢：谓高山。山顶曰冢。　尝禾：以新谷祭祀。尝，秋祭名。

陈宝节[1]来祠。其河加有尝醪[2]。此皆在雍州之域，近天子之都，故加车一乘，骝驹四。

陈宝祠的神灵应节而来享受祭祀。对黄河的祭祀增加了用浊酒当作祭品的尝祭。这两处都在雍州的地域范围内，接近天子所在的都城，霸、产、长水、沣、涝、泾、渭皆非大川，以近咸阳，尽得比山川祠，而无诸加。3

所以祭品要加车一乘，四匹赤身黑鬣的少壮马。

灞水、浐水、长水、沣水、涝水、泾水、渭水都不属大川，因为它们接近咸阳，都要按照祭祀山川之神的规格祭祀，但是祭品中没有车马一类的附加物。

汧、洛二渊，鸣泽、蒲山、岳嵋山之属，为小山川，亦皆岁祷塞泮涸祠，礼不必同。4

汧、洛二水，鸣泽、蒲山、岳崤山之类，是小的山川，也都在解冻、封冻时进行祭祀，在冬天举行酬报神灵的祭祀，礼仪规格不一定相同。

注释 1 节：时节。 2 醪（láo）：酒酿，这里指浊酒。 3 霸：即灞水。又名蓝谷水。在今陕西西安市东入渭水。 产：即浐水。流经蓝田县南部，汇入灞水。 长水：水名。《水经》云“长水出白鹿原”，后称荆溪水。在灞、浐二水之间。 沣：即沣水。源出陕西秦岭，北流至西安市西北入渭水。 涝：即涝水。源出陕西秦岭，北流入渭。 泾：水名。源出宁夏固原市南六盘山，东南流至陕西西安市高陵区入渭水。 渭：水名。黄河支流。 4 汧（qiān）：水名。源于六盘山脉南部，东南流至今陕西宝鸡市入渭水。 洛：水名。源于今陕西北部白于山，南流入渭。 鸣泽：泽名。蒲山、岳嵋山：二山名。具体地址不详。

而雍有日、月、参、辰、南北斗、荧惑、太白、岁星、填星、辰星、二十八宿、风伯、雨师、四海、九臣、十四臣、诸布、诸严、诸逑之属，

而雍州有日、月、参宿、心宿、南斗北斗、火星荧惑、金星太白、木星岁星、土星填星、水星辰星、二十八宿、风神风伯、雨神雨师、四海之神、九皇之臣、六十四民之臣、各个祭星之处、各个庄神、各个遂神之类，有

百有余庙。[1]西[2]亦有数十祠。于湖[3]有周天子祠。于下邽[4]有天神。沣、滈有昭明、天子辟池。[5]于杜、亳有三杜主之祠、寿星祠;而雍菅庙亦有杜主。[6]杜主,故周之右将军,其在秦中,最小鬼之神者。[7]各以岁时奉祠。

一百多座庙。秦的旧都西县也有几十座祠庙。在湖县有周天子祠。在下邽县有天神庙。沣水、滈水有火星昭明庙、天子辟池。在杜县的亳亭有三座杜主祠、寿星祠;雍县的茅草庙也有供奉杜主的。杜主,是从前周宣王的大夫杜伯右将军,他在秦中地区属于最灵验的小神。各个祠庙每年都按一定的时节奉行祭祀。

注释 1 九臣:九皇之臣。 十四臣:系“六十四臣”之脱误。六十四臣,即六十四民之臣。九皇之臣、六十四民之臣,汉时曾列祀典。 诸布:祭星曰布。或指祭星之处。 诸严:当为“诸庄”,后人避汉明帝讳改。庄,四通八达的道路。此指路神。 诸逑:《汉志》作“诸遂”,是。遂,田间小路。此指路神。 2 西:即西县。在今甘肃天水市西南。 3 湖:即湖县。在今河南灵宝市西。 4 下邽(guī):县名。在今陕西渭南市东北。
5 滈(hào):水名,唐后因其源镐池涸废而绝。在今陕西西安市西。 昭明:火星别名。 辟池:周天子辟雍之故地。 6 杜:县名。在今陕西西安市东南。 亳(bó):亭名。在杜县境内。 寿星:南极老人星。《史记索隐》:“见则天下理安,故祠之以祈福寿。”又《史记正义》:“角、亢在辰为寿星。三月之时,万物始生建,于春气布养,各尽其性,不罹灾夭,故寿。” 雍:县名。在今陕西凤翔县南。 菅(jiān):茅草。
7 杜主:即杜伯,周宣王之大夫,无罪被杀,人以为神,因曾封于杜地,故名。 秦中:地区名。今陕西中部。

唯雍四畤[1]上帝为尊，其光景动人民唯陈宝。故雍四畤，春以为岁祷，因泮冻，秋涸冻，冬塞祠，五月尝驹，及四仲之月，祠若月祠陈宝节来一祠。[2]春夏用骍，秋冬用騂。[3]畤驹四匹，木禺龙栾车一驷，木禺车马一驷，各如其帝色。[4]黄犊羔各四，珪币各有数，皆生瘗埋，无俎豆之具。[5]三年一郊。秦以冬十月为岁首，故常以十月上宿郊见，通权火，拜于咸阳之旁，而衣上白，其用如经祠云。[6]西畤、畦畤，祠如其故，上不亲往。

诸此祠皆太祝常主，以岁时奉祠之。至如他名山川诸鬼及八神之属，上过则祠，去则已。郡县远方神祠者，

只有雍县用四畤祭祀，是因为上帝最尊贵，祭祀的光景能感动人民的只有陈宝。过去雍县四畤的祭祀，春季解冻时祭祀祈求岁丰，秋天在将要封冻时进行祭祀，冬季为酬报神灵进行祭祀，五月用少壮的马当祭品举行尝祭，四季的仲月举行月祭，至于陈宝，应在节前来祭祀一次。春夏季用赤色马祭祀，秋冬季用赤身黑鬣的马祭祀。四畤祭祀用少壮马四匹，四匹木头雕的龙驾着的有铃车一辆，四条木头雕的马驾着的车一辆，各自采用和所祭祀的青、黄、赤、白四帝相同的颜色。黄色小牛、小羊各四只，玉帛各有一定的数量，都用活埋的方式，没有俎豆等盛装祭品的器具。三年一次郊祭。秦朝用冬季十月作为一年的首月，所以皇上常在十月斋戒后郊祭，那时咸阳至雍县通举烽火，皇上在咸阳城的旁边跪拜，所穿的衣着崇尚白色，所用的祭祀仪式和平常祭祀相同。西畤、畦畤，祭祀和过去一样，皇上不亲自前往。

这些祠庙平常都由太祝官负责主持，每年按时供奉祭祀它们。至于其他名山、名川、各种鬼物和八神之类，皇上经过的时候就加以祭祀，离去了就作罢。郡县边远地方的神需要祭祀的，由

民各自奉祠，不领[7]于天子之祝官。祝官有秘祝，即有灾祥，辄祝祠移过于下。[8]

当地民众各自供奉祭祀，不归天子的祝官负责。祝官中有秘祝官，如果出现了灾异，秘祝官就举行祭祀祈祷把过错和灾祸转移给臣民。

注释 1 四畤：指鄜畤、密畤、吴阳上畤、下畤，分别祭白、青、黄、赤帝。2 尝驹：用少壮的骏马祭。 及四仲之月，祠若月祠陈宝节来一祠：《史记志疑》："《汉书》云'四仲之月月祠，若陈宝节来一祠'。此当衍上'祠'字，而移'若'字于'陈宝'上。传写伪耳。" 3 骍(xīng)：赤色马。 駵(liú)：亦作"骝"，赤身黑鬣马。 4 木禺(ǒu)龙：木制的龙。禺，通"偶"。 栾车：有铃的车。栾，通"銮"，指古代帝王车驾所用之铃。 一驷：一车套四马。5 羔：小羊。 瘗(yì)：埋葬。 6 宿：斋戒。 权火：祭祀时所举的燎火。《史记集解》引张晏曰："权火，烽火也，状若井絜皋矣。其法类称，故谓之权。欲令光明远照通祀所也。汉祠五畤于雍，五里一烽火。" 经：常。7 领：纳入，归属。 8 秘祝：官名。为帝王祈祷而移过于臣下及百姓。 灾祥：偏义复词，义在灾。

汉兴，高祖之微[1]时，尝杀大蛇。有物[2]曰："蛇，白帝子也，而杀者赤帝子。"高祖初起，祷丰枌榆社[3]。徇沛，为沛公，则祠蚩尤，衅[4]鼓旗。遂以十月至灞上[5]，与诸侯平咸阳，立为汉王。因以十月为年首，而色上赤。

汉朝兴起，高祖在贫贱之时，曾经斩杀过大蛇。有鬼物说："蛇，是白帝的儿子，而杀它的是赤帝的儿子。"高祖刚刚起事，祷告了丰邑枌榆乡的土地神。攻下沛地，成了沛公，就祭祀蚩尤，杀牲涂血染了鼓旗。于是在十月到了灞上，和共同起事的诸侯平定了咸阳，被封为汉王。因此以十月为一年的首月，而崇尚赤色。

注释　1 微：低贱。　2 物：指所杀白蛇之母所化之鬼物。　3 丰枌榆社：刘邦故里丰邑枌榆乡之土地神。　4 衅：如钟鼓等新成，杀牲以祭，并用其血涂缝隙叫“衅”。　5 灞上：地名。在今陕西西安市东。

二年，东击项籍[1]而还入关，问：“故秦时上帝祠何帝也？”对曰：“四帝，有白、青、黄、赤帝之祠。”高祖曰：“吾闻天有五帝，而有四，何也？”莫知其说。于是高祖曰：“吾知之矣，乃待我而具五也。”乃立黑帝祠，命曰北畤。有司进祠，上不亲往。悉召故秦祝官，复置太祝、太宰[2]，如其故仪礼。因令县为公社[3]。下诏曰：“吾甚重祠而敬祭。今上帝之祭及山川诸神当祠者，各以其时礼祠之如故。”

二年，高祖往东攻打项羽后进入关中，就问：“从前秦朝祭祀上帝祭的是哪一帝？”回答说：“有白帝、青帝、黄帝、赤帝四帝的祭祀。”高祖说：“我听说上天有五帝，而祭祀的只有四个，为什么呢？”没有谁知道其中的道理。于是高祖就说：“我明白了，是等待着我来使五帝完备。”于是建立起黑帝的祭坛，取名叫北畤。由负责官吏前去祭祀，高祖不亲自前往。把过去秦朝的祝官都召集起来，重新设置太祝、太宰，采用秦时的仪式礼制。又命令各县建立祭祀天地鬼神的社庙。高祖下诏说：“我特别重视神祠并主张恭敬祭祀。现在对上帝的祭祀和山川神灵应当祭祀的，要各按时令，以秦时的礼仪进行祭祀。”

注释　1 项籍：即项羽。　2 太宰：官名。掌祭祀供享。　3 公社：官家社庙。

后四岁，天下已定，诏御史[1]，令丰谨治枌榆社，常以四时，春以羊、彘祠之。令祝官立蚩尤之祠于长安。长安置祠祝官、女巫。其梁巫[2]，祠天、地、天社、天水、房中、堂上之属；晋巫祠五帝、东君、云中、司命、巫社、巫祠、族人、先炊之属；[3]秦巫祠社主[4]、巫保、族累之属；荆巫祠堂下、巫先、司命、施糜之属；[5]九天巫祠九天[6]：皆以岁时祠宫中。其河巫祠河于临晋，而南山、巫祠南山、秦中。秦中者，二世皇帝[7]。各有时日。

四年后，天下已经平定，高祖诏告御史，命令丰邑恭谨地养护枌榆社，四时常祭，春季要用羊、猪加以祭祀。命令祝官在长安设立对蚩尤的祭祀。在长安设置负责祭祀的祝官、女巫。令梁地的巫祝负责祭祀天、地、天社、天水、房中、堂上一类的神灵；晋地的巫祝负责祭祀五帝、东君、云中君、司命、巫社、巫祠、族人、先炊一类的神灵；秦地的巫祝负责祭祀杜主、巫保、族累一类的神灵；荆地的巫祝负责祭祀堂下、巫先、司命、施糜一类的神灵；名叫九天的巫祝负责祭祀九天之神：这些都是每年按时在宫中祭祀。还有照管黄河的巫祝负责在临晋祭祀黄河，照管南山的巫祝负责祭祀南山和秦中。秦中，就是秦二世皇帝。上述各有规定的祭祀时日。

注释　1 御史：当为御史大夫之简称。　2 梁巫：《史记集解》引文颖曰："范氏世仕于晋，故祠祝有晋巫。范会支庶留秦为刘氏，故有秦巫。刘氏随魏都大梁，故有梁巫。后徙丰，丰属荆，故有荆巫。"　3 东君：指日神。　云中：即云中君，指云神。　先炊：古炊母神。　4 社主：《史记志疑》："'社'乃'杜'之误，即上文杜主。"　5 巫先：《史记索隐》："谓古巫之先有灵者，盖巫咸之类也。"　施糜：《史记索隐》引郑氏云："主施糜粥之神。"　6 九天：《史记索隐》引《淮南子》云："中央曰钧天，东方曰苍天，东北旻天，北方玄天,西北幽天,西方皓天,西南朱天,南方炎天,东南阳天。” **7** 二世皇帝:张晏曰:“以其强死,魂魄为厉,故祠之。成帝时匡衡奏罢之。”

其后二岁,或曰周兴而邑邰,立后稷之祠,至今血食天下。[1] 于是高祖制诏御史:“其令郡国县立灵星祠[2],常以岁时祠以牛。”

两年后,有人说周朝建立后就在邰地建造城邑,设立了后稷祠,至今其始祖仍能享受天下人的祭祀。于是高祖颁制书诏告御史:“你们要下令郡国各县建立灵星祠,每年按时用牛去祭祀后稷神。”

高祖十年春,有司请令县常以春三月及时腊祠社稷以羊豕,民里社各自财以祠。[3] 制曰:“可。”

高祖十年春天,有司请求下令各县应经常在春季二月和腊月用羊、猪祭祀土地神和谷神,民间的里社各自根据当地实际情况来祭祀。制书批复说:“可以。”

注释 **1** 邰(tái):邑名。在今陕西武功县西南。 血食:谓享杀牲之祭祀。 **2** 灵星祠:《史记集解》引张晏曰:“龙星左角曰天田,则农祥也,晨见而祭。”《史记正义》引《汉旧仪》云:“五年,修复周家旧祠,祀后稷于东南,为民祈农报厥功。” **3** 春三月及时腊:“三月”当作“二月”,“时”为衍字。参见王念孙《读书杂志·史记第二》。 财:通“裁”。《史记会注考证》:“《汉志》正作‘裁’。颜师古曰:‘随其祠具之丰俭也。’”

其后十八年,孝文帝即位[1]。即位十三年,下诏曰:“今秘祝移过于下,朕甚不

十八年后,孝文帝即位。文帝十三年,下诏说:“现在秘祝官每逢灾异出现总是祈祷把过错转移给臣民,朕认为此法不可取。从今以后加以废除。”

最初名山大川在各诸侯国境地,诸侯

取。自今除之。”

始名山大川在诸侯，诸侯祝各自奉祠，天子官不领。及齐、淮南国废，令太祝尽以岁时致礼如故。[2]

是岁，制曰：“朕即位十三年于今，赖宗庙之灵，社稷之福，方内艾安，民人靡疾。[3]间者比年登，朕之不德，何以飨此？皆上帝诸神之赐也。[4]盖闻古者飨其德必报其功，欲有增诸神祠。有司议增雍五畤路车各一乘，驾被具；西畤、畦畤禺车各一乘，禺马四匹，驾被具；其河、湫、汉水加玉各二；及诸祠各增广坛场，珪币俎豆以差加之。[5]而祝禧[6]者归福于朕，百姓不与焉。自今祝致敬，毋有所祈。”

国的祝官各自负责供奉祭祀，不归天子的太祝官统领。等到齐国、淮南国被废除，文帝就命令太祝官统领齐国、淮南国内对名山大川的祭祀事务，每岁依照旧例举行祭礼。

这一年，文帝颁布诏书说：“朕即位十三年来，依赖宗庙的神灵，社稷的福佑，天下太平无事，民众没有痛苦。近年来连年丰收，我没有好的德行，怎么能享受这样的福份呢？这都是上帝和各种神灵的恩赐。听说古代享受了神灵的福德一定要报答神灵，朕想增加对各种神灵祭祀的祭品。有司议定：雍邑五畤各增加一乘路车，驾车披马的装饰全都完备；西畤、畦畤各增加用木头雕的车一乘，木头雕的马四匹，驾车披马的装饰全都完备；祭祀黄河、湫渊、汉水各增加玉璧二枚；各种祠庙，分别拓宽它们的坛场，玉帛和祭品盛器等也各按等差增加。之前祈求福佑的都把福佑归给朕，百姓们没有份。从现在起祝官只是表达对神灵的敬意，不要再为朕有所祈求。”

注释　1 孝文帝即位：在公元前179年。孝文帝，即汉文帝刘恒，谥号孝文皇帝。　2 齐：汉初封高帝长子刘肥为齐王，再传至刘则，无后国除。

齐有泰山。 淮南：汉初封高帝少子刘长为淮南王，后因谋反国除。淮南有天柱山。 3 艾(yì)安：太平安定。艾，同“乂”，治理，安定。 靡：无。 4 登：丰收。 飨(xiǎng)：通“享”，享受。 5 路车：亦作“辂车”。天子或诸侯乘坐之车。 驾被具：驾车披马的装饰全具。被，通“披”。 增广：拓宽。 差(cī)：等级。 6 禧：福。

鲁人公孙臣上书曰[1]：“始秦得水德，今汉受之，推终始传，则汉当土德，土德之应黄龙见。宜改正朔，易服色，色上黄。”是时丞相张苍好律历，以为汉乃水德之始，故河决金堤，其符也。[2]年始冬十月，色外黑内赤[3]，与德相应。如公孙臣言，非也。罢之。后三岁，黄龙见成纪[4]。文帝乃召公孙臣，拜为博士，与诸生草[5]改历服色事。其夏，下诏曰：“异物之神见于成纪，无害于民，岁以有年。朕祈郊上帝诸神，礼官议，无讳[6]以劳朕。”有司皆曰：“古者天子夏亲郊，祀上

鲁国人公孙臣上书说：“当初秦朝得到水德，现在汉朝取代秦朝，按五德终始来推算，汉朝应为土德，土德的应验是黄龙显现。应该改变正朔制度，更换服装和饰物的颜色，要崇尚黄色。”当时的丞相张苍长于律数历法，他认为汉朝的建立是水德的开始，黄河在金堤决口，就是它的符应。一年从冬季十月开始，颜色是外黑内赤，和水德正好相应。公孙臣的说法是不对的。文帝未听从公孙臣的主张。三年后，黄龙显现在成纪。文帝于是召见公孙臣，拜他做博士，让他和其他的儒生草拟改变历法和服饰崇尚颜色等事宜。这年夏天，文帝下诏说：“有奇异的神灵在成纪显现，对民众没有危害，年岁反而有好的收成。朕想郊祭上帝和各种神灵，礼官们商量一下，要直言不讳地把建议告诉朕而不要怕烦劳朕。”官员们都说：“古时候天子夏季亲自参加郊

帝于郊，故曰郊。”于是夏四月，文帝始郊见雍五畤，祠衣皆上赤。

祭，在郊外祭祀上帝，所以叫作郊祭。”于是在夏季四月，文帝第一次在郊野祭祀雍邑五畤，祭祀的衣着都崇尚赤色。

注释 1 鲁：指春秋时属鲁的地区。 公孙臣：鲁地方士。姓公孙，名臣。 2 改正朔：谓改用新的历法。正，一年的开始。朔，一月的开始。 张苍：精通律历，历任御史大夫。主张汉为水德，后见黜。 金堤：汉时东郡一带黄河的石堤。金，意指非常坚固。 3 色外黑内赤：《史记集解》引服虔曰：“十月阴气在外，故外黑；阳气尚伏在地，故内赤。” 4 成纪：县名。在今甘肃静宁县西南。 5 草：草拟，初创。 6 讳：忌难，隐讳。

其明年，赵人新垣平以望气见上，言“长安东北有神气，成五采，若人冠絻焉。[1]或曰东北神明之舍，西方神明之墓也。天瑞[2]下，宜立祠上帝，以合符应”。于是作渭阳五帝庙，同宇，帝一殿，面各五门，各如其帝色。[3]祠所用及仪亦如雍五畤。

第二年，赵地的人新垣平由于能够望气被皇上召见，说“长安东北方有神灵之气，显示出五种色彩，好像人们戴的礼帽。有人说东北方是神明的住所，西方是神明的坟墓。上天给的祥瑞降下了，应当建立祠庙供奉上帝，以便和符应相合”。于是建造渭阳五帝庙，在同一屋檐下，每帝各设一殿，正面分别有五个门，各门的颜色与其所对应之帝的称号相同。祭祀时所用祭品和采取的仪礼也和雍邑五畤完全相同。

夏四月，文帝亲拜霸[4]、渭之会，以郊见渭阳五帝。五帝庙南临渭，

夏季四月，文帝亲自到灞、渭二水的汇合处去祭拜渭阳的五帝。五帝庙南面临渭水，北面有穿凿沟渠引渭水灌入的蒲池，祭祀时烽火遍举，火光照亮四周，像是一直烧到了天上。于是

北穿蒲池[5]沟水，权火举而祠，若光辉然属天焉。于是贵平[6]上大夫，赐累千金。而使博士诸生刺六经中作《王制》，谋议巡狩封禅事。[7]

新垣平得到尊宠而为上大夫，赏赐累积起来达到了千金。文帝派博士和儒生们依据六经中的一些内容撰写成《王制》，并开始商讨进行巡视和举行封禅大典的事宜。

注释　1 赵：指战国时赵之所属地区。　新垣平：方士。新垣为姓，平为名。　絻(miǎn)：通“冕”。官员礼帽。　2 天瑞：上天之祥瑞。　3 渭阳：渭水北岸。水北曰阳。　同宇：同一屋檐之下。宇，屋檐。　帝一殿：《史记正义》按：“一宇之内而设五帝，各依其方帝别为一殿，而门各如帝色也。”　4 霸：即灞河。渭河支流。　5 蒲池：疑为“兰池”之误。兰池，秦始皇逢盗之处。在今陕西咸阳市东北。　6 贵平：使新垣平得到尊宠。贵，尊贵，尊宠。　7 刺：采取。　《王制》：书名。《史记索隐》：“刘向《七录》云文帝所造书有《本制》《兵制》《服制》篇。”

文帝出长门，若见五人于道北，遂因其直北立五帝坛，祠以五牢具。[1]

其明年，新垣平使人持玉杯，上书阙下献之。平言上曰：“阙下有宝玉气来者。”已视之，果有献玉杯者，刻曰“人主延寿”。平又言：“臣候

文帝出宫到达长门，好像看见五个人在道路的北边，于是在他们所站之地的正北面建筑五帝坛，用五套牛、羊、猪进行祭祀。

第二年，新垣平让人持着玉杯，到宫阙之下来上书进献。新垣平对文帝说：“宫阙之下显示出宝玉之气。”文帝随即派人去观察，果然有位进献玉杯的人，玉杯上刻了四个字叫“人主延寿”。新垣平又说：“臣等候着日头再次当午。”过了不多久，太阳果真退

日再中。”居顷之，日却[2]复中。于是始更以十七年为元年，令天下大酺。[3]

回去重新当午。文帝于是将即位第十七年改为元年，命令天下举行盛大聚会宴饮。

平言曰：“周鼎亡在泗水中，今河溢通泗，臣望东北汾阴[4]直有金宝气，意周鼎其出乎？兆见不迎则不至。”于是上使使治庙汾阴南，临河，欲祠出周鼎。

新垣平对文帝说：“周代的宝鼎沉没在泗水当中，现在黄河泛滥直通泗水，臣遥望东北方向汾阴的上空有金色宝气，想必是周代宝鼎要出现了吧？预兆显现而不主动迎求，它是不会自动出现的。”于是皇上派遣使者在汾阴南面修建庙宇，临近黄河，想通过祭祀让周鼎出现。

人有上书告新垣平所言气神事皆诈也。下平吏治，诛夷新垣平。自是之后，文帝怠于改正朔服色神明之事，而渭阳、长门五帝使祠官领，以时致礼，不往焉。

有人上书控告新垣平所说气和神的事都是欺诈。文帝下令把新垣平交给法官审理，最终诛杀了新垣平。从这以后，文帝对于更改正朔、服饰颜色等涉及神明一类的事感到厌倦，而渭阳、长门对五帝的祭祀交给祠官去管理，按时送致祭品，自己不亲自参加了。

明年，匈奴数入边，兴兵守御。后岁少[5]不登。

第二年，匈奴多次侵入边境，文帝派兵去守御。后来年成有点不好了。

数年而孝景即位[6]。十六年，祠官各以岁时祠如故，无有所兴，至今天子。

过了几年，孝景帝即位了。景帝在位的十六年中，祠官分别在各年按时依旧例祭祀，没有什么新的举动，一直到当今天子即位。

注释 1 长门：亭名。徐广以为在霸陵，《括地志》以为“在雍州万年县东北苑中，后馆陶公主长门园，武帝以长门名宫，即此”。 直：通“值”。正当。 2 却：退却。 3 元年：文帝后元元年，即公元前163年。 大酺(pú)：臣民聚会大宴饮。 4 汾阴：县名。在今山西万荣县西南。 5 少：稍，逐渐。 6 孝景即位：在公元前156年。孝景，即汉景帝刘启，谥号孝景皇帝。

今天子[1]初即位，尤敬鬼神之祀。

元年，汉兴已六十余岁矣，天下艾安，搢绅之属皆望天子封禅改正度也，而上乡儒术，招贤良，赵绾、王臧等以文学为公卿，欲议古立明堂城南，以朝诸侯。[2]草巡狩封禅改历服色事未就。会窦太后治黄老言，不好儒术，使人微伺得赵绾等奸利事，召案绾、臧，绾、臧自杀，诸所兴为皆废。[3]

后六年[4]，窦太后崩。其明年，征文学之士公孙弘等。[5]

当今的天子刚即位，就很注重对鬼神的祭祀。

武帝元年，汉朝建立已经有六十多年了，天下太平无事，在绅带间插着朝笏的官员们都盼望天子进行封禅和更改正朔与法，但是皇上心向儒家经术，招集贤良人士，赵绾、王臧等因通儒学做了公卿，他们想依照古代制度在长安城南门外建立明堂，来接受诸侯的朝拜。草拟巡行视察、举行封禅典礼、改变正朔和服饰颜色等事，还没有完成。当时恰恰窦太后奉行道家学说，不喜欢儒家学说，就派人暗中窥探到赵绾等人用不正当手段谋求私利的事实，召来并处置赵绾、王臧，赵绾、王臧在监狱中自杀身亡，他们所兴办的事就都被废除了。

六年后，窦太后去世。第二年，皇上征召擅长儒学的士人公孙弘等人。

注释 1 今天子:指汉武帝。武帝为司马迁时的当朝天子,故称“今天子”,或称“今上”。故史公为武帝所立之本纪称“今上本纪”,有言“孝武帝”者,明显系后之补作者所定之称号。又,自此句起,续补《史记》之褚少孙,取以为今见之《孝武本纪》全文。 2 元年:即汉武帝之建元元年,为公元前140年。 六十余岁:刘邦建汉于公元前206年,至此已有67年。 艾(yì)安:太平无事。艾,同“乂”,治理,安定。 搢绅:同“缙绅”,插笏于绅带之间。此代指官吏。搢,插。绅,绅带,腰间大带。 正度:正朔与法度。 乡:通“向”,倾向,提倡。 贤良:汉文帝时开始设立的选拔人才的科目,又称“贤良方正”“贤良文学”。 公卿:三公九卿。时赵绾任御史大夫,三公之一;王臧任郎中令,九卿之一。 文学:指儒学。 3 会:正值,恰恰。 窦太后:文帝皇后,武帝的祖母。 黄老言:指道家学说。 微伺:暗中察访。 奸利:《史记会注考证》引徐孚远曰:“如《史》所言,尊天子之义也,不为奸利,盖有司以太后旨坐之耳。” 4 后六年:武帝建元六年。 5 其明年:武帝元光元年,公元前134年。 公孙弘:西汉重要儒生,公羊学的力行者,曾任丞相,封平津侯。

明年,今上初至雍,郊见五畤。[1]后常三岁一郊。是时上求神君,舍之上林中蹏氏观。神君者,长陵女子,以子死,见神于先后宛若。[2]宛若祠之其室,民多往祠。平原君[3]往祠,其后子孙以尊显。及今上即位,则厚礼置祠

第二年,当今皇上初次到雍县,郊祭五畤。以后经常是三年一次郊祭。这个时候皇上求到了一位神君,把她安置在上林苑中的蹏氏观。神君原是一位长陵女子,因为难产而死,在妯娌宛若面前显现她的神灵。宛若在自己的家中对她供奉祭祀,民众中很多人也前往祭祀。武帝的外祖母平原君曾去祭祀过,从那以后平原君的子孙开始尊贵显荣。等到当今皇上继承帝位,就用规格很高的礼节把神君安置在宫

之内中[4]。闻其言,不见其人云。

中供奉祭祀。人们只能听见她的话语,不能见到她的真人。

注释 1 明年:元光二年。 五畤(zhì):即秦文公所建祭白帝的鄜畤,秦宣公所建祭青帝的密畤,秦灵公所建祭赤帝、黄帝的吴阳上畤、下畤,汉高祖所建祭黑帝的北畤。畤,古时帝王祭天地五帝的场所。 2 见神:意即显灵。 先后:兄弟的妻子,俗谓之妯娌。 3 平原君:武帝的外祖母。《史记集解》引蔡邕曰:"异姓妇人以恩泽封者曰君,仪比长公主。" 4 内中:皇宫之中。

是时李少君亦以祠灶、谷道、却老方见上,上尊之。[1]少君者,故深泽侯舍人,主方[2]。匿其年及其生长,常自谓七十,能使物[3],却老。其游以方遍诸侯。无妻子。人闻其能使物及不死,更馈遗之,常余金钱衣食。人皆以为不治生业而饶给,又不知其何所人,愈信,争事之。少君资好方,善为巧发奇中。[4]尝从武安侯饮,坐中有九十余老

当时,李少君以会祭祀灶神、不吃粮食可存活、却退衰老而长生等方术被皇上接见,皇上很尊敬他。李少君,是从前深泽侯的舍人,负责方术、医药事务。他隐瞒自己的年龄、籍贯和生平经历,常常自称是七十岁,能驱逐鬼神,并能却退衰老,长生不死。他靠着会方术而游遍诸侯各国。他没有妻妾子女。人们听说他能驱逐鬼神、长生不死,就赠送给他财物,他因此有很多钱财,衣食丰足。人们都认为他不从事生产而富裕丰足,又不知道他究竟是个什么样的人,于是就更加相信他,争着去侍奉他。少君喜好方术,善用巧技来猜测,结果他总是奇迹般地猜中。他曾经参加武安侯田蚡宴饮,宴席中有一位九十多岁的老人,他就说

人，少君乃言与其大父游射处，老人为儿时从其大父，识其处，一坐尽惊。[5]少君见上，上有故[6]铜器，问少君。少君曰："此器齐桓公十年陈于柏寝[7]。"已而案其刻，果齐桓公器。一宫尽骇，以为少君神，数百岁人也。

曾和老人的祖父在某处游玩射猎过，老人在孩童时跟着他的祖父，知道这个地方，整个宴席上的人全都感到吃惊。少君被皇上召见，皇上有一件古旧铜器，就拿出它问少君。少君说："这件铜器在齐桓公十年的时候曾经陈列在柏寝台。"皇上随即考察铜器上的刻字，果然是齐桓公时的器具。整个皇宫中的人都惊讶不已，认为少君是神灵，是有几百岁的人了。

注释　1 祠灶：祭祀灶神。《史记索隐》引如淳云："祠灶可以致福。"　谷道：不吃粮食而能生活。　却老：却退衰老。　方：方术。　2 主方：主管方术。　3 使物：驱使鬼物。　4 资：资质。　巧发奇中：巧妙地猜中他人的心理。　5 武安侯：田蚡，汉武帝之舅。　大父：祖父。　6 故：古老，古旧。　7 柏寝：台名。齐桓公所筑，在今山东广饶县东北。

少君言上曰："祠灶则致物，致物而丹沙可化为黄金，黄金成以为饮食器则益寿，益寿而海中蓬莱仙者乃可见，见之以封禅则不死，黄帝是也。臣尝游海上，见安期生，安期生[1]食巨枣，大如瓜。安期生

少君对皇上说："祭祀灶神就会召来神异之鬼物，召来神异之鬼物丹沙就可以熔化成黄金，黄金做成饮食器具使用就会延年益寿，延年益寿才能见到海中蓬莱的仙者，见到了蓬莱仙者而进行封禅活动就可以长生不死，黄帝就是这样的人。我曾经在海上游览，见到了安期生，安期生吃过的巨大枣子，大得像瓜。安期生是位仙人，能和蓬莱交通，您奉行的道和他相合，他就可以见您；

仙者，通蓬莱中，合则见人，不合则隐。”于是天子始亲祠灶，遣方士入海求蓬莱安期生之属，而事化丹沙诸药齐[2]为黄金矣。

若不相合，他就会隐藏起来。”于是天子开始亲自祭祀灶神，派遣方士进入海域寻求蓬莱和安期生一类的仙人，并从事把丹砂和各种药剂熔化成黄金的活动了。

居久之，李少君病死。天子以为化去不死，而使黄锤史[3]宽舒受其方。求蓬莱安期生莫能得，而海上燕齐怪迂之方士多更来言神事矣。

过了很久，李少君病死了。天子认为他是羽化升天而去，灵魂没有死，就派黄锤小吏宽舒去研究他的方术。那些被派去寻找蓬莱、安期生的人，虽然没找到他们，但是在沿海原属燕国、齐国地方的一些怪诞迂阔的方士们纷纷来向皇帝谈说鬼神之类的事了。

注释　1 安期生：据《列仙传》说他是琅邪人，在东海边卖药，当时人都以为他有千岁。《史记索隐》引服虔曰：“古之真人。”　2 药齐(jì)：药剂。齐，通“剂”。　3 黄锤史：黄锤县的小吏。黄锤，县名。史，官府的佐吏。

亳人谬忌奏祠太一方[1]，曰：“天神贵者太一，太一佐曰五帝。[2]古者天子以春秋祭太一东南郊，用太牢，七日，为坛开八通之鬼道。[3]”于是天子令太祝立其祠长安东南郊，常奉祠如忌方。其后人有上书，言“古者天子三

亳地人谬忌上奏祭祀太一神的方术，说：“天神中最尊贵的是太一神，太一的辅佐是五位天帝。古时候天子在春秋季节到东南郊野祭祀太一，祭品用牛、羊、猪各一头，祭祀七天，建造祭坛的时候设有通向八方的鬼道。”于是天子命令太祝在长安东南郊建立这样的祠坛，经常按谬忌上奏的方术来祭祀。后来有人上书，说“古时候天子每三年一次用牛、羊、猪

年壹用太牢祠神三一：天一、地一、太一。[4]”天子许之，令太祝领祠之于忌太一坛上，如其方。后人复有上书，言“古者天子常以春解祠，祠黄帝用一枭、破镜，冥羊用羊，祠马行用一青牡马，太一、泽山君、地长用牛，武夷君用干鱼，阴阳使者以一牛”[5]。令祠官领之如其方，而祠于忌太一坛旁。

其后，天子苑有白鹿，以其皮为币，以发瑞应，造白金焉。[6]

三牲祭祀神灵三一：天一、地一、太一”。天子答应了，命令太祝负责此事，在太一坛上祭祀三一，按此人上奏的方术去做。后来又有人上书，说“古时候天子常常在春季为消解祸殃并祈求福祥而举行祭祀，祭祀黄帝时祭品用一只恶鸟枭和一头恶兽破镜，冥羊神用羊祭祀，马行神用一匹青色公马，太一、泽山君、地长用牛，武夷君用干鱼，阴阳使者用一头牛”。天子命令祠官按照上书人的方法统一办理，在太一坛近旁祭祀。

此后，天子的上林苑中养有白鹿，用它的皮制成皮币，以引发祥瑞符应，又铸造银、锡成白金三品。

注释　1 谬忌：《史记索隐》：“亳，山阳县名。姓谬，名忌，居亳，故下称薄忌。” 太一：最尊贵的天神。　2 佐：辅佐。《史记正义》：“佐者，谓配祭也。” 五帝：五方之帝，即苍帝灵威仰，赤帝赤熛怒，白帝白招拒，黑帝汁光纪，黄帝含枢纽。　3 七日：连续祭祀七日。　八通：做石阶通行八方。　鬼道：鬼神往来之道。　4 天一：天神。　地一：地神。　5 解祠：解除不祥灾祸的祭祀。　枭(xiāo)：猫头鹰一类的鸟。旧传枭食母，故常以喻恶人。　破镜：食父的恶兽，又名“獍”。　冥羊、马行、泽山君、地长、阴阳使者：均是神名。　武夷君：武夷山神。　6 苑：上林苑。　瑞应：祥瑞的应验。　造白金：将银、锡合铸成三种货币，一种龙纹，一种马纹，一种龟纹，是为白金。事详《平准书》。

其明年,郊雍,获一角兽,若麃[1]然。有司曰:"陛下肃祇郊祀,上帝报享,锡一角兽,盖麟云。[2]"于是以荐五畤,畤加一牛以燎。[3]锡诸侯白金,风[4]符应合于天也。

第二年,皇上到雍县郊祭,捕获到只有一角的野兽,像麃一样。有司说:"陛下虔诚地去郊祀,上帝为酬报您的供享,赐给您一只角的兽,这大概就是麒麟了。"于是皇上将它进献给五畤,每畤增加一头牛的祭品,并用火焚烧。赐给诸侯们白金,示意他们官府制造白金是合乎天意的。

于是济北王以为天子且封禅,[5]乃上书献太山及其旁邑,天子以他县偿之。常山王有罪,迁,天子封其弟于真定,以续先王祀,而以常山为郡,然后五岳皆在天子之邦。[6]

于是济北王认为天子将要举行封禅大典,就上书献出泰山及其附近城邑,天子把其他县的土地赏给他作为补偿。常山王犯了罪,被迁徙,天子封他的弟弟为真定王,来接续对先王的祭祀,而将常山设为郡,这样五岳都在天子直接管辖的郡国内了。

注释 1 麃(páo):兽名。鹿属,形似獐,牛尾,一角。 2 肃祇(zhī):恭敬。二字同义。 享:祭献,上供。 锡:赐予。 麟(lín):即麒麟。传说中的吉祥兽,状如鹿,头上有角,尾像牛,全身生麟甲。 3 荐:祭。 燎:祭礼名。焚柴祭天。 4 风:风教,示意。 5 济北王:刘胡。泰山在其封国内,故献。 且:将。 6 常山王:刘舜。 迁:迁徙,流放。 真定:武帝所置封国,原为县名。在今河北石家庄市东北。 邦:《史记志疑》:"《汉志》及补《今上纪》并作'天子之郡',疑'邦'字乃'郡'之讹。"

其明年,齐人少翁[1]以鬼神方见上。上有所

第二年,齐地人少翁由于会鬼神的方术被皇上召见。皇上特别宠爱

幸王夫人，夫人卒，少翁以方盖夜致王夫人及灶鬼之貌云，天子自帷中望见焉。[2] 于是乃拜少翁为文成将军，赏赐甚多，以客礼礼之。文成言曰："上即欲与神通，宫室被服非象神，神物不至。[3]" 乃作画云气车，及各以胜日驾车辟恶鬼。[4] 又作甘泉宫，中为台室，画天、地、太一诸鬼神，而置祭具以致天神。居岁余，其方益衰，神不至。乃为帛书以饭牛，详不知，言曰此牛腹中有奇。[5] 杀视得书，书言甚怪。天子识其手书，问其人，果是伪书，于是诛文成将军，隐之。

王夫人，她去世后，少翁用方术在夜晚招来王夫人和灶鬼的容貌，天子从帷帐中望见了王夫人。于是皇上就授予少翁为文成将军，给他的赏赐特别多，还用宾客之礼接待他。文成将军对皇上说："假如皇上想和神灵交通，住的宫室和穿戴的服饰不像神仙用的，神仙就不会来到。"于是皇上派人制造出绘有图画的云气车，并分别依五行相克之日驾着不同的车驱赶恶鬼。又建造甘泉宫，中间是台室，里面画着天、地、太一等各种鬼神，并安置些祭祀器具以便招来天神。经过一年多，文成的方术毫无成效，神灵没有来到。他就在帛上写些字让牛吞下，假装不知道，说这头牛的腹中有奇物。皇上派人杀掉牛后发现了帛书，上面写的内容非常奇怪。天子认识帛书上的笔迹，询问执笔之人，果然是假造的字书，于是皇上杀掉文成将军，将此事隐瞒起来。

其后则又作柏梁、铜柱、承露仙人掌之属矣。[6]

此后还建造了柏梁台，台上有铜柱，铜柱顶上有仙人捧着铜盘承接天上的露水，等等。

注释　1 少翁：方士。《史记正义》引《汉武故事》云："少翁年二百岁，色如童子。"　2 王夫人：武帝的宠姬，齐王刘闳之母。据说她"窈窕好容，质性嬛(xuān,柔美)佞”。 致:招来。 帷:帐幕。 3 即:如。 被服:穿着。 4 胜日:五行相克之日。甲乙为木,青色;丙丁为火,红色;戊己为土,黄色;庚辛为金,白色;壬癸为水,黑色。水胜火,火胜金,金胜木,木胜土,土胜水。如火胜金,用丙丁日,不用庚辛。 辟:驱除。 5 饭牛:让牛吞下。 详:通“佯”,假装。 6 柏梁:台名。《史记索隐》引《三辅故事》云“台高二十丈,用香柏为殿,香闻十里”。 铜柱、承露仙人掌:《史记索隐》引《三辅故事》曰“建章宫承露盘高二十丈,大七围,以铜为之。上有仙人掌承露,和玉屑饮之”。

文成死明年,天子病鼎湖[1]甚,巫医无所不致,不愈。游水发根言上郡有巫,病而鬼神下之。[2]上召置祠之甘泉。及病,使人问神君[3]。神君言曰:“天子无忧病。病少愈,强与我会甘泉。”于是病愈,遂起,幸甘泉,病良已[4]。大赦,置寿宫神君[5]。寿宫神君最贵者太一,其佐曰大禁、司命之属,皆从之。非可得见,闻其言,言与人音等。时去时来,来则风肃然。居室帷中。

文成死后第二年,天子在鼎湖宫病得特别厉害,巫医的各种方法都用上了,仍没有治愈。游水发根说上郡有个神巫,病了却有鬼神附身。皇上召来他,把他供奉于甘泉宫。等到皇上病了,派人去问这个神君。神君说:“天子不用忧愁生病之事。病略为好转,就打起精神来和我在甘泉宫相会。”皇上病好些了,就起身前往甘泉宫,结果病果真痊愈了。于是皇上实行大赦,把神君迁到寿宫。寿宫中最尊贵的是太一神,太一的辅佐叫大禁、司命一类,都跟从着他。神灵不能看见,只能通过神君听到他们说话的声音,他们说话的声音和人的声音是一样的。神灵有时离去有时来临,来临的时候有风肃肃吹动。神君居处在宫室帷幕里面。有时是白天说话,但大多还是在夜里时昼言,然常以夜。天子祓[6],然后入。因巫为主人,关[7]饮食。所以言,行下。[8]又置寿宫、北宫,张羽旗,设供具,以礼神君。神君所言,上使人受书其言,命之曰“画法”。其所语,世俗之所知也,无绝殊[9]者,而天子心独喜。其事秘,世莫知也。

说。天子举行了除灾求福的仪式,然后才进去。通常由一个巫师来照料他的饮食。神君所说的话,由巫师替他传达下去。又设置寿宫、北宫,张挂用羽毛装饰的旗帜,陈设供奉器具,来礼祭神君。神君所说的话,皇上都派人记载下来,称之为“画法”。他所说的话,都是世人知道的东西,没有什么特别的,但是天子就是爱听。他的事很保密,社会上没有人知道。

注释　1 鼎湖:顾炎武以为当作“鼎胡”,宫名。　2 游水发根:姓游水,名发根。　病而鬼神下之:因为生病就有鬼物附在他身上,成为了神巫。　3 神君:即神巫。　4 良已:完全好了。　5 置寿宫神君:当作“置神君寿宫”。寿宫,奉神之宫。　6 祓(fú):除灾祈福的祭礼。　7 关:关照。　8 所以言,行下:神君所说的话,下传于巫师才讲出来。　9 绝殊:特别。

其后三年,有司言元宜以天瑞命,不宜以一二数。[1]一元曰“建”,二元以长星曰“光”,三元以郊得[2]一角兽曰“狩”云。

又过了三年,官府说纪元应该用天的祥瑞来命名,不应该只是按一二去记数。第一个纪元叫作“建元”,第二个纪元因为有长星出现而叫作“元光”,第三个纪元因为郊祭时获得过长有一只角的野兽而叫作“元狩”。

注释　1 其后三年:此指武帝元狩元年,即公元前122年。　以天瑞命:由上天显示的祥瑞命名。　2 以郊得:《汉书·郊祀志》作“今郊得”。

其明年冬，天子郊雍，议曰："今上帝朕亲郊，而后土无祀，则礼不答也。[1]"有司与太史公[2]、祠官宽舒议："天地牲角茧栗[3]。今陛下亲祠后土，后土宜于泽中圜丘为五坛，坛一黄犊太牢具，已祠尽瘗[4]，而从祠衣上黄。"于是天子遂东，始立后土祠汾阴脽丘，如宽舒等议。[5]上亲望拜，如上帝礼。礼毕，天子遂至荥阳而还。过雒阳，下诏曰："三代邈绝[6]，远矣难存。其以三十里地封周后为周子南君，以奉其先祀焉。"是岁，天子始巡郡县，侵寻[7]于泰山矣。

第二年冬天，天子到雍县郊祭，与人商议说："现在上帝由我亲临郊祭，但是对土地神没有祭祀，那样礼制是不完备的。"有司和太史公、祠官宽舒议定："祭祀天地的供品应用牲角小得像茧栗一样的幼小牛犊。现在陛下亲自祭祀后土，祭祀后土应该在水泽中的圆形小丘上建五个祭坛，每坛用包括一头小黄牛的太牢祭品，祭祀完毕后将祭品全都埋了，而陪祭人所穿的衣服崇尚黄色。"于是天子东行，按照宽舒等人的建议，在汾阴县黄河岸边的高丘上建筑后土神庙。皇上亲临巡望跪拜，跟祭祀上帝的礼仪完全一样。祭礼完毕，天子顺路到了荥阳，而后才回来。经过洛阳，下诏说："三代距现在非常遥远了，年代太久远以致他们的后代难以留存。应该用纵横三十里的地方赐封周朝后裔为周子南君，来供奉他们先祖。"这一年，天子开始巡视东方郡县，以便慢慢接近泰山一带。

注释　1 后土：土地神。　答：相等，周全。《汉书·郊祀志》颜师古注曰："答，对也。郊天而不祀地，失对偶之义。"一说，答，然也。　2 太史公：此指司马谈。　3 天地牲角茧栗：指祭祀天地要用幼畜。颜师古曰："牛角之形或如茧，或如栗，言其小。” 4 瘗(yì)：埋。 5 汾阴：县名，在今山西万荣县西南。汾水在其北与黄河汇合。 脽(shuí)：高丘。 6 邈(miǎo)绝：时代很远。邈，远。 7 侵寻：渐进。

其春，乐成侯[1]上书言栾大。栾大，胶东宫人，故尝与文成将军同师，已而为胶东王尚方。[2]而乐成侯姊为康王[3]后，无子。康王死，他姬子立为王。而康后有淫行，与王不相中[4]，相危以法。康后闻文成已死，而欲自媚于上，乃遣栾大因[5]乐成侯求见言方。天子既诛文成，后悔其蚤死，惜其方不尽，及见栾大，大说。大为人长美，言多方略，而敢为大言，处之不疑。大言曰：“臣常往来海中，见安期、羡门[6]之属。顾以臣为贱，不信臣。又以为康王诸侯耳，不足与方。臣数言康王，康王又不用臣。臣之师

这年春天，乐成侯丁义上书推荐栾大。栾大，是替胶东王刘寄管理宫中日常生活事务的宫人，从前曾经和文成将军同时向一个老师学艺，不久就做了替胶东王掌管配制药物的尚方。乐成侯的姐姐是康王的王后，没有生儿子。康王死了，其他妾姬的儿子被立为王。康后有淫乱行为，和新王不合，彼此用些法术相互陷害。康后听说文成将军已经被杀死，就想对皇上献媚，于是派遣栾大通过乐成侯以方术求见皇上。天子诛杀了文成将军后，悔恨他死得太早，可惜没让人把他的方术全部学过来，所以见到栾大非常高兴。栾大长得又高又漂亮，很会说话，而且敢说大话，撒谎时毫不疑惧。他夸口说：“我常去海中，看见了安期生、羡门高一类仙人。但是因为我卑贱，他们不相信我。又认为康王只是个诸侯王，不值得给他神方。我多次对康王说起，康王又不用我。我的老师说：‘黄金可以炼成，黄河的决口可以堵塞，长生不死的药物

曰:'黄金可成,而河决可塞,不死之药可得,仙人可致也。'然臣恐效文成,则方士皆奄口,恶敢言方哉!7"上曰:"文成食马肝死8耳。子诚能修其方,我何爱9乎!"大曰:"臣师非有求人,人者求之。陛下必欲致之,则贵其使者,令有亲属,以客礼待之,勿卑,使各佩其信印,乃可使通言于神人。神人尚肯邪不10邪?致尊11其使,然后可致也。"于是上使验小方,斗棋12,棋自相触击。

可以得到,仙人可以招来。'然而我害怕有文成将军那样的结果,那样的话,方士们都会闭上嘴巴,哪里还敢进言方术!"皇上说:"文成将军是吃马肝死的。你真会修炼长生不老的方术,我还吝惜什么财宝和禄位呢!"栾大说:"我的老师并不是有求于人,是人们去求他。陛下真想招来神仙,就要尊重他的使者,让他的亲属都受到宾客之礼的款待,不要卑视他,让他佩带各种印信,就可以同神人通话。如此做您说神人想不想来?只有先使神仙的使者尊贵,然后才可以招来神仙。"于是皇上先让他展示一下小的方术,进行斗棋,结果棋子自行相互撞击。

注释 1 乐成侯:丁义。后与栾大一起被诛杀。 2 胶东:景帝之子胶东王刘寄。 宫人:官名。掌管胶东王宫中日常生活事务。 尚方:官名。主管方药。 3 康王:胶东王刘寄谥"康",故称。 4 中:协调,和睦。 5 因:通过,凭借。 6 羡门:羡门高,仙人。 7 奄:通"掩"。恶(wū):怎么,哪里。 8 食马肝死:汉时相传马肝吃了要毒死人。 9 爱:吝惜。 10 不(fǒu):同"否"。 11 致尊:极其尊敬。致,尽,极。 12 斗棋:《史记正义》引高诱注《淮南子》云:"取鸡血与针磨捣之,以和磁石,用涂棋头,曝干之,置局上,即相拒不止也。"

是时上方忧河决，而黄金不就[1]，乃拜大为五利将军。居月余，得四印，佩天士将军、地士将军、大通将军印。制诏[2]御史："昔禹疏九江，决四渎。间者河溢皋陆，堤繇不息。[3]朕临[4]天下二十有八年，天若遗朕士而大通焉。《乾》称'蜚龙'，'鸿渐于般'，朕意庶几与焉。[5]其以二千户封地士将军大为乐通[6]侯。"赐列侯甲第，僮[7]千人。乘舆斥车马帷幄器物以充其家。[8]又以卫长公主[9]妻之，赍金万斤，更命其邑曰当利公主。天子亲如五利之第。使者存问供给，相属于道。自大主[10]将相以下，皆置酒其家，献遗之。于是天子又刻玉印曰天道将军，使使衣羽

这个时候皇上正忧虑黄河决口，而炼丹砂铅锡成黄金又不能得手，就授予栾大做五利将军。过了一个多月，栾大就得到四方印信，除了五利将军外，还有天士将军、地士将军、大通将军的印信。天子下诏给御史："从前大禹疏浚九江，决通四渎。近来黄河泛滥到岸边广阔的平地，修筑堤防的劳役没有停息。我登临天下二十八年，上天好像要送给我一名贤士，而栾大正是能通天意的人。《周易·乾卦》中说'有飞龙游弋在天'，《渐卦》中说'似鸿鸟飞临高岸边'，我得到栾大差不多就是这样啊。我命令用二千户的封邑封地士将军栾大为乐通侯。"还赏赐给他列侯等级的上等住宅，奴仆一千人。又把皇帝不用的车马、帐幕、器物等统统给栾大。又把卫皇后的长女许配给他，赠送黄金万斤，把她的封号改为当利公主。天子亲自驾临五利将军的住宅。派出问候和负责供给的使臣，在道路上接连不断。从武帝姑母大长公主和将相以下，都为他在家中备设酒宴，赠送给他钱财。于是天子又刻置了玉印叫天道将军，派遣使者穿上用羽毛缝制的衣服，夜晚站立在白茅上，五利将军也穿上羽毛缝制的衣服，夜

衣，夜立白茅上，五利将军亦衣羽衣[11]，夜立白茅上受印，以示不臣也。而佩天道者，且为天子道天神[12]也。于是五利常夜祠其家，欲以下神。神未至而百鬼集矣，然颇能使之。其后装治行，东入海，求其师云。大见数月，佩六印，贵震天下，而海上燕齐之间，莫不搤捥而自言有禁方，能神仙矣。[13]

晚站立在白茅上接受玉印，以表示不把五利将军当臣子看待。而佩天道将军之印的意思，是将要替天子引荐天神。于是五利将军常常夜晚在家进行祭祀，想借此让神降下。神没有来到，却聚集了百鬼，但他还是很能指使它们。后来他整理行装外出，往东进入海域，寻求他的仙师去了。栾大被引见几个月，就佩六方大印，贵宠震动天下，由此沿海一带燕国、齐国等地的方士，没有谁不是握紧手腕发誓说自己也有秘方，能够引来神仙。

注释　1 黄金不就：指炼丹砂铅锡为黄金没有成功。　2 制诏：以制书诏令。　3 间者：近年来。　皋陆：《史记正义》引颜师古云："皋，水旁地也。广平曰陆。言水大泛溢，自皋及陆，而筑作堤，傜役甚多，不暇休息。"　繇：通"徭"，徭役。　4 临：治理。　5 蜚龙：《乾卦》九五爻辞"飞龙在天"。蜚，通"飞"。　鸿渐于般：《渐卦》六二爻辞。渐，进。般，通"磐"。《史记会注考证》引方苞曰："飞龙在天，利见大人，言君之得臣也。鸿渐于磐（水边高冈），饮食衎衎（喜乐的样子），言臣之得君也。武帝以栾大为天所遗士，故引此。"　庶几：差不多。　与：此指君臣相遇。　6 乐通：地名。在今江苏泗洪县东南。　7 僮：古代对奴隶的称谓。　8 乘轝：帝王乘坐的车辆。此代指帝王。轝，同"舆"。　斥：《史记索隐》："孟康云'斥，不用之车马'是也。"　9 卫长公主：卫皇后的长女。　10 大主：即大长公主。此指武帝之姑，窦太后之女。　11 羽衣：用鸟羽做成的衣服。 12 道天神:引荐天神。道,通"导"。 13 六印:五利、天士、地士、大通、乐通侯、天道(玉印)六将军印。扼捥:握着手腕。表示激动振奋。捥,"腕"的古字。

其夏六月中,汾阴巫锦为民祠魏脽后土营旁,见地如钩状,掊视得鼎。[1]鼎大异于众鼎,文镂无款识,[2]怪之,言吏。吏告河东太守胜,胜以闻[3]。天子使使验问巫得鼎无奸诈,乃以礼祠,迎鼎至甘泉,从行,上荐之。至中山,曣𬀪,有黄云盖焉。[4]有麃过,上自射之,因以祭云。

这年夏天六月中,汾阴有个叫锦的巫者在魏脽的后土神庙旁边替民众祈祷祭祀,看见地面突起像钩的形状,用手扒开土看,得到了一座鼎。鼎与其他鼎大不相同,上面雕刻有花纹,但没有文字说明,锦感到奇怪,告诉当地官吏。官吏报告给河东太守胜,胜上书禀知皇上。天子派遣使者去调查巫者获得鼎的情况,询问是否有奸诈,结果属实,于是用礼加以祭祀,把鼎迎接到甘泉宫,皇上亲自参与迎接活动,想将它献给上天。途中,走到中山的时候,天气晴朗温和,上空却有黄色云彩覆盖。正好有只麃经过,皇上亲自射中,就用它来祭祀。

注释 1 锦:巫名。 魏脽:即上文之"汾阴脽",因汾阴属魏地,故名。营:颜师古谓为"祠之兆域",即后土祠周围的地界。 掊(póu):用手扒开。 2 文镂:刻有花纹。镂,刻。 款识(zhì):钟鼎彝器上铸刻的文字。 3 以闻:将这件事报告给汉武帝。 4 中山:山名。在今陕西淳化县东南。 曣𬀪:《汉书》作"晏温",天气晴朗温和。曣,晴朗无云。因此有黄云出现为异。

至长安，公卿大夫[1]皆议请尊宝鼎。天子曰："间者河溢，岁数不登[2]，故巡祭后土，祈为百姓育谷。今岁丰庑未报，[3]鼎曷为出哉？"有司皆曰："闻昔泰帝兴神鼎一，一者壹统，天地万物所系终也。[4]黄帝作宝鼎三，象天地人。禹收九牧之金，铸九鼎。皆尝亨鬺[5]上帝鬼神。遭圣则兴，鼎迁于夏、商。[6]周德衰，宋之社[7]亡，鼎乃沦没，伏而不见。《颂》云'自堂徂基，自羊徂牛；鼐鼎及鼒，不吴不骜，胡考之休'。[8]今鼎至甘泉，光润龙变，承休无疆。[9]合兹中山，有黄白云降盖，若兽为符，路弓乘矢，集获坛下，报祠大享。[10]唯受命而帝者心知其意而合德[11]焉。鼎宜见于祖祢，藏于帝廷，以合明

到了长安，公卿大夫等官员都上书请求尊崇宝鼎。天子说："近年来黄河泛滥，几年都没有好收成，所以我在巡视中祭祀后土神，祈祷它替百姓们养育谷苗。今年丰收好坏还不能预知，鼎为什么会出现呢？"官员们都说："听说从前泰帝铸造了一座神鼎，一座神鼎的'一'表示天下一统，是天地万物都统属于此的象征。黄帝制作宝鼎三座，象征着天、地、人。大禹收集九州出产的金属，铸成九鼎。它们都曾被用来烹煮牲畜以祭祀上帝鬼神。遇到圣世这些鼎就会出现，这样它们从夏代传到了商代。周朝德行衰败，宋国的社庙覆亡，鼎于是沦落淹没，隐伏起来没有再出现。《诗经》的《周颂·丝衣》中说'从庙堂到门塾之基，有献羊的有献牛的；摆放着大鼎、中鼎和小鼎，祭祀时不喧哗、不傲慢，保佑大家都长寿'。现在宝鼎到了甘泉，发出光泽，其上有云气遮护，象征汉朝将承受无穷的福佑。这与中山降下的黄白祥云相合，和天降嘉兽以为符应一样，加上陛下用大弓四箭射获麃子，吉兆都会集坛下，以酬报天地鬼神。只有接受天命来称帝的人才能心知天意，与天相互配合。宝鼎应该进献给高祖庙，珍藏在甘泉宫天帝殿廷，以便契合上天降赐的

应。[12]”制曰:“可。”

入海求蓬莱者,言蓬莱不远,而不能至者,殆不见其气。上乃遣望气佐候[13]其气云。

神明符应。”皇上下诏说:“可以。”

进入大海寻找蓬莱仙岛的人,说蓬莱仙岛离岸不远,但是他们不能到达,也许是因为没有见到它放射的瑞气。皇上于是派遣望气的官员来帮助他们观测蓬莱岛的瑞气。

注释 1 大夫:官名。担任中央要职或备顾问的各种官员。 2 不登:收成不好。 3 丰庑(wú):丰茂。 报:祭名。农事结束后为报德而祭土神与谷神。 4 泰帝:即太帝,指太昊伏羲氏。 兴:建造。 5 亨鬺(pēng shāng):烹煮。这里指烹煮牲牢以祭祀。亨、鬺二字同义,煮。亨,同“烹”。 6 遭:逢。 兴:出现。 迁:流传。 7 社:社坛,以祭祀土地神。此代指国家。 8 堂:庙堂。 徂(cú):往,到。 基:建筑物的根脚。郑玄曰:“基,门塾之基。” 鼐(nài):大鼎。 鼒(zī):小鼎。 吴:大声说话。 骜:通“傲”。 胡考:寿考。 休:吉庆,福。 9“今鼎至”三句:颜师古曰:“言鼎至甘泉之后,光润变见,若龙之神,能幽能明,能小能大,乘此休福,无穷竟也。” 10 路弓:大弓。 乘:四箭曰乘。 大享:指酬报天地的大祭礼。 11 合德:谓与天合德。 12 祖祢(nǐ):祖先。祢,父庙。生称父,死称考,入庙称祢。 帝廷:甘泉天神之殿廷。 13 候:观测。

其秋,上幸雍,且郊。或曰“五帝,太一之佐也,宜立太一而上亲郊之”。上疑未定。齐人公孙卿曰:“今年得宝鼎,其冬辛巳朔旦

这年秋天,皇上临幸雍县,将要进行郊祭。有人说“五色之帝,是太一帝的陪祭,应该建立太一坛,由皇上亲临郊祭”。皇上犹豫不决。齐地人公孙卿说:“今年得到宝鼎,而冬季辛巳朔日早晨正是冬至,和黄帝时代正好相同。”公孙卿还有进言议事的书札说:“黄帝在宛

冬至，与黄帝时等[1]。”卿有札书[2]曰：“黄帝得宝鼎宛朐，问于鬼臾区。[3]鬼臾区对曰：‘帝得宝鼎神策，是岁己酉朔旦冬至，得天之纪，终而复始。[4]’于是黄帝迎日推策，后率二十岁复朔旦冬至，凡二十推，三百八十年，黄帝仙登于天。[5]”卿因所忠[6]欲奏之。所忠视其书不经，疑其妄书，谢曰：“宝鼎事已决矣，尚何以为！”

朐得到宝鼎，就问臣子鬼臾区。鬼臾区回答说：‘黄帝得到宝鼎和用于占卜的神蓍草，这一年己酉朔日早晨是冬至，您得到上天恩赐的历法，它将终而复始地循环不止。’于是黄帝推测日月朔望以推算历法，后来大约每过二十年再值朔日早晨冬至，总计推算二十次，合三百八十年，黄帝就成仙登天了。”公孙卿想通过武帝的近臣所忠上奏。所忠一看他书札中的议论不合常道，怀疑他是胡乱写成的，婉拒道：“祭宝鼎的事已经决定了，还能做什么！”

注释　1 等：同。　2 札书：薄小的木简书。　3 宛朐(yuān qú)：县名。在今山东菏泽市西南。　鬼臾区：黄帝的大臣。　4 策：占卜用的蓍草。　纪：指历数。即推算节气之度。　5 迎日：推算未来的日月朔望。迎，预测未来。　推策：用蓍草作筹码推算。　率：大致。　6 所忠：武帝的侍臣。

卿因嬖人奏之。上大说，乃召问卿。对曰：“受此书申公[1]，申公已死。”上曰：“申公何人也？”卿曰：“申公，齐人。与安期生通，受黄帝言，无书，独有此鼎书[2]。曰

公孙卿又通过武帝宠信的人上奏。皇上看了特别高兴，就召来公孙卿询问。公孙卿回答说：“从申公那里接受到这份书札，申公已经去世。”皇上说：“申公是个什么样的人？”公孙卿说：“申公，齐国人。和仙人安期生交往过，

‘汉兴复当黄帝之时’。曰‘汉之圣者在高祖之孙且曾孙也。宝鼎出而与神通，封禅。封禅七十二王[3]，唯黄帝得上泰山封’。申公曰：‘汉主亦当上封，上封则能仙登天矣。黄帝时万诸侯，而神灵之封居七千[4]。天下名山八，而三在蛮夷，五在中国。中国华山、首山、太室、泰山、东莱，此五山黄帝之所常游，与神会。[5]黄帝且战且学仙。患百姓非其道者，乃断斩非鬼神者。百余岁然后得与神通。黄帝郊雍上帝，宿三月。鬼臾区号大鸿，死葬雍，故鸿冢是也。其后黄帝接万灵明廷。明廷者，甘泉也。所谓寒门者，谷口[6]也。黄帝采首山铜，铸鼎于

听到许多黄帝的言论，没有别的著作，唯独这份关于宝鼎的书札。上面说‘汉朝兴起，与黄帝之时相当’。又说‘汉朝帝王中的圣人在高祖的孙辈以至曾孙辈中。宝鼎出土后就可与神灵交通，举行封禅典礼。自古举行过封禅的有七十二王，只有黄帝得以到泰山举行封礼’。申公说：‘汉朝君主也应当到泰山举行封礼，到泰山举行了封礼就能成为神仙登天了。黄帝时代有万家诸侯，而能主持名山大川祭祀的有七千家。天下的名山有八座，三座在边远地区，五座在中原地区。中原地区有华山、首山、太室山、泰山、东莱山，这五座山是黄帝经常去游览并与神灵相会的地方。黄帝一边作战，一边学习仙道。他担心百姓中有人反对他的仙道，就处死那些诋毁鬼神的人。这样一百多年以后才能和神灵交通。黄帝到雍地郊祭上帝，住宿三个月。鬼臾区别号大鸿，死后葬在雍地，就是从前的鸿冢。这以后黄帝在明堂接见万般神灵。明廷，就是现在的甘泉宫。所谓寒门，就是现在的谷口。黄帝开采首山的铜，在荆山下面铸成鼎。鼎已经铸成，有条飞龙垂着胡须从天而降来迎接黄帝。黄帝骑在龙背上，他的群臣和后宫的一些人跟着骑上去

荆山[7]下。鼎既成，有龙垂胡𩓐[8]下迎黄帝。黄帝上骑，群臣后宫从上者七十余人，龙乃上去。余小臣不得上，乃悉持龙𩓐，龙𩓐拔，堕，堕黄帝之弓。百姓仰望黄帝既上天，乃抱其弓与胡𩓐号，故后世因名其处曰鼎湖，其弓曰乌号。'" 于是天子曰："嗟乎！吾诚得如黄帝，吾视去妻子如脱躧[9]耳。" 乃拜卿为郎，东使候神于太室。

的有七十多人，龙于是飞上天去。其余的小臣子未能骑上去，就争着去抓龙的胡须，龙的胡须被拔出来了，掉落在地，黄帝的一把弓也掉落了。百姓们望着黄帝飞上天去，就抱着他的弓和龙的胡须号哭，所以后代就把黄帝上天的地方取名叫鼎湖，把他掉落的弓取名叫乌号。'" 听了公孙卿的话，天子说："哎呀！我真能像黄帝那样上天，我丢掉人世间的妻妾子女就会像扔掉鞋子一样容易。" 就委任公孙卿做郎官，派他去东方太室山恭候神灵。

注释 1 申公：方士。 2 鼎书：关于宝鼎的书札。 3 七十二王：《史记正义》引《河图》云："王者封太山，禅梁父，易姓登崇，有七十二君也。" 4 神灵之封居七千：应劭曰："诸侯会封禅者七千人也。" 即在上万个诸侯国中，能主持封禅的有七千家。 5 华山：西岳华山。 首山：山名。在今山西永济市南。 太室：指中岳嵩山。 东莱：即莱山。在今山东龙口市东南。 6 谷口：中山之谷口，因为山北寒凉，所以称寒门。黄帝升仙之处。 7 荆山：山名。在今河南灵宝市境。 8 𩓐(rán)：同"髯"，颊上长须。9 躧(xǐ)：同"屣"，鞋。

上遂郊雍，至陇西[1]，西登崆峒，幸甘泉。令祠官宽舒等具太一祠

皇上于是到雍县郊祭，接着到了陇西，往西登上了崆峒山，临幸甘泉宫。命令祠官宽舒等筹建太一神的祭

坛，祠坛放薄忌太一坛，坛三垓。[2] 五帝坛环居其下，各如其方，黄帝西南，除八通鬼道。太一，其所用如雍一畤物，而加醴枣脯之属，杀一狸牛以为俎豆牢具。[3] 而五帝独有俎豆醴进。其下四方地，为醊[4] 食群神从者及北斗云。已祠，胙[5] 余皆燎之。其牛色白，鹿居其中，彘在鹿中，水而洎[6] 之。祭日以牛，祭月以羊彘特[7]。太一祝宰[8] 则衣紫及绣。五帝各如其色，日赤，月白。

祀坛，祭祀坛仿照亳人谬忌所说的太一坛模式，坛筑成三层。五色帝的坛环列于太一坛的下面，分别位于东、南、西、北四个方向，黄帝坛位于西南方，并环太一坛开辟出通向八方的鬼道。太一坛的祭品，和雍县一座畤的祭物相当，而另外加上醴酒枣脯一类，还杀一头牦牛，盛在俎豆等祭具里。而五色帝的祭品只有通常俎豆所盛的物品和醴酒进献。在祭坛下面的四方场地，是些绕着坛设置并互相连缀的给群神的随从及北斗星神供奉饮食的祭座。祭祀完毕，胙肉及各类剩余的祭品都用火焚化以奉神。祭品中牛用白色，鹿放在牛的体腔中，猪放在鹿的体腔中，然后用水浸泡。祭日神用牛，祭月神用一只羊或一头猪。祭祀太一神的主管官员穿紫色绣花的祭服。祭祀五色帝穿的祭服颜色和所祭的帝神一样，祭日神穿赤色衣，祭月神穿白色衣。

注释　1 陇西：郡名。治所狄道，在今甘肃临洮县，辖今甘肃东南部地区。　2 放：通“仿”。仿照。　薄忌：姓谬，名忌，居亳，故称薄忌。　垓(gāi)：台阶的层次。　3 狸(lí)牛：即牦牛。当作“犛”。　俎豆：盛祭品的礼器。4 醊(zhuì)：《史记正义》引刘伯庄云：“谓绕坛设诸神祭座相连缀也。”5 胙(zuò)：祭肉。　6 洎(jì)：浸泡。　7 特：一种牲畜。《史记索隐》：“特，一牲也。言若牛若羊若彘，止一特也。”　8 祝宰：祭祀的主管官员。

十一月辛巳朔旦冬至，昧爽[1]，天子始郊拜太一。朝朝日，夕夕月，则揖；而见太一如雍郊礼。[2]其赞飨[3]曰："天始以宝鼎神策授皇帝，朔而又朔，终而复始，皇帝敬拜见焉。"而衣上黄。其祠列火满坛，坛旁亨炊具。有司云"祠上有光焉"。公卿言"皇帝始郊见太一云阳，有司奉瑄玉嘉牲荐飨。[4]是夜有美光，及昼，黄气上属天"。太史公、祠官宽舒等曰："神灵之休，祐福兆祥，宜因此地光域[5]立太畤坛以明应。令太祝领，秋及腊间祠。三岁天子一郊见。"

十一月辛巳朔日早晨冬至时刻到来，天刚蒙蒙亮，天子开始到郊外拜祭太一神。早晨祭日神，傍晚祭月神，采用拱手行揖礼；而参见太一神用的是雍县郊祭礼。祭祀官员宣读祝词说："上天最初把宝鼎和占卜用的神蓍草授给皇帝，经过了一个朔旦又一个朔旦，终而复始地循环，皇帝在这里恭敬地拜祭参见您。"而穿的祭服崇尚黄色。这个祭祀形式是满坛列置火炬，坛的旁边摆着烹饪用的器具。有司说"祭坛上方有光彩显现"。公卿们说"皇上当初在云阳宫郊祭拜见太一神，有司手捧六寸大的玉璧并将养了五年重二千斤的牲牛进献。祭祀这天晚上天空有美丽的光芒，到了次日白天，黄气还从地面上达到天空"。太史公司马谈、祠官宽舒等说："神灵显出的美好景象，预示着福祐吉祥，应该在这个美光出现的地方建筑太畤坛来回报上天。皇帝命令由太祝官负责太畤，在秋季和腊月间进行祭祀。每三年天子来参加一次郊祭进献。"

注释　1 昧爽：拂晓。　2 朝朝日：早晨朝拜日神。　夕夕月：傍晚祭祀月神。　3 赞飨：祭祀时的祝辞。　4 奉：捧。　瑄：大为六寸的璧。　嘉牲：美牲。《史记正义》引《汉旧仪》云："祭天养牛五岁至二千斤。"　5 光域：美光照射所及的范围。

其秋，为伐南越，告祷太一。以牡荆画幡日月北斗登龙，以象太一三星，为太一锋，命曰灵旗。[1]为兵祷，则太史奉以指所伐国。而五利将军使不敢入海，之泰山祠。上使人随验，实毋所见。五利妄言见其师，其方尽，多不雠[2]。上乃诛五利。

其冬，公孙卿候神河南，言见仙人迹缑氏[3]城上，有物如雉，往来城上。天子亲幸缑氏城视迹。问卿："得毋效文成、五利乎？"卿曰："仙者非有求人主，人主者求之。其道非少宽假[4]，神不来。言神事，事如迂诞，积以岁乃可致也。[5]"于是郡国各除道，缮治宫观名山神祠所，以望幸矣。

这年秋天，为了攻伐南越，祷告太一神。用牡荆做旗杆，旗上画着日月、北斗和登龙，象征太一三星，作为祭祀太一神的前导旗帜，命名为灵旗。替战事祈祷时，就由太史捧着它用来指向所攻伐的国家。五利将军被派遣去求仙而他不敢进入海域，就到泰山去祭祀。皇上派出人员暗中跟随察验，发现他们实际没有见到任何神仙。五利将军却妄说见到了他的仙师，他的方术用尽了，多数不能应验。皇上于是诛杀了五利将军。

这年冬天，公孙卿在河南恭候神灵，说在缑氏城上看见了仙人的踪迹，有神物像野鸡，在城上飞来飞去。天子亲自到缑氏城视察仙人踪迹。他问公孙卿："你不是效法文成将军、五利将军进行欺诈吧？"公孙卿说："仙人不是有求于人间君主，而是人间君主在求他。如果不稍为宽限时日等待，神仙就不会来。说起求神仙之事，好像迂阔荒诞，只有积以岁月才可以招来神仙。"于是郡县封国都整修道路，修建宫观以及名山大川的祠庙，以盼望皇上临幸。

注释　1 牡荆：一种灌木，茎干坚劲，可用作旗杆。　幡(fān)：一种窄长的旗子，垂直悬挂。 登：升。 太一：星名。《史记集解》："徐广曰：'《天官书》曰天极星明者，太一常居也。斗口三星曰天一。'骃案：晋灼曰'画一星在后，三星在前，为太一锋也'。" 锋：指最前面的旗。 2 雠：应验。 3 缑氏：县名。在今河南偃师市东南。 4 宽假：二字同义，指放宽些时日。 5 迂诞：迂阔怪诞。 积以岁：积聚些年岁，指要好几年。

其春，既灭南越，上有嬖臣李延年以好音见。[1]上善之，下公卿议，曰："民间祠尚有鼓舞乐，今郊祀而无乐，岂称乎？"公卿曰："古者祠天地皆有乐，而神祇可得而礼。"或曰："太帝使素女鼓五十弦瑟，悲，帝禁不止，故破其瑟为二十五弦。[2]"于是塞南越，祷祠太一、后土，始用乐舞，益召歌儿，作二十五弦及空侯琴瑟自此起。[3]

这年春天，已经灭亡了南越，皇上有个宠爱的臣子李延年由于擅长音乐被召见。皇上很欣赏他，就提出问题让公卿们商议，说："民间祭祀的时候尚且还有击鼓舞蹈的音乐，现在进行郊野祭祀反倒没有音乐，这难道相称吗？"公卿们说："古时候祭祀天地都有音乐，那样天地间的神灵才能够歆享祭品。"有人说："太帝让素女弹奏有五十弦的瑟，曲调非常悲戚，太帝让她停下来，她却不能停下来，太帝就改制这种瑟成二十五弦。"于是在庆祝伐南越的胜利和祷告祭祀太一、后土神时，首次采用音乐舞蹈，增招一些歌手，制作二十五弦的瑟以及箜篌就是从这时开始的。

注释 1 嬖臣：宠臣。 李延年：武帝李夫人之兄，汉代著名音乐家，曾为协律都尉，后被杀。 2 素女：神女名。擅弦歌。 破：这里指改制。 3 塞：同"赛"。酬神祭。 空侯：即"箜篌"，一种拨弦乐器。《史记索隐》引应劭云："武帝始令乐人侯调作，声均均然，命曰空侯。侯，其姓也。"

其来年冬，上议曰："古者先振兵泽旅[1]，然后封禅。"乃遂北巡朔方，勒兵十余万。[2]还祭黄帝冢桥山，释兵须如[3]。上曰："吾闻黄帝不死，今有冢，何也？"或对曰："黄帝已仙上天，群臣葬其衣冠。"既至甘泉，为且用事泰山，先类[4]祠太一。

第二年冬天，皇上提议说："古时候先整顿兵员解散军队，然后才举行封禅典礼。"于是就去北边巡视朔方，统率兵众十多万。回程中在桥山祭奠黄帝冢，到了须如就解散了所统率的兵众。皇上问："我听说黄帝长生不死，现在却有冢墓，是为什么？"有人回答说："黄帝已经成仙上了天，群臣就在这里安葬了他的衣冠。"到了甘泉宫后，为了要到泰山封禅，先行用祭天的仪式祭祀太一神。

注释　1 振兵泽旅：指偃武修文，以示太平。振，整顿，收束。泽，通"释"，解散。　2 朔方：郡名。治所在今内蒙古自治区杭锦旗北，辖今内蒙古河套西北部及后套地区。　勒：统率。　3 须如：地名。不详。　4 类：通"禷"，祭天。

自得宝鼎，上与公卿诸生议封禅。封禅用希，旷绝莫知其仪礼，而群儒采封禅《尚书》《周官》《王制》之望祀射牛事。[1]齐人丁公年九十余，曰："封禅者，合不死之名也。秦皇帝不得上封。陛下必欲上，稍上即无风雨，

自从得了宝鼎，皇上就和公卿以及儒生们计议举行封禅大典。历史上举行过封禅大典的很少，长久以来没人做过，没有人知道它的具体礼仪，儒生们就从《尚书》《周官》《王制》中采集望祀和天子射牛的有关仪式，纳入有关封禅的祭典。齐国人丁公有九十多岁了，说："封禅，是要和长生不死的名义结合起来的。秦始皇中途遇风雨而不能上泰山行封礼。

遂上封矣。”上于是乃令诸儒习射牛，草封禅仪。数年，至且行，天子既闻公孙卿及方士之言，黄帝以上封禅，皆致怪物与神通，欲放黄帝以上接神仙人蓬莱士，高世比德于九皇，而颇采儒术以文之。[2]群儒既已不能辨明封禅事，又牵拘于《诗》《书》古文而不能骋[3]。上为封禅祠器示群儒，群儒或曰“不与古同”，徐偃又曰“太常诸生行礼不如鲁善”，周霸属图封禅事，于是上绌偃、霸，而尽罢诸儒不用。[4]

陛下若一定要上泰山，先稍微上去一段路，如果没有风雨，就可放心上去行封礼了。”皇上于是就下令儒生们演习射牛，草拟封禅的仪式。经过几年，到了快要出发的时候，天子又听到了公孙卿和方士的言论，说黄帝以前举行封禅，都招来了精怪并和神灵交通，于是想仿效黄帝以前的所为，接待神仙的使者和蓬莱方士，以表明自己高出世俗可与上古九皇比德行，希望采取儒术来美化自己的所为。可是儒生们本就不能够辨清封禅事宜，又受到《诗》《书》古文的拘束而不能自由想象。皇上制作出封禅的祭器向儒生们展示，儒生中有人说“和古制不相同”，徐偃又说“太常祠官下属的生员们所行的礼仪不如鲁国的好”，周霸又想另搞一套，于是皇上就贬黜徐偃、周霸，并将这些儒生都罢免不用。

注释 **1** 用希：运用稀少。希，少。 旷绝：断绝。 射牛：祭祀仪式之一。《史记索隐》：“天子射牛，示亲杀也。” **2** 高世：超脱世俗。 九皇：传说中远古的九个帝王。 文：修饰。 **3** 骋：任情驰骋，发表意见。 **4** 属图：集合诸儒谋划。属，会集。图，谋划。 绌：通“黜”，废免，贬退。

三月，遂东幸缑氏，礼登中岳太室[1]。从官在山下闻若有言“万岁”云[2]。问上，上不言；问下，下不言。于是以三百户封太室奉祠，命曰崇高[3]邑。东上泰山，泰山之草木叶未生，乃令人上石立之泰山巅[4]。

三月，皇帝往东幸临缑氏县，登上中岳太室山行祭礼。随从官员在山下好像听到有喊“万岁”的声音。询问山上，山上的人说他们没有呼喊；询问山下，山下的人也说他们没有呼喊。于是将三百户封给太室山用于供奉祭祀，命名为崇高邑。往东登上泰山，泰山上的草和树木的叶还未长出来，就命令人抬上石碑立在泰山顶上。

注释　1 太室：即嵩山。因其上有太室、少室之山，故名。　2 言“万岁”云：《史记正义》引《汉仪注》云：“有称万岁，可十万人声。”　3 崇高：意思是崇奉崧高山，故名“崇高”。　4 巅：顶峰。

上遂东巡海上，行礼祠八神[1]。齐人之上疏[2]言神怪奇方者以万数，然无验者。乃益发船，令言海中神山者数千人求蓬莱神人。公孙卿持节常先行候名山，至东莱，言夜见大人，长数丈，就之则不见，见其迹甚大，类禽兽云。群臣有言见一老父牵狗，言“吾欲见巨

皇上于是往东巡视海上，举行典礼祭祀天主、地主、兵主、阴主、阳主、月主、日主、四时主八神。齐国上奏章讲神怪奇方的人数以万计，然而没有一个能应验。皇帝就派出更多船只，让那些说海中有神山的数千人去寻求蓬莱仙人。公孙卿持着符节常常是先行探求名山，到了东莱，说夜晚见到一个高大的人，有几丈高，走近他就不见了，看到他的足迹特别大，类似飞禽走兽的足迹。群臣中有人说看见一位年老的人牵条狗，

公[3]”，已忽不见。上即见大迹，未信，及群臣有言老父，则大[4]以为仙人也。宿留海上，予方士传车及间使求仙人以千数。[5]

说“我想见巨公”，一会儿忽然就不见了。皇上亲眼看到大人足迹，还是不相信，等到群臣中又有人说到那位老人的时候，皇上就完全认为他是仙人了。就在海上停留，让方士们使用传车，还派出数千密使去寻找仙人。

注释 1 八神：《史记索隐》：“今案《郊祀志》，一曰天主，祠天齐；二曰地主，祠太山、梁父；三曰兵主，祠蚩尤；四曰阴主，祠三山；五曰阳主，祠之罘；六曰月主，祠东莱山；七曰日主，祠盛山；八曰四时主，祠琅邪也。”另一说，八神是八方之神。 2 疏：奏章。 3 巨公：皇帝的别称。 4 大：特别，完全。 5 宿留：停留。 传车：古代驿站的专用车辆。

四月，还至奉高[1]。上念诸儒及方士言封禅人人殊，不经，难施行。天子至梁父，礼祠地主。乙卯，令侍中儒者皮弁荐绅，[2]射牛行事。封[3]泰山下东方，如郊祠太一之礼。封广丈二尺，高九尺，其下则有玉牒书[4]，书秘。礼毕，天子独与侍中奉车子侯上泰山，[5]亦有封。其事皆禁[6]。明日，下阴道[7]。丙辰，

四月，返回时到达奉高县。皇上想到儒生们和方士们所说的封禅礼仪一人一个样，不合常道，难以施行。天子到达梁父山，用礼祭祀地主神。乙卯日，命令侍中和儒生戴上用白鹿皮制作的礼帽，穿着在腰带间插着笏的官服，举行射牛的礼仪。在泰山东麓筑坛举行封礼，采用郊祭太一神的礼仪。举行封礼的坛宽一丈二尺，高九尺，下面放有玉简文书，文书的内容是保密的。封礼完毕，天子单独和侍中奉车都尉霍子侯登上泰山，在山顶也举行了封礼。这件事的具体细节也是保密的。第二天，从泰山北边道路下山。丙辰日，

禅泰山下址东北肃然山，[8]如祭后土礼。天子皆亲拜见，衣上黄而尽用乐焉。江淮间一茅三脊为神藉。[9]五色土益杂封。纵远方奇兽蜚禽及白雉诸物，颇以加礼。兕[10]牛犀象之属不用。皆至泰山祭后土。封禅祠，其夜若有光，昼有白云起封中。

到泰山脚下东北的肃然山举行禅祭，采用祭后土神的礼仪。天子都是亲自跪拜参见，穿的祭服崇尚黄色，并且全都用了音乐。长江、淮河间出产的三棱脊的灵茅用作祭神灵的垫席。用五种颜色的土筑成封坛。释放从边远地方捕获来的奇兽飞鸟以及白色野鸡等动物，以增加礼仪的隆盛程度。但不用兕牛、牦牛、犀牛、大象一类的动物。天子一行又都回到泰山去祭祀后土神。举行封禅祭祀时，每天晚上都好像有光芒闪现，白天有白云从封坛中升起。

注释　1 奉高：县名。泰山郡治所，在今山东泰安市东。　2 皮弁：朝会时戴的白鹿皮冠。　荐绅：即"搢绅"。　3 封：堆土筑坛祭天。　4 玉牒书：写在玉制小简上的封禅文字。牒，小简。　5 奉车：即武帝设置的奉车都尉，掌管皇帝的车驾。　子侯：人名。霍去病之子霍嬗，字子侯。　6 禁：指禁止泄露。　7 阴道：山北面道路。　8 址：山脚。　肃然山：山名。在今山东莱芜市西北。　9 一茅三脊：茅背上有三条棱脊，即所谓的灵茅。　藉：席垫子。　10 兕(sì)：古代犀牛一类的兽名。

天子从禅还，坐明堂，群臣更上寿。于是制诏御史："朕以眇眇之身承至尊，兢兢焉惧不任。维德菲薄，不明于

天子从举行禅礼的坛场回来，坐在泰山脚下东北侧的明堂上，群臣轮流祝贺。于是天子下达诏令告诉御史："朕用卑微的身躯承续天子的至尊之位，兢兢业业地唯恐不能胜任。只因为德行菲薄，不能明习礼乐制度。祭

礼乐。修祠太一，若有象景光，屑如[1]有望，震于怪物，欲止不敢，遂登封太山，至于梁父，而后禅肃然。自新，嘉[2]与士大夫更始，赐民百户牛一、酒十石，加年八十孤寡布帛二匹。复博、奉高、蛇丘、历城，无出今年租税。[3]其大赦天下，如乙卯[4]赦令。行所过毋有复作[5]。事在二年前，皆勿听治。”又下诏曰：“古者天子五载一巡狩，用事泰山，诸侯有朝宿地[6]。其令诸侯各治邸泰山下。”

祀太一神时，天上像是有吉祥的美光，我仿佛望见了什么，被这奇异景象深深震撼，想要中途停下来，又不敢，就登临泰山举行封礼，到达了梁父，然后在肃然山举行禅礼。我希望自己能有一个新开始，也很高兴和你们重新开创新局面，特赐给民众每一百户一头牛、十石酒，给年纪满八十岁的老人和孤子寡妇每人加赐布帛二匹。豁免博县、奉高、蛇丘、历城四县的徭役，这四个县也不用缴纳今年的租税。我宣布大赦天下，与乙卯年的赦令相同。行幸所经过的地方不要再有监外劳役。两年前犯罪的，都不要再追究了。”又下达诏书说：“古时候天子每五年进行一次巡视，到泰山举行封禅典礼，诸侯在山下都建有参加朝拜的住所。特令诸侯各自在泰山下建筑住宿的府第。”

注释　1 屑(xiè)如：倏忽貌。屑，同“屑”。　2 嘉：吉庆，幸福。　3 复：免除徭役。　博：县名。在今山东泰安市东南。　蛇(yí)丘：县名。在今山东泰安市西南。　历城：县名。在今山东省济南市。　4 乙卯：即元朔三年，公元前126年。是年三月，汉武帝下诏大赦天下。　5 复作：刑律名。其犯不戴刑具，不穿罪衣，仅在官府服役。　6 朝宿地：朝会时的住宿之所。《史记正义》：“诸侯各于太山朝宿地起第，准拟天子用事太山而居止。”

天子既已封泰山，无风雨灾，而方士更言蓬莱诸神若将可得，于是上欣然庶几[1]遇之，乃复东至海上望，冀遇蓬莱焉。奉车子侯暴病，一日死。上乃遂去，並海上，北至碣石，巡自辽西，历北边至九原。[2]五月，反至甘泉。有司言宝鼎出为元鼎，以今年为元封元年[3]。

天子已经封祭了泰山，没有遇上风雨灾害，而方士们就进一步说蓬莱岛的神仙可能将要找到，于是皇上高兴地盼望着遇到神仙，就再次东行至海上遥望，希望遇见蓬莱岛的神仙。奉车都尉霍子侯发了暴病，一日内就死去了。皇上于是离去，依海岸北行，往北到达碣石，巡行从辽西开始，经历北部边境到达九原县。五月，返回甘泉宫。主管官员们说宝鼎出土的那年纪元称为元鼎，那么今年封禅，也应该改称元封元年。

注释 1 庶几：也许。 2 並：通“傍”，靠着。 九原：县名。在今内蒙古自治区包头市西。 3 元封元年：公元前110年。以这年举行封禅大典而命名年号。

其秋，有星茀于东井。[1]后十余日，有星茀于三能[2]。望气王朔[3]言：“候[4]独见填星出如瓜，食顷复入焉。”有司皆曰：“陛下建汉家封禅，天其报德星[5]云。”

这年秋天，有彗星出现在井宿。十几日后，又有彗星出现在三台天区。望气方士王朔说：“我在观测的时候只见填星出现时像瓜那么大，一顿饭的工夫就又隐没不见了。”主管官员们都说：“陛下创立了汉朝的封禅大典，上天为了酬报您，就出现了德星呀。”

注释 1 茀(bèi)：彗星，它出现时光芒四射。 东井：星宿名。有主星八颗，属双子座。 2 三能（tái）：即“三台”，两两并列，共六星。能，通“台”。 3 王朔：方士。主管瞻望云气以卜吉凶。 4 候：观测。 5 德星：意为福庆吉祥之星，指岁星（即木星）。《史记索隐》：“岁星所在有福，故曰德星也。”

其来年冬，郊雍五帝。还，拜祝祠太一。赞飨曰：“德星昭衍，厥维休祥。[1] 寿星仍出，[2] 渊耀光明。信星[3] 昭见，皇帝敬拜太祝之享。”

其春，公孙卿言见神人东莱山，若云“欲见天子”。天子于是幸缑氏城，拜卿为中大夫。遂至东莱，宿留之数日，无所见，见大人迹云。复遣方士求神怪采芝药以千数。是岁旱。于是天子既出无名，乃祷万里沙[4]，过祠泰山。还至瓠子，自临塞决河，留二日，沈祠而去。[5] 使二卿[6] 将卒塞决河，徙二渠，复禹之故迹焉。

第二年冬天，在雍县郊祭五色帝。返回时，拜祭了太一神。祝祠说：“德星光明硕大，显示出美好吉祥。寿星接着出现，光明渊耀。这些星宿像符信一样显现，为此皇帝将太祝准备的祭品恭敬地献给各位神灵。”

这年春天，公孙卿说在东莱山见到了神仙，他说“想见见天子”。天子于是幸临缑氏城，任命公孙卿做中大夫。随后皇帝来到东莱，留住了好几天，没能见到神仙，据说见到了巨人的足迹。皇帝再次派遣数千方士去寻找神怪、采集灵芝仙药。这一年出现大旱。天子既已出游，但没有正当名目，于是就到万里沙的神庙中祈雨，经过泰山时祭祀了泰山。返回途中到达瓠子口，亲自部署堵塞黄河决口，停留两天，把白马和玉璧等祭品沉入河中就离开了。派汲仁、郭昌二卿带领士卒堵塞黄河决口，使黄河分为两条水道，恢复了大禹治水时的原貌。

注释 1 昭:明亮。 衍:展延,硕大。 2 寿星:《史记索隐》:“寿星,南极老人星也,见则天下理安,故言之也。” 仍:接着。 3 信星:即土星。《史记索隐》:“信星,镇星也。信属土,土曰镇星,则《汉志》为德星也。” 4 万里沙:神祠名。在东莱郡曲成县,即今山东莱州市东北渤海之南岸。《史记集解》引孟康曰:“沙径三百余里。”武帝以祷万里沙作为这次东巡的名目。 5 瓠子:即瓠子口。在今河南濮阳市西南。当时黄河在此决口。 沈(chén)祠:沉白马、玉璧于河中以祭神。沈,旧同“沉”。武帝塞决河,事详《河渠书》。 6 二卿:指汲仁、郭昌二人。

是时既灭两越,越人勇之乃言“越人俗鬼,而其祠皆见鬼,数有效。昔东瓯王敬鬼,寿百六十岁。后世怠慢,故衰秏[1]”。乃令越巫立越祝祠,安台无坛,亦祠天神上帝百鬼,而以鸡卜[2]。上信之,越祠鸡卜始用。

公孙卿曰:“仙人可见,而上往常遽[3],以故不见。今陛下可为观[4],如缑城,置脯枣,神人宜可致也。且仙人好楼居。”于是上令长安则作蜚廉桂观[5],甘泉则作益延寿

这时候已经灭掉了南越、东越,越地人勇之说“越人的习俗是相信鬼,他们祭祀的时候都能见到鬼,祈祷也往往有效。从前东瓯王敬重鬼,活到一百六十岁。后世怠慢了鬼,所以就衰败”。于是下令越地的巫师建立越式祝祷的祠庙,筑有庙台却没有坛,也用来祭祀天神上帝和百鬼,并采用鸡骨进行占卜。皇上相信这一套,越式祠庙和用鸡骨占卜就开始在京城流传。

公孙卿说:“仙人可以见到,但是皇上前往常常很匆忙,所以没能见到。现在陛下可以在京城建造一座宫观,像缑氏城那样,摆放一些果脯枣干,神人应该可以招来。而且仙人喜好有楼台的居处。”于是皇上命令长安按照要求建造蜚廉桂观,甘泉按

观，使卿持节设具而候神人。乃作通天台[6]，置祠具其下，将招来仙神人之属。于是甘泉更置前殿，始广诸宫室[7]。夏，有芝生殿房内中。天子为塞河，兴通天台，若见有光云，乃下诏："甘泉房中生芝九茎，赦天下，毋有复作。"

照要求建造益寿观，派公孙卿持着符节设置供品来恭候神仙。接着建造通天台，在下面摆放供品，以求招来神灵。于是甘泉宫重新设置了前殿，还扩建了很多宫室。夏天，有芝草生长在殿房里面。天子因为堵塞住了黄河决口，兴造了通天台，在建造过程中有人好像看见了神光，于是下诏说："甘泉宫殿房里生长出有九茎的芝草，为此大赦天下，免除苦役犯的劳役。"

注释　1 衰秏：衰竭。秏：同"耗"。　2 鸡卜：持鸡骨占卜。《史记正义》："鸡卜法用鸡一，狗一，生，祝愿讫，即杀鸡狗煮熟。又祭，独取鸡两眼骨，上自有孔裂，似人物形则吉，不足则凶。今岭南犹行此法也。"　3 遽：匆促。　4 观(guàn)：楼台之类。　5 蜚廉桂观：观名。蜚廉，亦作"飞廉"。《史记集解》引应劭曰："飞廉，神禽，能致风气。"引晋灼曰："身如鹿，头如雀，有角而蛇尾，文如豹文也。"　6 通天台：建于甘泉宫，高三十丈，据说在上面可以望见长安城。　7 广诸宫室：《史记索隐》引姚氏案："扬雄云甘泉本因秦离宫，既奢泰，武帝复增通天台、迎风宫，近则有洪崖、储胥，远则石关、封峦、鳷鹊、露寒、棠梨等观，又有高华、温德观、曾成宫、白虎、走狗、天梯、瑶台、仙人、弩法、相思观。"

其明年，伐朝鲜。夏，旱。公孙卿曰："黄帝时封则天旱，干封[1]三年。"上乃下诏曰："天旱，意干封

第二年，攻伐朝鲜。夏季，天旱。公孙卿说："黄帝举行封礼的时候也曾出现天旱，封坛的土曝晒了三年。"皇上于是下诏说："天旱，是

乎？其令天下尊祠灵星[2]焉。”

其明年，上郊雍，通回中道[3]，巡之。春，至鸣泽，从西河归。[4]

其明年冬，上巡南郡[5]，至江陵而东。登礼灊之天柱山，号曰南岳。[6]浮江，自寻阳出枞阳，过彭蠡，礼其名山川。[7]北至琅邪，並海上。四月中，至奉高修封焉。

想要曝晒封坛的土吗？命令天下恭敬地祭祀主管农事的灵星。”

次年，皇上到雍县郊祭，开通了回中道，于是就巡视了回中一带。春天，到达鸣泽，从西河郡返回长安。

第二年冬天，皇上巡视南郡，到达江陵后再往东。登临并且以礼祭祀灊县南部的天柱山，称这座山为南岳。在长江上乘船而下，从寻阳县出发到达枞阳县，渡过彭蠡泽，以礼祭祀沿途的有名山川。往北到达琅邪郡，再沿着海岸北行。四月中旬，到达奉高县，举行了封礼。

注释 1 干封：烘干封坛之土。郑玄以为“但祭不立尸为干封”。
2 灵星：又名天田星，即龙星，主稼穑。 3 回中道：关中往西北的通道。在今陕西陇县至甘肃华亭市之间。据《汉书·武帝纪》此巡在元封四年，即公元前107年。 4 鸣泽：泽名。据说在涿郡，今河北涿州市一带。西河：郡名。治所平定，在今内蒙古自治区准格尔旗西南。 5 南郡：郡名。治所江陵，在今湖北江陵县。 6 礼：祭祀。 灊(qián)：县名。在今安徽霍山县东北，天柱山在其西南。 天柱山：在今安徽潜山市西北。
7 寻阳：县名。治今湖北黄梅西南。 枞阳：县名。在今安徽枞阳县。 彭蠡：泽名。在今江西九江市东北长江之两岸。

初，天子封泰山，泰山东北址古时有明堂处，处险不敞。上欲治明堂奉高旁，未晓其制度[1]。济南人公王带[2]上黄帝时明堂图。明堂图中有一殿，四面无壁，以茅盖，通水，圜宫垣，为复道，上有楼，从西南入，命曰昆仑，天子从之入，以拜祠上帝焉。[3]于是上令奉高作明堂汶[4]上，如带图。及五年修封，则祠太一、五帝于明堂上坐，令高皇帝祠坐对之。[5]祠后土于下房，以二十太牢。天子从昆仑道入，始拜明堂如郊礼。礼毕，燎堂下。而上又上泰山，自有秘祠其巅。而泰山下祠五帝，各如其方，黄帝并赤帝，而有司侍祠焉。山上举火，下悉应之。

当初，天子封祭泰山，泰山东北山脚下古时候有一处地方建有明堂，这个地方险峻，但不宽敞。皇上就想在奉高的旁边另建一座明堂，但不清楚明堂的形制规模。济南人公王带献上黄帝时代的明堂图。明堂图上在正中有一座殿，四面没有墙壁，顶上用茅草覆盖，四面水沟环绕，围绕着宫垣，筑成架空通道，上面有角楼，从西南角伸入殿堂，这条道名叫昆仑，天子从这里进入，来拜祭上帝。于是皇上下令在奉高县的汶水旁建造像公王带所示旧图那样的明堂。等到五年后来举行封礼时，就把太一神、五色帝的祠主安置在明堂的正座，把高皇帝的灵位安置在它们对面。后土神的祠主安置在下房，用二十套齐备的牛羊猪做祭牲。天子从昆仑通道进入，采用郊祭礼拜祭明堂。祭礼完毕，在堂下烧柴祭祀。接着又登上泰山，自有一套秘密的办法在山顶上祭祀。而在泰山下祭祀五色帝，青、红、白、黑四帝各在和他们同色的方位，只有黄帝和赤帝在一起，这些都由负责的官员去祭祀。祭祀时山上举起火把，山下也举火响应。

注释 1 制度:指形制尺度。 2 公王(sù)带:人名。公王,复姓;带,名。3 圜:通"环",环绕。 命曰昆仑:《史记索隐》:"言其似昆仑山之五城十二楼,故名之也。" 4 汶:汶水。 5 上坐:最尊贵的座位。坐,同"座"。 祠坐:指神主灵位。

其后二岁,十一月甲子朔旦冬至,推历者以本统。[1]天子亲至泰山,以十一月甲子朔旦冬至日祠上帝明堂,毋修封禅[2]。其赞飨曰:"天增授皇帝太元神策[3],周而复始。皇帝敬拜太一。"东至海上,考入海及方士求神者,莫验,然益遣,冀遇之。

又过了两年,十一月甲子朔日早晨是冬至时刻,推算历法的人认为是历法起点的正统。天子亲自到泰山,用十一月甲子朔日早晨冬至这一天在明堂祭祀上帝,没有采用封禅的礼仪。祭祀时候的祝词说:"上天增授皇帝太元神策,使世间周而复始地不停运行。皇帝恭敬拜祭太一神。"之后,皇上又向东到达海上,察问进入海域求神的人和寻求神仙的方士,但没有谁找到了神仙,然而他又派遣更多的人四处找寻,希望能够遇到神仙。

注释 1 其后二岁:指武帝元封五年南巡后的两年,应为元封七年,后改为太初元年,即公元前104年。 本统:指为推算历法起点的正统。2 毋修封禅:因不到五年修封期,故只祭于明堂,毋修封禅。 3 太元神策:创历之号。所创之历为《太初历》。《史记索隐》案:"上黄帝得宝鼎神策,则太古上皇创历之号,故此云太元神策,周而复始也。"

十一月乙酉,柏梁灾。[1]十二月甲午朔,上亲禅高里[2],祠后土。临

十一月乙酉日,柏梁台发生火灾。十二月甲午朔日,皇上亲临泰山下的高里山举行禅礼,祭祀后土神。又驾

勃海，将以望祀蓬莱之属，冀至殊廷[3]焉。

临渤海，对蓬莱仙山的众神举行望祀，希望能够到达蓬莱的仙人之廷。

注释 1 柏梁：台名。以香柏为梁，故名。建于元鼎二年，在今陕西西安市长安区西北。 灾：这里指遭受火灾。 2 高里：山名。在今山东泰安市境。 3 殊廷：异域，指仙人居住之地。

上还，以柏梁灾故，朝受计[1]甘泉。公孙卿曰："黄帝就青灵台，十二日烧，黄帝乃治明廷。明廷，甘泉也。"方士多言古帝王有都甘泉者。其后天子又朝诸侯甘泉，甘泉作诸侯邸。勇之乃曰："越俗有火灾，复起屋必以大，用胜服[2]之。"于是作建章宫，度[3]为千门万户。前殿度高未央。其东则凤阙[4]，高二十余丈。其西则唐中，数十里虎圈[5]。其北治大池，渐台[6]高二十余丈，命曰太液池，中有蓬莱、方丈、瀛洲、壶梁，象海中

皇上归来，由于柏梁台发生火灾的缘故，改在甘泉宫坐朝接受郡国所呈上的包括户口在内的年终会计簿册。公孙卿说："黄帝建成青灵台，十二天就被火烧掉了，他于是又建筑明廷。所谓明廷，就是甘泉宫。"方士中很多人说古代的帝王有建都在甘泉的。后来，天子又在甘泉宫接受诸侯的朝见，甘泉宫那里又建造了诸侯国的王侯府邸。勇之于是说："越地的习俗是发生了火灾，重新建起的房屋一定比原先的还要大，以压服灾祸。"于是兴造建章宫，规模为千门万户。前殿的高度要超过未央宫。它的东边就是凤阙，高达二十多丈。它的西边就是唐中池，有周围几十里的虎圈。它的北边开凿有大池，大池中间建有渐台，高达二十多丈，命名叫太液池，池中还建有蓬莱、方丈、瀛洲、壶梁四座仙山，模拟海中的神山龟鱼之类。它

神山龟鱼之属。其南有玉堂、璧门、大鸟之属。[7]乃立神明台、井干楼，度五十丈，辇道相属焉。[8]

的南边有玉堂宫、璧门、神鸟雕像一类的建筑物。还造起神明台、井干楼，高有五十丈，这些宫殿之间都由可供皇帝辇车通行的御道互相连接起来。

注释 1 受计：接受郡国呈上的包括户口在内的年终会计簿册。 2 胜服：压服，制服。 3 度：规模，计划。 4 凤阙：宫阙名。因上饰有五尺铜凤，故名。 5 虎圈：养虎的地方。 6 渐台：楼台在池中，为水所浸，故名。渐，浸。 7 玉堂：宫名。《史记索隐》引《汉武故事》云："玉堂基与未央前殿等，去地十二丈。" 大鸟：指神鸟雕像。 8 神明台：《史记索隐》引《汉宫阙疏》云："台高五十丈，上有九宫，常置九天道士百人也。" 井干楼：《史记索隐》："《关中记》'宫北有井干台，高五十丈，积木为楼'。言筑累万木，转相交架，如井干。" 辇(niǎn)道：建在楼阁间可通小车的通道。 属(zhǔ)：连接。

夏，汉改历，以正月为岁首，而色上黄，官名更印章以五字[1]，为太初元年。是岁，西伐大宛[2]。蝗大起。丁夫人、雒阳虞初等以方祠诅[3]匈奴、大宛焉。

这年夏天，朝廷更改历法，把正月作为一年的首月，车马服饰崇尚黄色，凡官名印章都改用五个字，年号改为太初元年。这一年，往西去攻伐大宛。当年发生了严重的蝗灾。方士丁夫人、洛阳人虞初等都用方术通过祭祀祈求神灵加祸殃于匈奴、大宛。

其明年，有司上言雍五畤无牢熟具[4]，芬芳不备。乃令祠官进畤犊

第二年，主管官员上书说雍县五畤没有熟牲做祭品，芬芳的香气不充分。于是皇帝命令祠官把熟牛犊做祭品进献五畤，按五行相克的原则选择

牢具，色食所胜，而以木禺马代驹焉。[5]独五月尝驹[6]，行亲郊用驹。及诸名山川用驹者，悉以木禺马代。行过，乃用驹。他礼如故。

符合各时颜色的牲畜供神灵享用，而用木偶马代替驹。只有五月用驹做尝祭，皇上亲临郊祭的时候也用驹。其他各名山名川要用驹做祭品的，都用木偶马代替。皇上经过的时候，才能用驹做祭品祭祀。其他的礼仪一概如故。

注释 1 更印章以五字：土德序数为五，故官印一律改为五字，不足五字者中加“之”字。 2 大宛(yuān)：西域国名。在今中亚费尔干纳盆地，盛产葡萄、名马。事详《大宛列传》。 3 诅(zǔ)：请神加殃谓之诅。4 牢熟具：煮熟的牲畜祭品。具，器具所盛的食物酒肴，这里指祭品。5 色食所胜：以五行相克之理安排祭品。《史记集解》引孟康曰：“若火胜金，则祠赤帝以白牡。” 木禺(ǒu)：即木偶。禺，通“偶”。 驹：两岁以下的幼马或少壮马。 6 尝驹：用驹进行尝祭。尝，祭名。

其明年，东巡海上，考神仙之属，未有验者。方士有言“黄帝时为五城十二楼，以候神人于执期，命曰迎年”。[1]上许作之如方，命曰明年[2]。上亲礼祠上帝焉。

公王带曰：“黄帝时虽封泰山，然风后、封钜、岐伯[3]令黄帝封东泰

第二年，皇上东巡到了海边，考察求访神仙一类的事，没有一点儿眉目。方士们有人说“黄帝的时候建造了五城十二座楼，在执期来恭候神人，命名叫迎年祠”。皇帝答应建造同样的楼台，命名为明年祠。皇上亲临以礼祭祀上帝。

公王带说：“黄帝的时候虽然封祭泰山，然黄帝的臣子风后、封钜、岐伯让黄帝到东泰山去行封礼，到凡山去行禅礼，来契合神灵降赐的符瑞，然

山，禅凡山，合符，然后不死焉。”天子既令设祠具，至东泰山，东泰山卑小，不称其声，乃令祠官礼之，而不封禅焉。其后，令带奉祠候神物。夏，遂还泰山，修五年之礼如前，而加以禅祠石闾。石闾者，在泰山下址南方，方士多言此仙人之闾[4]也，故上亲禅焉。

其后五年[5]，复至泰山修封。还过祭恒山[5]。

后才能长生不死。”天子下令准备祭礼，到达东泰山，东泰山矮小，和它的声誉不相称，就下令祠官以礼祭祀，而不举行封禅大典了。后来又命令公王带供奉祭祀来恭候神物。夏天，又回到泰山，和从前一样，举行五年一次的封祭大典，再加上一次禅祭石闾山。石闾，在泰山的南麓，很多方士说这是仙人的居住地，所以皇上亲临举行禅礼。

又过了五年，皇帝再次来到泰山举行封祭典礼。返回时又绕道去祭祀了恒山。

注释 1 执期：地名。 迎年：祠名。意为祈求丰年。 2 明年：楼名。意为明其得延年。 3 风后、封钜、岐伯：皆黄帝臣子。 东泰山：在汉之朱虚县境内，即今山东沂水县西北。 凡山：在汉之朱虚县北境，即今山东潍坊市西南。 合符：与符瑞相合。 4 仙人之闾：仙人的居住处。闾，里。 5 其后五年：即天汉三年，公元前98年。

今天子所兴祠，太一、后土，三年亲郊祠，建汉家封禅，五年一修封。薄忌太一及三一、冥羊、马行、赤星，五，宽舒之祠官以岁时致礼。[1]凡六祠[2]，

当今天子所定下的祭祀，太一、后土，每三年亲临郊外祭祀，创建的汉朝封禅大典，每五年一次举行祭祀。薄忌建议设立的太一祠以及三一、冥羊、马行、赤星五处神祠，并由宽舒这类祠官负责掌管，每年按时治办祭礼。以上总共六处祭祀，都由

皆太祝领之。至如八神诸神，明年、凡山他名祠，行过则祠，行去则已。方士所兴祠，各自主，其人终则已，祠官不主。[3]他祠皆如其故。今上封禅，其后十二岁而还，遍于五岳、四渎矣。而方士之候祠神人，入海求蓬莱，终无有验。而公孙卿之候神者，犹以大人之迹为解[4]，无有效。天子益怠厌方士之怪迂语矣，然羁縻不绝，[5]冀遇其真。自此之后，方士言神祠者弥众，然其效可睹[6]矣。

太祝官统领。至于像八神中的各种神仙，明年、凡山等有名的神祠，皇上出行经过时就祭祀，离开以后就停止。方士们所兴建的祠庙，由各自主管，兴建的人去世就停止，祠官不予过问。其他的祭祀都像往常一样。当今皇上举行过封禅大典，其后十二年，祭祀就已经遍及五岳、四渎了。而方士们恭候祭祀神仙，进入大海寻求蓬莱，最终还是没有灵验。而公孙卿恭候神人，还是得拿大人的足迹作借口，也没有效应。这使天子渐渐开始厌恶方士们怪诞迂阔的言论，然而受长生升天等想法驱使，皇上还是继续笼络方士，希望能遇见真正的神仙。从这以后，方士们谈论神人祭祀的愈加多了，然而其效果可想而知了。

注释　1 赤星：即上文所说主稼穑的灵星祠。《史记索隐》："灵星，龙（星名）左角，其色赤，故曰赤星。"　宽舒之祠官：即宽舒这类祠官。　2 六祠：太一、三一、冥羊、马行、赤星，加上后土为六。　3 主：谓负责祭祀。　终：死。　4 解：解释，说法。　5 羁縻(jī mí)：束缚。指武帝受长生升天等迷信思想的束缚而不可解脱。　不绝：指还是继续使用方士而不断绝。　6 可睹：可见。贬词。《史记集解》引徐广曰："犹今人云'其事已可知矣'，皆不信之耳。"

太史公曰:余从[1]巡祭天地诸神名山川而封禅焉。入寿宫侍祠神语,究观方士祠官之意,于是退而论次自古以来用事于鬼神者,具见其表里。[2]后有君子,得以览焉。若至俎豆珪币之详,献酬之礼,则有司存。[3]

太史公说:我曾跟着皇帝到处巡行祭祀天地和各种神灵及名山大川,并参加了封禅大典。我还进入寿宫旁听了祭神的祝词,考察过方士和祠官们的言论,于是坐下来按次序论述从古以来对鬼神进行祭祀的情况,将此都记下来。这样,以后的君子,就能够借此进行观察考究。至于像俎豆玉帛等祭品的详细内容,献飨酬报的各种礼仪,官府的档案中都有记载。

注释　1 从:随从。　2 退:退回,坐下。　论次:议论编次。　表里:外部情况,内中缘由。　3 若至:至于。　珪币:祭祀用的玉帛。　献酬之礼:献飨酬报的各种礼仪。　存:指有文献档案记载。

史记卷二十九

河渠书第七

原文

《夏书》曰：禹抑洪水十三年，过家不入门。[1]陆行载车，水行载舟，泥行蹈毳，山行即桥。[2]以别九州，随山浚川，任土作贡。[3]通九道，陂九泽，度九山。[4]然河灾衍溢，害中国[5]也尤甚。唯是为务[6]。故道河自积石历龙门，南到华阴，东下砥柱，及孟津、雒汭，至于大邳。[7]于是禹以为河所从来者高，水湍悍，难以行平地，数为败，乃厮二渠以引其河。[8]北载之高地，过降水，至于大陆，

原文

《夏书》上说："大禹治理洪水十三年，路过家不进门。陆地上行走坐车，水中行走坐船，泥路上行走踏橇，山路中行走乘舆床。他划分了九州疆界，随着山势疏通河流，根据土质决定贡赋级别。开通九州的道路，修筑各湖泊的堤岸，估测山脉的走势。然而黄河泛滥成灾，中原地区受害尤其严重。只有治理黄河这件事是当务之急。于是他疏导黄河，从积石山开始，经过龙门，南到华阴，东下砥柱山，经过孟津、雒汭，一直到大邳山。禹认为黄河的水来自高处，水势湍急迅猛，很难在平地通行，多次冲坏河堤，于是就开凿两条河渠用来引导黄河。往北通过高地流去，经过降水，到达大陆泽，分

原文	译文
播为九河,同为逆河,入于勃海。[9] 九川既疏,九泽既洒,诸夏艾安,功施于三代。[10]	披成九条支流,又汇合在逆河地区,流入渤海。九州的大河已经疏通,九州的大湖都筑了障水堤岸,整个华夏地区安宁了,大禹的功绩惠及夏、商、周三代。

注释 1《夏书》:今文《尚书》分为《虞书》《夏书》《商书》《周书》四部分,这里的《夏书》即《尚书》中有关夏王朝记载的那部分。下文之内容基本来源于《夏书》之《禹贡》篇。 抑:抑制、治理。 2 毳(qiāo):通"橇"。 山行即桥:《夏本纪》作"山行乘檋";《汉书·沟洫志》作"山行则梮"。韦昭曰:"梮,木器,如今舆床,人举以行也。" 3 别:区别。 九州:指冀、兖、青、徐、扬、荆、豫、梁、雍各州。 浚:疏通。 任土作贡:依据土地的肥、薄来制定贡赋。 4 陂:这里活用为动词,修筑堤坝。 度:(duó):测量、观察。 5 中国:中原。 6 唯是为务:唯以此为致力之目标。是,此,指治理水灾。务,致力,从事。 7 道:通"导",疏导。 积石:小积石山。在今甘肃临夏市西北。 龙门:即龙门山。在今山西省河津市西北及陕西省韩城市东北,跨黄河两岸。 华阴:华山之北。今华阴市黄河拐弯一带。 砥柱:又作"底柱"。在今三门峡市东黄河道中,又名三门山,以山在水中若砥柱一般,故名。 孟津:黄河古渡口。在今河南孟津市东、孟州市西南。 雒汭(ruì):又名洛口。洛水入黄河处,在今河南温县南。 大邳(pī):山名。汉代以今河南成皋故城所在之山为大邳。 8 湍悍:水势湍急而凶猛。 数(shuò):屡次,多次。 败:灾害。 厮:分。 二渠:其一为黄河干流,其一为黄河支流漯(tà)川。 9 降水:《史记正义》:"降水源出潞州(今山西长治)屯留县西南方山东北。" 大陆:即大陆泽,又名巨鹿泽。在今河北邢台、巨鹿、赵县一带。 播:分布。 九河:谓徒骇、太史、马颊、覆鬴、胡苏、简、絜、钩盘、鬲津等九河。 逆河:指黄河入海处的一段河流。以迎受海潮而得名。 勃海:即今渤海。《史记志疑》

以“勃”字为衍文。 **10** 洒:“酾(shī)”字之误。《史记集解》引韦昭云“疏决为酾”。《禹贡》《汉志》均作“陂”,孔安国解释为“九州之泽已陂障无决溢矣”。 诸夏:泛指当时中国境内各小国。

自是之后,荥阳下引河东南为鸿沟,以通宋、郑、陈、蔡、曹、卫,与济、汝、淮、泗会。[1] 于楚,西方则通渠汉水、云梦之野,东方则通鸿沟江淮之间。[2] 于吴,则通渠三江、五湖。[3] 于齐,则通菑济[4]之间。于蜀,蜀守冰凿离碓,辟沫水之害,穿二江成都之中。[5] 此渠皆可行舟,有余则用溉浸,百姓飨其利。[6] 至于所过,往往引其水益用溉田畴之渠,以万亿计,然莫足数也。[7]

从此以后,新的水利工程不断出现,有人从荥阳城下引黄河水向东南流,形成鸿沟,水流把宋、郑、陈、蔡、曹、卫各国连接起来,分别和济水、汝水、淮水、泗水会合。在楚地,西方有水渠连通汉水、云梦泽一带,东方有邗沟连通江、淮之间。在吴地,开渠连通三江、五湖。在齐地,则修渠连通菑水和济水。在蜀地,蜀郡守李冰凿穿离碓,避开了沫水的危害,在成都平原中开通二江。这些渠都可以行船,有多余的水就用来灌溉田地,百姓都能享受其利。至于渠水经过的地方,常常开支渠引水灌溉农田,流入田地中的小渠道要用万亿来计算,但是规模小,不值得在这里讲了。

注释 **1** 荥阳:地名。在今郑州市西北。 鸿沟:古渠名。故道大部循今河南贾鲁河东,由荥阳北引黄河水曲折东至淮阳入颍水。约在魏惠王十年(前 360)开通。 宋、郑、陈、蔡、曹、卫:当时中原一带的诸侯国名。济、汝、淮、泗:即济水、汝水、淮水(淮河)、泗水。 **2** 汉水:即今汉水。 云梦:今湖北云梦泽一带。 鸿沟:“鸿”字疑衍。此指邗(hán)沟,古渠名。

为春秋时吴王夫差为争霸中原在长江和淮河之间开凿的一条渠，南起扬州市长江北岸，北到今江苏淮安市。 3 三江：说法很多，此指长江下游一带之水系。 五湖：说法亦很多，此指太湖流域一带众多湖泊。
4 菑济：菑，即"淄"，指淄水。济，指济水。 5 冰：即李冰。当时被秦昭王任为蜀郡守，战国时期的水利家。 离碓：即"离堆"，在今四川都江堰市西南岷江分流处，即都江堰所在。 沫水：今大渡河。 穿二江成都之中：在李冰的主持下，成都人民在灌县附近把岷江分为郫江（内江）和检江（外江）两支，即今都江堰水利工程之前身。 6 浸(jìn)：同"浸"。 飨：通"享"。 7 畴(chóu)：已耕作之田地。 万亿：泛指许多。

西门豹引漳水溉邺，以富魏之河内。[1]

而韩闻秦之好兴事，欲罢之，毋令东伐，乃使水工郑国间说秦，令凿泾水自中山西邸瓠口为渠，並北山东注洛三百余里，欲以溉田。[2]中作而觉，[3]秦欲杀郑国。郑国曰："始臣为间，然渠成亦秦之利也。"秦以为然，卒使就渠。[4]渠就，用注填阏之水，溉泽卤之地四万余顷，收皆亩一钟。[5]于

西门豹引漳水灌溉邺县，因此使魏国的河内地区富饶起来了。

韩国听说秦国喜好兴建工程，想借此来消耗秦国的实力，以阻止它向东攻伐，于是派水利专家郑国找机会游说秦王，让秦国凿穿泾水从中山起西到瓠口，修一条水渠，沿着北山向东流入洛水，全长三百多里，用于灌溉田地。工程建设中间，秦王察觉出韩国的计谋，秦王要杀郑国。郑国说："开始我是以间谍身份前来，然而水渠修成也使秦国能获得利益呀。"秦王认为此话有理，最终让郑国完成了这项工程。水渠开通以后，引来饱含泥沙的泾河水，灌溉低洼的盐碱地四万多顷，收成都是每亩六石四斗。于是关中成了肥沃的良田，没有荒年了，秦国因此富足

是关中为沃野,无凶年,秦以富强,卒并诸侯,因命曰郑国渠。[6]

强大,最终吞并诸侯各国,于是把这条水渠称作郑国渠。

注释 1 西门豹:战国初政治家,魏文侯时为邺令。 漳水:水名。流经今山西和顺、河北邯郸、沧州,入渤海。 邺:县名。在今河南安阳市北,漳水流经邺地。 河内:当时魏国所属地区,约相当于今河南省黄河以北的地方,汉高祖二年曾设河内郡。 2 好(hào)兴事:喜欢兴办各种工程事业。 欲罢(pí)之:想要使之罢。罢,通"疲"。之,指代秦国。 郑国:韩国人,战国末水利家。 间(jiàn):当间谍。 说(shuì):游说。 泾水:今陕西泾水。 中山:山名。在今陕西淳化县南。 邸:通"抵",到。 瓠口:又名谷口,在今陕西淳化县南泾水岸边。 並(bàng):通"傍",沿着。 北山:山名,在今陕西铜川市东西一线。 洛:今陕西洛水。 3 中作:工程未完成,仍在进行中。 觉:察觉。 4 卒:终于。 就:成就,完成。 5 注:引。 填阏之水:指含有淤泥的浑浊之水。阏,通"淤"。填阏,即淤泥。 泽卤:盐碱。 钟:古时容量单位,六石四斗为一钟。 6 关中:今关中平原。 凶年:灾年。

汉兴三十九年,孝文时河决酸枣,东溃金堤,于是东郡大兴卒塞之。[1]

其后四十有余年,今天子元光之中,而河决于瓠子,东南注钜野,通于淮、泗。[2]于是天子使汲黯、郑当时兴人徒塞之,辄复坏。[3]是时武安侯田蚡为

汉朝建国后三十九年,孝文帝时,黄河在酸枣决口,东边的金堤被冲垮了,于是东郡派出大量人力堵塞决口。

其后四十多年,当今天子元光年间,黄河在瓠子决口,向东南流入钜野,与淮水、泗水相通。于是天子派汲黯、郑当时发动人力去堵塞决口,刚堵好就又冲坏了。这时候武安侯田蚡担任丞相,他的食邑在鄃

丞相,其奉邑食鄃。[4] 鄃居河北[5],河决而南则鄃无水灾,邑收多。蚡言于上曰:“江河之决皆天事[6],未易以人力为强塞,塞之未必应天。”而望气用数者亦以为然。[7] 于是天子久之[8]不事复塞也。

县。鄃县处在黄河北边,黄河决口向南泛滥,北边的鄃县没有水灾,食邑的收成很好。田蚡对皇上说:“长江、黄河决口都是上天的安排,不能凭人力勉强堵塞,人为的堵塞不一定合天意。”那些看云气的和使用术数的方士也认为是这样的。于是天子很长时间不再处理堵塞决口的事。

注释 **1** 汉兴三十九年:即公元前168年,从刘邦为汉王至此为39年。 孝文:即汉文帝刘恒。 酸枣:地名。在今河南延津县西南。 金堤:西汉时指称今河南延津东北行经滑县、濮阳,直至山东德州一线的黄河大堤。因此堤用石筑成,十分坚固,故谓“金堤”。 东郡:郡名。治所在今河南濮阳市南。 卒:役使之民夫。 **2** 今天子:指汉武帝。 元光:汉武帝第二个年号,公元前134年—前129年。 瓠子:地名,亦称瓠子口。在今河南濮阳市南。 钜野:此指钜野泽,亦名大野泽,在今山东巨野县。 **3** 汲黯:西汉大臣,官至主爵都尉,武帝称他为“社稷之臣”。 郑当时:西汉大臣,武帝时为大司农。 **4** 田蚡:西汉大臣,汉景帝王皇后弟,武帝时封武安侯,官至丞相。 奉邑:即食邑、采邑。 鄃(shū):县名。在今山东夏津县东,黄河故道西。 **5** 河北:黄河之北。黄河下游基本为东西走向,所以鄃亦可称为在河北。 **6** 天事:天意,上天的安排。
7 望气:古代望云气附会人事,预言吉凶。 用数:使用术数占卜吉凶。
8 久之:很长时间。“之”附在时间名词后凑足音节,无实际意义。

是时郑当时为大农[1],言曰:"异时关东漕粟从渭中上,度六月而罢,而漕水道九百余里,时有难处。[2]引渭穿渠起长安,並南山下,至河三百余里,径,易漕,度可令三月罢;[3]而渠下民田万余顷,又可得以溉田:此损漕省卒[4],而益肥关中之地,得谷。"天子以为然,令齐人水工徐伯表,[5]悉发卒数万人穿漕渠,三岁而通。通,以漕,大便利。其后漕稍多,而渠下之民颇得以溉田矣。

这时候郑当时担任大司农官,他建议说:"过去关东地区向长安运粮是从黄河西上进入渭水,估计六个月才完成,并且水运全程九百多里,时常有难走的地段。如果引渭水修渠,从长安开凿一条渠道,引渭水沿着南山直通黄河,只有三百多里,路直,水运便利,估计三个月可运完;渠两侧有百姓田地一万多顷,又可以得到渠水灌溉:这样可以减少水运时间,节省人力,并且使关中土地更加肥沃,谷物增收。"天子认为有道理,就派齐地的水利专家徐伯测量标记,一下子发动几万人开凿水运渠道,三年就挖通了。渠开通了,用来水上运输,十分便利。从这以后水运就一点点多起来了,水渠沿岸的百姓也可以用渠水灌溉田地了。

注释 1 大农:即大司农,官名。掌管租税钱谷盐铁等事。 2 异时:以前。 漕:通过水道运送粮食。 渭:即渭水。 度(duó):估计。 3 长安:当时西汉都城,在今西安市西北。 南山:即今西安市南终南山。 径:直道。 4 损漕省卒:减少漕运期限,节省漕运人力。 5 徐伯:西汉水利家。 表:标记,此为测量。

其后河东守番系言："漕从山东西，岁百余万石，更砥柱之限，败亡甚多，而亦烦费。[1]穿渠引汾溉皮氏、汾阴下，引河溉汾阴、蒲坂下，度可得五千顷。[2]五千顷故尽河壖弃地，民茭牧其中耳，今溉田之，度可得谷二百万石以上。[3]谷从渭上，与关中无异，而砥柱之东可无复漕。"天子以为然，发卒数万人作渠田。数岁，河移徙，渠不利，则田者不能偿种。[4]久之，河东渠田废，予越人，令少府以为稍入。[5]

这以后，河东太守番系说："漕运从崤山以东向西入关，一年有一百多万石，中途经过砥柱的险阻，损失太多，而且也很麻烦费事。如果挖河渠引导汾水灌溉皮氏、汾阴一带的土地，引导黄河水灌溉汾阴、蒲坂一带的土地，预计可以灌溉五千顷土地。这五千顷土地原来都是河套荒地，百姓在那里打草放牧，现在灌溉成良田，估计可得谷物二百万石以上。这些谷物经由渭水供给长安，和直接在关中生产没有什么区别，那么不用再从崤山以东经过砥柱向长安运送粮食了。"天子认为有道理，发动士卒几万人修渠造田。几年后，黄河改道，渠水不足，种地的人连种子都收不回来。时间长了，河东的渠田荒废了，把它分给从越地迁来的百姓耕种，让少府从中得到一点儿赋税收入。

注释　1 河东守：河东郡太守。河东，即河东郡，治所在今山西夏县西北。　番系：人名。时为河东郡太守。　山东：指崤山以东。　更：经过。　限：险阻。　败亡：损失、伤亡。　2 汾：汾水，即今山西汾河。　皮氏：地名。在今山西河津市。　汾阴：地名。在今山西万荣县境，黄河岸边。　蒲坂：亦名蒲反。在今山西永济市西。　3 壖(ruán)：缘河边地。　弃地：荒地。　茭牧：收割饲草，放牧牲畜。　4 河移徙：黄河改道。　不利：没有发挥作用。　不能偿种：连种子都收不回来。　5 越人：江浙两广之人。 少府:官名。掌管山海川泽收入和皇室手工制造业等。 稍入:小的收入。

其后人有上书欲通褒斜道及漕,事下御史大夫张汤。[1] 汤问其事,因言:"抵蜀从故道,故道多阪,回远。[2] 今穿褒斜道,少阪,近四百里;而褒水通沔[3],斜水通渭,皆可以行船漕。漕从南阳上沔入褒,褒之绝水至斜,间百余里,以车转,从斜下下渭。[4] 如此,汉中之谷可致,山东从沔无限,便于砥柱之漕。[5] 且褒斜材木竹箭之饶,拟于巴蜀。[6]"天子以为然,拜汤子卬[7]为汉中守,发数万人作褒斜道五百余里。道果便近,而水湍石[8],不可漕。

此后又有人上书,想要凿通褒斜道,以便利漕运,天子将此事交给御史大夫张汤处理。张汤向上书者询问了这件事后,对皇上说:"到达蜀地从故道县走,故道县多山路,迂回绕远。现在凿通褒斜道,少走山路,路程缩短四百里;并且褒水和沔水沟通,斜水和渭水沟通,都可以行船运粮。水路运粮从南阳往上沿沔水进入褒水,褒水不能再走,就换陆路到斜水,其间有一百多里,用车转运,再从斜水往下进入渭水。这样的话,汉中的谷物就可以送到,山东从沔水运粮没有阻碍,比经过砥柱水运方便。况且褒、斜两地木材竹子非常多,可以和巴蜀相比。"天子认为有道理,任命张汤的儿子张卬做汉中太守,征发几万人修筑褒斜道,总长有五百多里。这条新道果然既方便又近,但是水流湍急礁石多,不能水运粮食。

注释 1 褒斜(yé)道:亦称褒斜谷,古通道名。在今陕西宝鸡市东南到汉中,南口称褒谷,北口称斜谷,由褒水、斜水两水形成之山谷。 张汤:西汉大臣,历任廷尉、御史大夫等职。 2 故道:古道名,又名陈仓道。

起自今宝鸡市东(旧陈仓),出抵汉中,道较平缓但迂远。 阪(bǎn):山坡。 回远:迂回绕远。 3 沔(miǎn):沔水,汉水的上游。 4 南阳:郡名。治所在今河南南阳市。 绝水:断流。 转:转运。 从斜下下渭:此句中有两"下"字,其一当为衍文。 5 无限:没有险阻。 便于砥柱之漕:比经过砥柱之漕运方便。 6 材木:木材。 竹箭:用作箭竿之竹子。 饶:丰富。 拟:比,相比。 7 卬(áng):张汤之子,后为汉中郡守。 8 水湍石:河水湍急多石。

其后庄熊罴言:"临晋民愿穿洛以溉重泉以东万余顷故卤地。诚得水,可令亩十石。"[1]于是为发卒万余人穿渠,自征引洛水至商颜下。[2]岸善崩[3],乃凿井,深者四十余丈。往往[4]为井,井下相通行水。水颓[5]以绝商颜,东至山岭十余里间。井渠之生自此始。穿渠得龙骨,故名曰龙首渠。[6]作之十余岁,渠颇通,犹未得其饶。

这以后庄熊罴说:"临晋城的民众愿意穿渠引洛水用来灌溉重泉城以东一万多顷盐碱地。如果真的引来水,可以让每亩产十石谷物。"皇上于是征发士卒一万多人开凿水渠,从征县引洛水到商颜山脚下。渠道容易崩塌,就打井,深的井有四十多丈。沿线到处打井,井下的水汇在一起流动。水在地下流,穿过商颜山,东到山岭,有十多里路长。井渠的产生从这时开始。开凿井渠的时候发现了龙骨,因此这条水渠命名叫龙首渠。工程干了十多年,龙首渠颇畅通,但是没有得到多大的利益。

注释 1 庄熊罴:人名。生平不详。 临晋:地名。在今陕西大荔县东洛水河畔。重泉:地名。在今陕西大荔县西。 卤地:盐碱地。 2 征:县名。在今陕西澄城县西南。 商颜:山名。在今陕西大荔县西北。

3 岸善崩:河岸容易崩坍。《史记正义》:“言商原之崖岸,土性疏,故善崩毁也。” 4 往往:到处。 5 颓:水从地下流。 6 龙骨:古代脊椎动物的化石。 龙首渠:我国历史上第一条地下井渠。

自河决瓠子后二十余岁,岁因以数不登,[1] 而梁楚之地尤甚。天子既封禅巡祭山川,其明年,旱,干封少雨。[2] 天子乃使汲仁、郭昌发卒数万人塞瓠子决。[3] 于是天子已用事万里沙,则还自临决河,沈白马玉璧于河,令群臣从官自将军已下皆负薪寘决河。[4] 是时东郡烧草,以故薪柴少,而下淇园之竹以为楗。[5]

自黄河在瓠子决口以来二十多年,每年都因为黄河泛滥而没有好收成,梁、楚一带尤其严重。天子封禅巡礼祭祀山川后的第二年,干旱少雨。天子就派汲仁、郭昌征发几万士卒堵塞瓠子决口。天子在万里沙举行祭礼以后,就亲临黄河决口的地方,在黄河里沉下白马玉璧,诏令所有随从的官员从将军以下,都背柴薪来填塞黄河决口。这个时候东郡烧草,因此柴薪缺少,就砍下淇园的竹子来堵决口。

注释 1 数(shuò):屡次,多次。 不登:指歉收。 2 封禅(shàn):古代帝王祭天祀地的一种仪典。 明年:第二年。 干封:这里指天气干旱。 3 汲仁:汲黯弟,官至九卿。 郭昌:武帝时名将,曾以太中大夫任拔胡将军。 4 用事:指进行祭祀之事。 万里沙:地名。在今山东莱州市东北。 沉白马玉璧于河:一种祭祀河神之礼。 已下:以下。 寘:“填”的古字。 5 东郡:郡名。治所在今河南濮阳市。 烧草:用草生火。 下:顺流运输。 淇园:地名。古以产竹著名,在今河南淇县北。 楗(jiàn):堵塞河堤决口所用的竹子和木柱。

天子既临河决，悼功之不成，乃作歌曰："瓠子决兮将柰何？皓皓旰旰兮闾殚为河！[1]殚为河兮地不得宁，功无已时兮吾山平。[2]吾山平兮钜野溢，鱼沸郁兮柏冬日。[3]延道弛兮离常流，蛟龙骋兮方远游。[4]归旧川兮神哉沛，不封禅兮安知外！[5]为我谓河伯兮何不仁，泛滥不止兮愁吾人！[6]齧桑浮兮淮泗满，久不反兮水维缓。[7]"一曰："河汤汤兮激潺湲，北渡迂兮浚流难。[8]搴长茭兮沈美玉，河伯许兮薪不属。[9]薪不属兮卫人罪，烧萧条兮噫乎何以御水！[10]颓林竹兮楗石菑，宣房塞兮万福来。[11]"于是卒塞瓠子，筑宫其上，名曰宣房宫。而道[12]河北行二渠，复禹旧迹，

天子已经亲临黄河决口的地方，为塞河二十多年没有成功而感伤，于是作歌吟唱道："瓠子决口啊打算怎么办？浩浩荡荡啊州闾全成了河！全成河了啊大地不得安宁，决口还没堵住啊吾山都挖平了。吾山挖平了啊巨野泽又溢出来了，鱼儿翻涌不止啊时已迫近冬日。黄河源道弛坏啊离开了正常的水流，蛟龙因而驰骋啊正准备远游。回归原来的河道吧神啊要广泛保佑，不来巡行封禅啊哪里知道外边的水害！替我告诉河伯啊为什么这样不仁慈，泛滥不停止啊愁死我们这些人！齧桑漂起来啊淮水泗水都满了，长久不回正道啊河堤因而变得松软。"又有一首歌说："黄河浩浩荡荡啊激起波涛，北渡迂远啊流急难疏浚。拔取竹索填石啊沉祭美玉，河伯即使答应啊柴薪也不够用。柴薪不够用啊是卫人的罪过，柴薪被烧得没了啊用什么来防御水灾！砍下林中的竹子啊打桩立石来填塞，决口堵塞成功啊万般幸福都到来。"就这样，终于堵塞了瓠子口，并在当地修筑了一座宫殿，命名为宣房宫。为引导黄河向北流，又修了两条大水渠，恢复大禹时黄河原来的水道，梁、楚

而梁、楚之地复宁,无水灾。

之地又重获安宁,没有水灾了。

注释 1 皓皓(hào):水盛大的样子。 旰旰(hàn):即洋洋,盛大的样子。 闾:州闾。 殚(dān):尽。 2 已:停止。 吾(yú)山:山名。在今山东东阿县东。《史记新证》直按:徐广注谓吾山即鱼山是也。 3 钜野:即钜野泽。 沸郁:众多的样子。 柏:通“迫”,迫近。 4 延:《史记索隐》:“言河之决,由其源道延长弛溢,故使其道皆离常流。” 弛:毁坏,废弃。 常流:黄河故道。 5 归旧川:水归故道。 神:此指河神。 沛:广阔,巨大。 6 为:替。 谓:告诉。 河伯:河神。 7 齧(niè)桑:地名。在今江苏省沛县西南。 浮:为水所浮漂。 水维:河水的纲维,即河堤。 缓:松软。 8 汤汤(shāng):水大的样子。 激:击打,拍打。 潺湲(chán yuán):水流动的样子。 迂(yū):曲折。 浚:疏浚。 9 沈(chén):旧同“沉”。 搴(qiān):拔取,摘取。 茭:篾缆,用薄竹片或芦苇编成的绳索,用以固定土石。 许:答应。 不属(zhǔ):不能连接,即供应不上。《史记集解》引如淳曰:“旱烧,故薪不足。” 10 卫人:指东郡人。东郡所在地系战国时代卫国之地。 烧萧条:草被烧尽,田野更加萧条。 11 颓:此即砍伐意。 楗:原指堵塞决口所用的竹木桩子,这里用作动词,即打桩。 石菑(zì):打桩用的石柱。 宣房:祭宫名。旧址在今河南濮阳西南瓠子堤上。宣房塞,意即堵塞住了决口,并在堤上建成宣房宫。
12 道:通“导”。

自是之后,用事者争言水利。[1] 朔方、西河、河西、酒泉皆引河及川谷以溉田;[2] 而关中辅渠、灵轵引堵水;[3] 汝南、九江引淮;[4] 东海引巨

从这以后,主管官员争着讲兴修水利的事。朔方、西河、河西、酒泉各郡都引黄河和川谷的水用来灌溉田地;关中辅渠、灵轵渠引各条河川;汝南郡、九江引淮水;东海郡引巨定泽的水;泰山脚下引

定；[5]泰山下引汶水：[6]皆穿渠为溉田，各万余顷。佗小渠披山通道者，[7]不可胜言。然其著者[8]在宣房。

汶水：都开掘水渠用来灌溉田地，各一万多顷。其他小的水渠以及劈山凿通水道的，多得说不完。但最著名的工程还是在宣房。

注释 1 用事者：指执政者、当权者。 水利：修治河渠堤坝，使民得农田灌溉之利。 2 朔方：郡名。治所在今内蒙古自治区杭锦旗北。 西河：郡名。治所在今内蒙古自治区准格尔旗西南。 河西：泛指今甘肃、青海两省黄河以西地区。 酒泉：郡名。治所在今甘肃酒泉市。 川谷：指山川河流。 3 辅渠：亦名六辅渠、六渠。汉武帝元鼎六年(前111)由左内史倪宽奏请，在郑国渠上游的南部开凿了六道小渠，以辅助灌溉郑国渠所不能达到的高地。 灵轵(zhǐ)：即灵轵渠。在今陕西省武功县东，沟通了渭水和郑国渠。 堵水：《汉志》作“诸川”。王先谦亦认为是误字，当为“诸川”，即周围众水系。 4 汝南：郡名。治所在今河南上蔡县。 九江：郡名。治所在今安徽寿春县。 5 东海：郡名。治所在今山东郯城县。 巨定：即巨定泽。在今山东淄博市东北。这样东海郡距巨定泽相距甚远，所以顾炎武疑“东海”为“北海”之误，北海郡在巨定泽东南近旁。 6 泰山：郡名。治所在今山东泰安市东。 汶水：河名。发源于山东莱芜市北，向西南汇济水入大野泽。 7 佗：其他。 披：劈开，开凿。 8 著者：出名的。

太史公曰：余南登庐山，观禹疏九江，遂至于会稽太湟，上姑苏，望五湖[1]；东窥洛汭、大邳，迎河，行淮、泗、济、漯、洛

太史公说：我南行登上庐山，考察大禹疏导的九江，又走到了会稽太湟，登上姑苏山，远望五湖；向东考察洛汭、大邳，面向黄河而上，走过淮、泗、济、漯、洛各条河渠；向西看到了

渠；[2]西瞻蜀之岷山[3]及离碓；北自龙门至于朔方。曰：甚哉，水之为利害也！余从负薪塞宣房，悲《瓠子》之诗而作《河渠书》。

蜀地的岷山和离碓；向北从龙门到达朔方。很有感触地说：水给人们带来的利益和灾害实在是太大了！我跟从天子出行也曾背柴薪堵塞宣房宫那里的黄河决口，有感于天子所作《瓠子》歌，因此写下了这篇《河渠书》。

注释 1 庐山：即今庐山。 九江：长江水系的九条河，说法不一。 会稽：郡名。治所在今浙江绍兴市。 太湟：疑为会稽郡附近之地名，具体不详。 姑苏：山名。即今苏州南之灵岩山。 2 迎：面对，面向。 河：此指黄河。 漯：漯水。古代黄河主要支津之一。 洛：洛水。黄河中游南岸支流。 3 岷山：山名。在今四川省中北部，主峰雪宝顶在松潘县东。

史记卷三十

平准书第八

原文

汉兴，接秦之弊，丈夫从军旅，老弱转粮饷，作业剧而财匮，自天子不能具钧驷，而将相或乘牛车，齐民无藏盖。[1]于是为秦钱重难用，更令民铸钱，一黄金一斤，约法省禁。[2]而不轨逐利之民，蓄积余业以稽市物，物踊腾粜，米至石万钱，马一匹则百金。[3]

原文

汉朝兴起，承接秦朝衰敝的局面，成年男子参军打仗，老弱也被征去转运粮饷，要干的事繁多，但是财政匮乏，就连皇帝坐的车子也配不齐四匹相同颜色的马，有的将军、宰相还要乘坐牛拉的车，平民百姓都没有物品蓄积。当时因为秦朝铸的钱币重，流通使用比较困难，就允许民间铸榆荚钱，又规定一锭黄金的重量为一斤，简化各种法令律例。但是那些不守法度、追逐财利的人，就趁机积累资金，囤积货物，等待物价上涨时迅速卖出，以致一石米达到一万钱，一匹马则高于一百金。

注释 1 弊：凋敝，衰败。 转：本特指用车运输，即陆运。此泛指运输。 作业：兴办的工程事务。 钧驷：同一种毛色的四匹马。钧，通“均”，纯一色。驷，古代一车四马谓之驷。 齐民：平民。 藏盖：积蓄，剩余。

2 秦钱重:《史记索隐》引顾氏按:《古今注》云“秦钱半两,径一寸二分,重十二铢”。《史记新证》直按:西汉产铜之地,首在丹阳,次在蜀郡严道。高惠时丹阳铜矿,掌在吴王濞之手中,因铜量不丰,不得不改铸荚钱,乃诡云秦钱重难用也。 一黄金一斤:秦时以一镒(二十四两)为一金,汉改以一斤(十六两)为一金。 约法省禁:简化各种法令律例。 3 不轨:不遵守法度。 余业:犹言末业。指商业活动。 稽:囤积。 物踊腾粜:物价上涨迅速卖出。踊,上涨。腾,迅疾。粜,卖出粮食。 石(dàn):重量单位,一百二十斤为一石;或容量单位,十斗为一石。

天下已平,高祖乃令贾人[1]不得衣丝乘车,重租税以困辱之。孝惠、高后时,为天下初定,复弛商贾之律,然市井[2]之子孙亦不得仕宦为吏。量吏禄,度官用,以赋于民。[3]而山川、园池、市井租税之入,自天子以至于封君汤沐邑,皆各为私奉养焉,不领于天下之经费。[4]漕转山东粟,以给中都官,岁不过数十万石。[5]

天下平定以后,高祖就下令商人不允许穿丝织的衣服和不准乘车,并加重他们的租税。孝惠帝、高后执政的时候,因为天下刚刚安定,重新放松了抑制商人的条令,但是商人的子孙仍然不准做官当公差。核定官吏的俸禄,估计朝廷的费用,以此来向百姓征收赋税。山川、园池、街市方面的租税收入,从天子到汤沐邑地区内的大小封君,都分别作为他们的生活费用,不再向国家支取经费。水陆转运崤山以东的粮食,用来供给京师官府使用,每年不过几十万石。

注释 1 贾(gǔ)人:商人。 2 市井:本指交易场所,此指商人。 3 量吏禄:核定官吏之俸禄。 度(duó)官用:计算朝廷费用。 以赋于民:根据上述情况向民征税。 4 山川园池市井租税之入:指山川、园池、街市方面的租税收入。 封君:享有封邑的人,一般为诸侯王、公主等人。 汤沐邑:汉代在京城附近的封邑称汤沐邑,一般为太后、皇后、公主、外戚所享有。 私奉养:私人之生活费用。 领:领取。 天下:此指国家、朝廷。 经:常。师古曰:“言各收其所赋税以自供,不入国朝之仓廪府库也。经,常也。” 5 漕:船运,水运。 山东:崤山以东地区。 给(jǐ):供给。 中都官:京城各官府。

至孝文时,荚钱益多,轻,乃更铸四铢钱,其文为“半两”,令民纵得自铸钱。[1]故吴,诸侯也,以即山铸钱,富埒天子,其后卒以叛逆。[2]邓通[3],大夫也,以铸钱财过王者。故吴、邓氏钱布天下,而铸钱之禁[4]生焉。

到孝文帝时,榆荚钱越来越多了,但是分量很轻,就改铸四铢钱,钱面上标着“半两”的字样,让民间可以自己随便造钱。因此,吴王虽然只是一个诸侯,因为靠近铜山而采矿铸钱,富得可以和皇帝相比,以致后来造反了。邓通,是一个大夫,也靠铸铜钱发财,富得超过诸侯王。所以当时吴王、邓通铸的钱几乎遍及全国,于是朝廷禁止私人铸钱的法令就产生了。

注释 1 荚钱:汉代民间所铸的一种轻而薄的钱币,因如榆荚,故名。 文:钱上所铸文字。 纵得:随便可以。 2 吴:西汉初分封的诸侯王国,其王刘濞。 即:就,靠近。 埒(liè):相等。 卒:终于。 3 邓通:西汉人,因与文帝梦中人相符而被宠幸,官至上大夫,许其自铸钱。 4 铸钱之禁:指禁止私人铸钱的法令。

匈奴数侵盗北边,屯戍者多,边粟不足给食当食者。[1]于是募民能输及转粟于边者拜

匈奴多次侵犯掠夺北部边境地区,汉朝驻扎在边境的士兵非常多,边境的粮食供应不足。于是,朝廷招募百姓向边境驻军运输粮食,运送了粮食的人

爵，爵得至大庶长[2]。

可以得到爵位，最高的可以得到大庶长爵位。

孝景时，上郡以西旱，亦复修卖爵令，而贱其价以招民；及徒复作，得输粟县官以除罪。[3]益造苑马以广用，而宫室列观舆马益增修矣。[4]

孝景皇帝在位的时候，上郡以西的地区发生干旱，又重新修订了卖爵位的法令，并且降低爵位价格用来吸引人们购买；判了劳改的犯人，可以通过向官府缴纳粮谷赎罪。又增加修建牧场养马以便增加军国用度，同时，各种宫观建筑以及各种车马的建造添置也越来越多了。

注释　1 北边：北部边境。　给食(sì)：供养。食，通“饲”。　当食者：此指屯戍的士卒。　2 大庶长：汉代爵位名，共二十等，此为十八等。　3 徒复作：对判刑之人，因遇赦令而免除其罪犯身份，但仍令其在官府服役之人。　县官：朝廷，官府。　4 造苑马：造苑养马。　广用：扩大用度。　增修：增加和修建。

至今上即位数岁，汉兴七十余年之间，国家无事，非遇水旱之灾，民则人给家足，都鄙廪庾皆满，而府库余货财。[1]京师之钱累巨万，贯朽而不可校。[2]太仓之粟陈陈相因，[3]充溢露积于外，至腐败不可食。众庶街巷有马，

当今皇上即位数年后，汉朝建国已有七十多年，国家没有战争太平无事，没有遇上水旱灾害，百姓就人人自给，家家富足，国都和边镇的粮仓都装满了粮食，国库也剩余大量钱财。京城国库的钱积累上亿，穿钱的绳子都腐烂了以致钱多得没法计数。国家粮仓的谷物年年堆积，粮库堆满以后，只得在外边露天堆积，以致腐烂不能吃了。普通百姓家大街小巷都养有马，田野中间牛马成群，有人骑母马做客就会被歧视而

阡陌之间成群，而乘字牝者傧而不得聚会。[4]守闾阎者食粱肉，为吏者长子孙，居官者以为姓号。[5]故人人自爱而重犯法，先行义而后绌耻辱焉。[6]当此之时，网疏而民富，役财骄溢，或至兼并豪党之徒，以武断于乡曲。[7]宗室有土公卿大夫以下，争于奢侈，室庐舆服僭于上，无限度。[8]物盛而衰，固其变也。

不能参加聚会。守大门的人都吃细粮肉食；做官吏的，儿孙都长大了还在继续做原官；有的官吏就用官名作为自己的姓氏或称号了。因此，人人都自爱，不轻易触犯法律；人人都讲道义做好事，而鄙弃去干那些耻辱的勾当。在这个时期，法网宽疏而百姓富有，有的倚仗钱财而更加骄奢放纵，有的豪强恶霸甚至兼并土地，倚仗势力在乡里独断专行。从皇帝宗亲到有封地的诸侯和公卿大夫以下，争着比奢侈，房室、车马、衣服的享受规格都超过上级，没有限度。事物达到鼎盛就会衰败，这是必然的规律呀。

注释　1 都鄙：京城和边邑。鄙，边远的地方。　廪庾(lǐn yǔ)：泛指各种粮食仓库。廪，米仓。庾，露天之谷仓。　府库：古时国家收藏文书、财物、兵甲的地方。　2 巨万：《史记集解》引韦昭曰："巨万，今万万。"　贯：穿钱的绳索。　3 太仓：朝廷设在京师的粮仓。　陈陈相因：陈粮覆盖着陈粮，层层积累。　4 众庶：庶民，百姓。　阡陌(qiān mò)：本指田间小路，南北方向者为阡，东西方向者为陌。此泛指田野。　字牝(pìn)：雌畜。此指母马。字，生育，养育。牝，雌，和"牡"相对应。　傧：通"摈，"排斥。5 闾阎：里巷之门。　粱：细粮，精美的饭食。　为吏者长子孙：《史记集解》引如淳曰："时无事，吏不数转，至于子孙长大而不转职任。"　居官者以为姓号：《史记集解》引如淳曰："仓氏、庾氏是也。"　6 先行义：首务正义之事。　绌：通"黜"，贬退，排斥。　7 网疏：法网宽疏。　役财骄溢：

凭仗财富而更加骄横放纵。 豪党:植党成帮、把持地方的豪族。 武断于乡曲:《史记索隐》:“谓乡曲豪富无官位,而以威势主断曲直,故曰武断也。”乡曲,乡里。 **8** 宗室:与皇帝同宗的贵族。 有土:有封邑的列侯。 舆服:车马和服饰。 僭(jiàn):超越本分。

自是之后,严助、朱买臣等招来东瓯,事两越,江淮之间萧然烦费矣。[1]唐蒙、司马相如开路西南夷,凿山通道千余里,以广巴蜀,巴蜀之民罢焉。[2]彭吴贾灭朝鲜,置沧海之郡,则燕齐之间靡然发动。[3]及王恢设谋马邑,匈奴绝和亲,侵扰北边,兵连而不解,天下苦其劳,而干戈日滋。[4]行者赍,居者送,中外骚扰而相奉,百姓抏弊以巧法,财赂衰耗而不赡。[5]入物者补官,出货者除罪,选举陵迟,廉耻相冒,武力进用,法严令具。[6]兴利之臣[7]自此始也。

从这以后,严助、朱买臣等人招抚东瓯,发动会稽的军队向南越和闽越进军,江淮一带动荡不安,大受损耗。唐蒙、司马相如开拓西南夷,凿山通道一千多里,用来扩展巴蜀的疆域,巴蜀地区的百姓因而疲惫不堪。彭吴开道进入秽貊、朝鲜,设置了沧海郡,燕齐一带因而纷扰不断。到王恢设计在马邑谋取单于,匈奴拒绝和亲,侵犯扰乱北部边境,兵事连续没有和解,普天下百姓对繁重的劳役感到痛苦,但是战争却在一天天扩大。行军出征的人带着干粮,后方居住的人还要负责继续运送,前方后方都疲惫不堪,百姓贫穷疲敝,就弄虚作假逃避法令,国家的财货愈加缺乏。因此,朝廷便允许捐献物资的可以充补官额,能出钱的可以免除刑罪,选拔用人的制度逐渐名存实亡了,无耻的人冒充廉正,强暴的人被举荐任用,于是国家采取严刑峻法来解决这一问题。一批专门为国家开辟财路的人开始出现了。

注释 1 严助:汉武帝时宠臣。 朱买臣:汉武帝时大臣。 东瓯:越族之一支,因都东瓯(今浙江温州市),故名。 两越:即南越和闽越。 萧然:骚动不安的样子。 2 唐蒙:西汉大臣,曾为番阳(治今江西鄱阳县东北)令,武帝派他以中郎将的身份出使夜郎。 司马相如:西汉著名辞赋家,武帝曾派他出使西南夷。 罢:通“疲”。 3 彭吴:《史记索隐》云,彭吴为“人姓名”,又云“彭吴始开其道而灭之也”。其人生平不详。据前人考证“贾”为“穿”之误,即“通”之意。“灭”字繁体为“滅”,乃“穢”字之误。“秽”即“秽貉”,活动于今辽宁省东部及朝鲜半岛的一部族。 沧海之郡:公元前109年汉武帝派兵灭朝鲜,并于此置沧海郡。 靡然:草木顺风而倒貌。喻闻风而动。 4 王恢:西汉大臣,汉武帝时为大行,曾设计伏兵马邑击匈奴,谋泄被杀。 马邑:古地名。今山西朔州市。 5 行者:此指从军出行的人。 赍(jī):携带。 奉:奉养,供应。 抏(wán)弊:疲敝,穷困。《史记索隐》案:“抏者,秏也,消秏之名。言百姓贫弊,故行巧抵之法也。” 赡:足。 6 选举:选拔任用官吏的制度。 陵迟:衰败。 廉耻相冒:廉耻不分。冒,顶替,冒充。 7 兴利之臣:想方设法与民争利、好大喜功之臣。《史记集解》引韦昭曰:“桑弘羊、孔仅之属。”

其后,汉将岁以数万骑出击胡,及车骑将军卫青取匈奴河南地,筑朔方。[1]当是时,汉通西南夷道,作者数万人,千里负担馈粮,率十余钟致一石,散币于邛僰以集之。[2]数岁道不通,蛮夷因以数攻,吏发兵诛之。悉巴

此后,汉朝将领每年率领几万骑兵出关打击匈奴,车骑将军卫青夺回被匈奴强占的河南地区,在那里设置了朔方郡。正当这个时候,汉朝在开辟通往西南夷的道路,参加劳作的有几万人,从千里以外挑着担子去运送粮食,起运时有十余钟,等运到就只剩一石,于是,就花钱在邛僰一带收集粮食。经过许多年,往西南夷的道路还不通,蛮夷部族趁机屡次发动进

蜀租赋不足以更之，乃募豪民田南夷，入粟县官，而内受钱于都内。[3]东至沧海之郡，人徒之费拟于南夷。[4]又兴十万余人筑卫朔方，转漕甚辽远，自山东咸被其劳，费数十百巨万，府库益虚。[5]乃募民能入奴婢得以终身复，为郎增秩。及入羊为郎，始于此。[6]

攻，当地官府发兵诛杀他们。拿出巴蜀全部的租赋收入也不够用来支付这些费用，就招募强豪的百姓去南夷屯田耕种，收获的粮食缴给当地官府，而在内地向京都内府支取粮款。又向东开辟通往沧海郡的道路，人工的劳务费用和开拓南夷差不多。又发动十万多人修筑城池保卫朔方郡，车运水运十分遥远，从崤山以东都蒙受这种劳苦，耗费几十亿上百亿巨资，国库越来越空虚了。于是，招募百姓凡能向国家捐献奴婢的可以终身免除劳役；如果是做郎官的，捐献奴婢可以提高品级。向朝廷捐献羊可以做郎官，就是从这时候开始的。

注释　1 车骑将军：将军名号，一般战时委任。　卫青：西汉名将，汉武帝卫皇后弟。　河南地：今内蒙境内黄河以南地区。　朔方：郡名。治所在今内蒙古自治区杭锦旗北。　2 作者：参加服役之人。　馈：运输粮食等。　率：大约，大致。　钟：古容量单位，六石四斗为一钟。　致：送到。　散币：散发财物。币，泛指用作礼物的玉、马、皮、帛、钱币等。　邛(qióng)：我国古代西南部族名，活动于今四川邛崃市一带。　僰(bó)：我国古代西南部族名，活动于今四川宜宾市一带。　3 悉：尽，全部。　更：抵偿。　田：种田。　入粟县官：向当地官府缴纳粮食。　都内：官职名。西汉大司农之属官有都内令、丞，主国家币帛财货。　4 人徒之费：民众人事之费。　拟：相当。　5 被：遭受。　巨万：即今所谓"亿"。　6 入奴婢：捐献奴婢入官，即把奴婢交给国家服役。　复：免除赋税徭役。　为郎增秩：当了郎官的可以再升级。　入羊为郎：民众捐献羊可以当郎官。

其后四年，而汉遣大将将六将军、军十余万击右贤王，获首虏万五千级。[1]明年，大将军将六将军仍再出击胡，得首虏万九千级。捕斩首虏之士受赐黄金二十余万斤，虏数万人皆得厚赏，衣食仰给县官；[2]而汉军之士马死者十余万，兵甲之财转漕之费不与焉。[3]于是大农陈藏钱经秏，赋税既竭，犹不足以奉战士。[4]有司言："天子曰：'朕闻五帝之教不相复而治，禹汤之法不同道而王，所由殊路，而建德一也。北边未安，朕甚悼之。日者，大将军攻匈奴，斩首虏万九千级，留蹛无所食。[5]议令民得买爵及赎禁锢免减罪[6]。'请置赏官，命曰武功爵，级十七

又过了四年，汉朝派大将军卫青率领六位将军、士兵十多万人攻击匈奴右贤王，斩获敌人一万五千多。第二年，大将军卫青率领六位将军再次出关攻击匈奴，斩获敌人一万九千多，捕获俘虏和斩杀敌首的士兵受到赏赐的黄金共有二十多万斤，俘虏的几万人也都得到优厚的赏赐，他们的衣食全靠国家供给；汉朝军队的士兵、马匹死亡的有十多万，兵器、盔甲的费用，车转水运的耗费还不算在内。于是，大司农报告，国库里存的钱已经用完了，赋税收入已经用光了，还不够用来供应士兵的需要。主管官员建议说："天子说：'我听说五帝的教化不互相重复但是天下也都治理得很好，大禹、商汤的治国方法不同，却都能在天下称王，他们选择的路子不同，但是都建立了伟大的功业。北方边境没有安宁，我对此很忧心。以前，大将军攻打匈奴，斩获敌人一万九千，但因国家缺钱，到现在赏赐还没发下去。提议可以让百姓花钱买爵位，花钱解除禁锢和免罪减罪。'请允许设置一种赏官，称作武功爵。每级卖十七万，总共价值三十多万金。那些买武功爵第五级官首以上的，可以试用作候补官

万,凡直三十余万金。[7]诸买武功爵官首者试补吏,先除;[8]千夫如五大夫[9];其有罪又减二等;爵得至乐卿[10]:以显军功。”军功多用越等,大者封侯卿大夫,小者郎吏。[11]吏道杂而多端,则官职秏废。[12]

吏,优先授用;买第七级武功爵千夫的,相当于过去爵位制度的五大夫级别;他们有罪又可以减轻二等;爵位最高可买到乐卿:用这种方式来显扬从军立功的人。”实际上从军有功的人大多都是越级授予爵位了,功大的封侯或是卿大夫,功小的也当了郎官或其他官吏。从此,做官的途径又多又杂,官吏的职守也日益丧失了。

注释 1 大将:此指卫青。“大将”即“大将军”,遇战时临时委任的高级军事统帅。 首虏:斩敌人的首级和俘虏。 2 虏:即指匈奴俘虏。 仰给县官:依靠朝廷供给。 3 兵甲:兵器、盔甲。 不与焉:不计算在此之内。 4 大农:即大司农,官名,汉九卿之一,掌管国家财政收支。 秏:同“耗”,消耗。 奉:供给。 5 日者:过去,从前。 留蹛(zhì):耽搁,拖欠。蹛,通“滞”。 食:犹言享也。 6 赎禁锢免减罪:换取免除禁锢、免罪、减罪。 7 武功爵:据《史记集解》引《茂陵中书》云,武功爵分十一级,分别为:造士、闲舆卫、良士、元戎士、官首、秉铎、千夫、乐卿、执戎、左庶长、军卫。 直:价值。 8 官首:武功爵之第五级。 除:任命,授职。 9 千夫如五大夫:武功爵中之第七级,等同于汉旧二十爵位中第九级之五大夫。 10 爵得至乐卿:买爵最高只能买到第八级乐卿这一级。 11 越等:跳级,越级提拔。 郎吏:泛指低级官吏。 12 吏道:当官的途径。 官职:官吏之职守。 秏废:荒废,失去作用。

自公孙弘以《春秋》之义绳臣下取汉相，张汤用峻文决理为廷尉，于是见知之法生，而废格沮诽穷治之狱用矣。[1]其明年，淮南、衡山、江都王谋反迹见，而公卿寻端治之，竟其党与，而坐死者数万人，长吏益惨急而法令明察。[2]

自从公孙弘用《春秋》的义理约束臣僚下属取得丞相职位，张汤使用严峻的法律条文判决处理案件当了廷尉后，就产生了惩治“知情不举”的法律，因而依据搁置天子命令、沮毁诽谤朝廷等的罪名而追根刨底审讯的案子就多起来了。第二年，淮南、衡山、江都王阴谋造反的事被发现，公卿们穷追党羽，受牵连处死的有几万人，官吏执法办事更加残酷急苛，法令也就更加严密琐细了。

注释 1 公孙弘：西汉大臣，年四十乃学《春秋》杂说，熟习文法吏事，后为丞相，封平津侯。事详《平津侯主父列传》。 绳：本为木工用墨线，引申为准则。此为要求、约束。 张汤：西汉大臣，历任廷尉、御史大夫。事详《酷吏列传》。 峻文：严峻的法律条文。 决理：断狱，判案。 廷尉：官职名，九卿之一，掌刑狱。 见知：知情不举。《史记集解》：“吏见知不举劾为故纵。” 废格：阻止，搁置。 沮(jǔ)诽：败坏，诽谤。 穷治：彻底查办。 2 淮南：即淮南王刘安。 衡山：即衡山王刘赐。 江都：即江都王刘非。 见：同“现”，显现，败露。 端：理由，借口。 竟：追究。 党与(yǔ)：朋党。 长吏：此指审理案件的官吏。

当是之时，招尊方正贤良文学[1]之士，或至公卿大夫。公孙弘以汉相，布被，食不重味，为天下

正当这个时候，朝廷又招揽尊崇方正、贤良、文学等士人，有的被任命为公卿大夫。公孙弘身为汉朝宰相，盖着粗布被子，只食用简单的菜肴，想成为天下人的表率。但是，对扭转奢

先。[2]然无益于俗，稍骛于功利矣。[3]

修的风俗并没有什么作用，反倒使社会上的人愈加追逐功利了。

其明年，骠骑[4]仍再出击胡，获首四万。其秋，浑邪王率数万之众来降，于是汉发车二万乘迎之。[5]既至，受赏，赐及有功之士。是岁费凡百余巨万。

第二年，骠骑将军霍去病又出塞抗击匈奴，斩获四万敌人。这年秋天，浑邪王率领几万人来投降，于是汉朝出动二万辆车迎接他们。匈奴人来到首都长安以后，受到朝廷奖赏，还赏赐了骠骑将军部下有功的将士。这一年，耗资总共一百多亿。

注释　1 方正贤良文学：汉代选拔官吏的科目之一，亦称贤良文学、贤良方正，或统称贤良。　2 布被：盖布被。　重味：两种以上菜肴。　先：表率。　3 稍：逐渐。　骛(wù)：追求。　4 骠骑：指骠骑将军霍去病。　5 浑邪(yé)王：名浑邪，匈奴人。西汉元狩二年(前121)，归降汉朝。　乘(shèng)：一车四马为一乘。

初，先是往十余岁河决观，梁楚之地固已数困，而缘河之郡堤塞河，辄决坏，费不可胜计。[1]其后番系欲省底柱之漕，穿汾、河渠以为溉田，作者数万人；[2]郑当时为渭漕渠回远，凿直渠自长安至华阴，作者数万人；[3]朔方[4]亦穿渠，作者数万人：

早在十多年前，黄河在观县决口，梁、楚一带地区本来就已经多次遭受灾害，沿河一带郡县修堤坝堵塞河水，修好后又冲坏了，所耗费的钱财没法计算。这以后，番系为避免三门峡一带漕运的危险，建议修通汾水和黄河的渠道，用来灌溉田地，动用了几万人；郑当时认为渭水漕运水渠曲折绕远，建议开凿一条直渠从长安到华阴，又动用了几万人；朔方也修水渠，动用了几万人：各项工程用了各历二三期，功未就，费亦各巨万十数。[5]

两三年时间，还没完成，其耗费也各达数十亿。

注释 1 观：古地名。在今河南清丰县东南。一说“观”应断为下句，因黄河决口当时在瓠子口（今河南濮阳西南）。“观”通“灌”，即“灌梁楚之地”。 缘：沿着。 辄(zhé)：总是，常常。 2 番(pó)系：人名。武帝时为河东郡太守。 省：免去，废掉。 底柱：即底柱山，亦名三门山，因屹立于黄河急流之中，似柱子一般，故名。在今河南三门峡市东北。 汾：汾河。在今山西境内。 3 郑当时：武帝时大臣，曾为大司农。 渭漕渠：渭水漕运的渠道。 回远：曲折绕远。 华阴：县名。在今陕西华阴市东、华山北。 4 朔方：郡名。治所在今内蒙古自治区杭锦旗北。 5 期(jī)：整年。 巨万十数：数十亿。巨万，即万万，亿。

天子为伐胡，盛养马，马之来食长安者数万匹，卒牵掌者[1]关中不足，乃调旁近郡。而胡降者皆衣食县官，县官不给，天子乃损膳，解乘舆驷，出御府禁藏以赡之。[2]

其明年，山东被水灾，民多饥乏，于是天子遣使者虚郡国仓廥以振贫民。[3]犹不足，又募豪富人相贷假[4]。尚不能相

天子为了讨伐匈奴，大力提倡养马，在长安一带养的马就有几万匹，最后，关中的马夫不够用，就征调附近郡县的百姓。同时，匈奴来投降的人都由政府供给衣食，政府供应不上，天子就减少膳食费用，减少御用的车马，拿出皇宫的储蓄来供养他们。

第二年，崤山以东地区遭受水灾。百姓贫困挨饿，于是天子派遣使者，尽取郡国仓库的粮食来赈济百姓。结果还不够用，又征募豪门富户人家的粮食，借给灾民。结果还是不能解救水灾饥民，于是又迁移灾民到

救，乃徙贫民于关以西，及充朔方以南新秦中，七十余万口，衣食皆仰给县官。[5]数岁，假予产业，使者分部护之，冠盖相望。[6]其费以亿计，不可胜数。

函谷关以西去居住，或者充实到朔方以南的新秦中地区，迁移的有七十多万人口，他们的衣服食物都靠政府供给。在头几年里，政府借给他们生产工具和土地耕种，派出使者分区编组管理他们，官吏一批接着一批往来不断。所耗费的钱财上亿，根本无法计算。

注释 1 牵掌者：马夫。 2 损膳：减少饭食。 乘舆：皇帝所坐之车。 驷：此指御马。 御府禁藏：皇帝私人府库之蓄藏。 3 郡国：各郡和诸侯王国。 廥(kuài)：粮仓。 振："赈"的本字，救济。 4 相贷假：指富者借贷给贫者。相，此指一方向另一方，无互相之义。假，借。 5 关：函谷关。 新秦中：地区名。秦汉人亦简称为"新秦"。因为秦蒙恬击匈奴所得之地，故名。在今内蒙古河套地区。 6 护：监领，管理。 冠盖相望：指使者络绎不绝。冠，礼帽。盖，车盖。

于是县官大空，而富商大贾或蹛财役贫，转毂百数，废居居邑，封君皆低首仰给。[1]冶铸煮盐，财或累万金，而不佐国家之急，黎民重困。于是天子与公卿议，更钱造币以赡用，而摧浮淫并兼之徒。[2]是时禁

这样国库就空虚了，但富裕的奸商大贾，有的趁机囤积钱物，奴役贫穷的百姓，转运几百辆车买进卖出，受皇上封赏的诸侯也要低头向他们借钱。他们冶铜铸钱、烧水煮盐，有的累有钱财万金，但是不肯帮助国家，百姓更加困苦不堪了。于是天子和公卿们商议，重造货币来满足需要，同时打击巧取豪夺吞并他人财物的商人。这个时候，皇上游猎的宫苑有白鹿，而且供应皇

苑有白鹿而少府多银锡。[3]自孝文更造四铢钱，至是岁四十余年，从建元以来，用少，县官往往即多铜山而铸钱，民亦间盗铸钱，不可胜数。[4]钱益多而轻[5]，物益少而贵。有司言曰：“古者皮币，诸侯以聘享。[6]金有三等，黄金为上，白金为中，赤金为下。今半两钱法重四铢，而奸或盗摩钱里取鋊，钱益轻薄而物贵，则远方用币烦费不省。[7]”乃以白鹿皮方尺，缘以藻缋，为皮币，直四十万。[8]王侯宗室朝觐聘享，必以皮币荐璧，然后得行。[9]

上日用的少府有许多银锡。从孝文帝铸造四铢钱到这时已经四十多年了，从建元年间以来，国家缺少钱用，便开始在产铜的山里开矿铸钱，民间也私自造钱，钱多得无法计算。钱越多就越贬值，东西越少就越贵。主管官员建议说：“古代的皮钱，诸侯将其进贡给皇帝。金有三个等级，黄金是上等的，白银是中等的，红铜是下等的。现在的半两钱法定重量是四铢，有些奸商却偷着打磨钱背，取铜屑再造钱，这样，钱就越来越轻而东西越来越贵了，而远方的诸侯用钱进贡送礼也很麻烦。”于是用白鹿皮一尺见方，四边绣上文采图案，制成皮币，价值四十万。规定王侯宗室朝见天子进贡的时候，一定要用这种皮币垫着璧玉献上才行。

注释　1 转毂(gǔ)：运货之车。　废居：《史记集解》引徐广曰：“废居者，贮畜之名也。有所废，有所畜，言其乘时射利也。”《史记索隐》引刘氏云：“废，出卖；居，停蓄也。”是出卖于居者为废。　居邑：《史记集解》骃按：“服虔曰：‘居谷于邑也。’如淳曰：‘居贱物于邑中，以待贵也。’”　2 摧：毁坏，打击。　浮淫：淫逸不法。　3 禁苑：皇家园林。　少府：官职名。九卿之一，掌管皇室财用收支和手工业制造。　银锡：《史记新证》直按：银用以铸龙、马、龟三种银货，锡用以和赤铜铸三铢钱。

4 建元:汉武帝刘彻的第一个年号,公元前140—前135年。 即多铜山:就近处多产铜之山。 5 轻:贬值,不值钱。 6 皮币:皮制之币。 聘享:聘问献纳。聘,指诸侯与诸侯、国与国之间遣使访问。享,诸侯向天子敬献贡物。 7 法:法定,标准。 摩:摩擦,磨损。 里:指钱背。古代铜钱有字一面称“文”,无字的一面称“里”。 鋊(yù):铜屑。 烦费不省:指不便使用。 8 缘:边饰,缝边。 藻缋(huì):彩画。藻,文采,修饰。缋,同“绘”,绘画。 直:通“值”,价值。 9 朝觐:古代侯王或称臣之属国定期朝见天子。朝,原特指春天朝见天子。觐,原特指秋天朝见天子。后来泛指朝见帝王。 荐:垫。

又造银锡为白金,以为天用莫如龙,地用莫如马,人用莫如龟,故白金三品:[1]其一曰重八两,圜[2]之,其文龙,名曰白选,直三千;二曰以重差小[3],方之,其文马,直五百;三曰复小,椭之,其文龟,直三百。[4]令县官销半两钱,更铸三铢钱,文如其重。盗铸诸金钱罪皆死,而吏民之盗铸白金者不可胜数[5]。

同时又把银锡合在一起冶铸成白金。因为天上飞的没有什么能比得上龙,地上跑的没有什么比得上马,人间使用的东西没有什么比得上龟,因此白金分成三等:第一等重八两,圆形,上面的图案是龙,名叫白选,每枚价值三千钱;第二等因为重量稍轻,做成方形,上面的图案是马,价值五百钱;第三等又小一些,做成椭圆形,上面的图案是龟,价值三百钱。下令官府销毁以前用的半两钱,改铸成三铢钱,面值和实际重量相等。规定私自铸钱的都是死罪,但是官吏和百姓中偷铸白金的人还是不可胜数。

注释 1 用:施行,行。 人用莫如龟:《史记索隐》:“《礼》曰‘诸侯以龟为宝’也。” 品：等级。 2 圜(yuán)：同“圆”。指钱币呈圆形。《史记索隐》引《钱谱》：“其文为龙，隐起，肉好皆圜，文又作云霞之象。”肉好，古代圆形有孔的钱币，孔外叫“肉”，孔内叫“好”。 3 重差小：重量较轻。差，较。《史记索隐》引《钱谱》：“肉好皆方，隐起马形。肉好之下又是连珠文也。” 4 复小：更轻一些。 椭：椭圆形。《史记索隐》引《钱谱》：“肉圆好方，为隐起龟甲文。” 5“而吏民”句：《史记新证》直按：汉武帝所铸龙文银货，重八两，直三千，币价高于通常银价三倍，故民盗铸者多，《盐铁论·错币篇》所谓民多巧新币是也。

于是以东郭咸阳、孔仅为大农丞，领盐铁事；[1]桑弘羊以计算用事，侍中。[2]咸阳，齐之大煮盐，孔仅，南阳大冶，皆致生累千金，故郑当时进言之。[3]弘羊，雒阳贾人子，以心计[4]，年十三侍中。故三人言利事析秋豪矣。[5]

于是武帝任命东郭咸阳、孔仅做大农丞，主管盐铁方面的事务；桑弘羊凭着善于计算当了官，侍奉于皇帝左右。东郭咸阳是齐地最大的煮盐商，孔仅是南阳最大的冶金商，他们都有价值千金的产业，所以郑当时向皇上推荐他们。桑弘羊，是洛阳商人的儿子，由于有心计，十三岁就跟在皇上左右。所以这三个人谈论生财的事，可谓是明察秋毫。

注释 1 东郭咸阳：《史记索隐》：“东郭，姓；咸阳，名也。” 孔仅：西汉时人，善冶铸。生平不详。 大农丞：大农令之属官。 领：管理。
2 桑弘羊：西汉大臣，商人出身，官至治粟都尉、大司农、御史大夫。 计算：计较，盘算。 用事：执政，当权。 侍中：侍从于皇帝周围。 3 南阳：地名。今河南南阳市。 致生：获得生财产业。 进言：此指向皇帝推荐。
4 心计：善于动脑筋。 5 利事：赢利生财之事。 析：剖析。 秋豪：即秋毫，本指鸟兽秋天新长出的细毛，后比喻细微之物。

法既益严，吏多废免。兵革数动，民多买复及五大夫，征发之士益鲜。[1]于是除[2]千夫五大夫为吏，不欲者出马；故吏皆適令伐棘上林，作昆明池。[3]

法律日益严苛，官吏中许多人因犯罪被免职。战争屡次发动，百姓中许多人出钱买到五大夫爵位以免除赋税劳役，结果能征调的士卒越来越少了。于是朝廷强制有千夫、五大夫爵位的人为吏，不愿意干的就得交马；被罢免的官吏都一律到上林苑里伐木除草，修建昆明池。

注释 1 数(shuò)：多次，屡次。 复：即复其身。指解除其身所受赋役负担。 及：达到。 五大夫：汉代二十等爵中的第九等，达此等爵位方可免除赋役。 鲜：少。 2 除：本义为任用，此有强制要求义。 3 適(zhé)：通"谪"，责罚，惩罚。 上林：上林苑，皇帝射猎之苑囿。在今陕西省西安市西南一带。 昆明池：池名。在今西安市西南。

其明年，大将军、骠骑大出击胡，得首虏八九万级，赏赐五十万金，汉军马死者十余万匹，转漕车甲之费不与焉。[1]是时财匮，战士颇不得禄矣。

第二年，大将军卫青、骠骑将军霍去病率军大举出塞打击匈奴，获得匈奴首级和俘虏八九万，赏赐有功将士五十万金，汉朝军队光马匹就死了十多万匹，车转船运战车盔甲的费用还不算在里面。当时国家财政匮乏，参军的将士常常得不到俸禄钱。

有司言三铢钱轻，易奸诈，乃更请诸郡国铸五铢钱，周郭其下，令不可磨取鋊焉。[2]

主管货币的官员说三铢钱较轻，容易被奸商伪造，于是请求让各郡国改铸五铢钱，钱的外沿有一道边，让人不能再磨取铜屑了。

注释 1 大将军:指卫青。 骠骑:骠骑将军,指霍去病。 2 周郭:古钱之轮廓,在钱之周边有突起的外框。郭,物体周围的边或框。 令:使。

大农上盐铁丞孔仅、咸阳言:[1]“山海,天地之藏也,皆宜属少府,陛下不私,以属大农佐赋[2]。愿募民自给费,因官器作煮盐,官与牢盆。[3]浮食奇民欲擅管山海之货,以致富羡,役利细民。[4]其沮事[5]之议,不可胜听。敢私铸铁器煮盐者,钛左趾[6],没入其器物。郡不出铁者,置小铁官,便属在所县。[7]”使孔仅、东郭咸阳乘传举行天下盐铁,作官府,除故盐铁家富者为吏。[8]吏道益杂,不选,而多贾人矣。

大农令呈上主管盐铁的官员孔仅、东郭咸阳的建议说:“山海,是天地赐给我们的宝库,都应该归少府管辖以供皇帝私用,皇上不占为私有,把它交给大农令以补贴赋税收入的不足。我们建议招募百姓自己出钱,借用公家的器具煮盐,由官府提供煮盐的盆。不耕而食的商贾和豪强贵族,企图垄断盐铁资源,以求富有,奴役剥削平民百姓。他们肯定会说出许多阻止官营盐铁的话,多得听都听不过来。我们建议,胆敢私自铸造铁器和煮盐的人,钳住他们的左脚,没收他们的器具物品。各郡不出产铁的,设置小铁官,便于掌管所在的县。”于是武帝派孔仅、东郭咸阳乘着驿车,视察全国的盐铁生产,又设置官府,任用那些过去因经营盐铁生产而致富的人当官。这样官场就更杂了,不经过选举而当官的商人多起来了。

注释 1 大农:即大司农。 上:奏上。 盐铁丞:大司农之属官,主管盐业、冶铁。 2 佐赋:补贴赋税收入。 3 因官器作:用国家的器具。 牢盆:煮盐之大铁盆。 4 浮食:不事耕作而获食之人。指商贾。 奇民:谓奇邪之民。指豪强贵族。 擅管:垄断。 富羡:富饶。 役利:役使取利。 细民:小民,百姓。 5 沮(jǔ)事:破坏已成之事。沮,终止,阻止。 6 釱(dì)左趾:用铁钳束左脚。釱,铁钳,如后世之脚镣。7 小铁官:汉代在不出产铁矿之郡所设官职,主管铸旧铁。 便属在所县:便于管辖所在各县。 8 传(zhuàn):驿车。 举行:全面地巡行视察。举,全部,全面。

商贾以币之变,多积货逐利。于是公卿言:"郡国颇[1]被灾害,贫民无产业者,募徙广饶之地。陛下损膳省用,出禁钱以振元元,宽贷赋,而民不齐出于南亩,商贾滋众。[2]贫者畜积[3]无有,皆仰县官。异时算轺车贾人缗钱皆有差,请算如故。[4]诸贾人末作贳贷卖买,居邑稽诸物,及商以取利者,虽无市籍,各以其物自占,率缗钱二千而一算。[5]诸作[6]有租及铸,率缗钱四千一算。非吏比者三老、北边骑士,轺

商人趁着货币改铸的机会,囤积许多货物追逐暴利。于是公卿建议说:"郡国常常遭受水灾,许多无法生活的贫苦百姓被迁移到了广阔富饶的地方去生活。皇上减少膳食标准,节省费用,拿出内廷的钱用来赈济天下百姓,放宽放贷利率和赋税等级,但是许多百姓并不从事农业生产,经商做买卖的人一天比一天多了。贫穷的人一点儿积蓄也没有,全部仰仗政府供给。过去按轺车纳税,按商人的资金纳税,都有比例等差,建议仍旧实行这种方法。许多属于末作的从事赊贷买卖的人,囤积各种货物待时而卖,以及经商谋取利益的人,即使他们没有在市场上登入商人名册,也要把他们的财产估计上报,一律按缗钱二千征收一算。各种从事手工行业和铸造业的,一律按缗钱四千征收一算。不能与官吏相比的三老、北方边境骑士,一辆轺车征

车以一算；[7]商贾人轺车二算；船五丈以上一算。匿不自占，占不悉[8]，戍边一岁，没入缗钱。有能告者，以其半畀[9]之。贾人有市籍者，及其家属，皆无得籍名田[10]，以便农。敢犯令，没入田僮[11]。"

收一算；经商做买卖的人一辆轺车征收二算；有船五丈以上的征收一算。隐瞒财产不申报或者申报不实的，罚守边一年，没收资产。有能告发的人，拿出被告财产的一半奖给他。在市场登记注册的商人和他的家属，都没有资格购买田产，以保护农民的利益。谁敢违背这条法令，就没收他的田产和奴仆。"

注释 1 颇：多次，频繁。 2 振："赈"的本字，救济。 元元：民众。 齐：都，皆。 南亩：向阳的田地。此泛指田地。 3 畜积：积蓄。畜，积聚。 4 算轺(yáo)车：征收小型轻便之车税。算，本义为计算，此为征收赋税之名称。轺车，小而轻便之车。 缗(mín)钱：成串的铜钱，贯钱。后又成为计算商人资产的单位。缗，贯钱之绳。 5 末作：即末业，工商业。 贳(shì)：赊。 稽：囤积。 市籍：在市内营业之商贾户籍。 各以其物自占：《史记新证》直按：西汉算收缗钱的范围有车马、田宅及奴婢三大类。所谓"各以其物自占"者，谓自报家资总数也。自占，自己估计，自己度量。 率：一概，一律。 一算：一百二十文。 6 诸作：各种手工业。 7 非吏比者：不能与官吏并列之人，即无官职但需照顾之人。 三老：乡里掌教化之乡官。 8 悉：全部。 9 畀(bì)：给予，赏赐。 10 籍名田：登记占有田地。 11 僮：奴仆。

天子乃思卜式之言，召拜式为中郎，爵左庶长，赐田十顷，布告天下，使明知之。[1]

天子又想起了卜式的建议，召来卜式，任命他做中郎，赐爵左庶长，赏赐良田十顷，通告天下，让人们都知道这事。

初，卜式者，河南人也，以田畜为事。[2]亲死，式有少弟，弟壮，式脱身出分[3]，独取畜羊百余，田宅财物尽予弟。式入山牧十余岁，羊致千余头，买田宅。而其弟尽破其业，式辄复分予弟者数矣。[4]是时汉方数使将击匈奴，卜式上书，愿输[5]家之半县官助边。天子使使问式："欲官乎？"式曰："臣少牧，不习仕宦，不愿也。"使问曰："家岂有冤，欲言事[6]乎？"式曰："臣生与人无分争[7]。式邑人贫者贷之，不善者教顺之，所居人皆从式，式何故见冤于人！无所欲言也。[8]"使者曰："苟如此，子何欲而然？"式曰："天子诛匈奴，愚以为贤者宜死节于边，有财者宜输委，如此而

卜式原是河南人，以种田、畜牧为业。父母死时，卜式有一个小弟弟，弟弟成人后，卜式和弟弟分了家，他只留给自己一百多头羊，田地、住宅、财物等全都给了弟弟。卜式进山放牧羊群十多年，羊达到一千多头，并置买了田地、住宅。但是他的弟弟败尽了分得的全部家产，卜式就又数次分给弟弟东西。这时候汉朝正多次派将出击匈奴，卜式给天子上书，希望拿出家产的一半资助国家的边防。天子派使者问卜式："你是想要当官吗？"卜式说："我从小牧羊，没有学过做官，不想当官。"使者又问："你家难道有冤案，想要申诉吗？"卜式说："我活到现在，和人没有纠纷争斗。我乡邑的人，谁贫穷我就借贷给他，不善良的人我就教导他向善，我住在哪里，那里的人都愿听从我的话，我卜式有什么理由被人冤屈呢！我没有什么要申诉的。"使者又问："既然这样，您这样做是为什么呢？"卜式说："天子讨伐匈奴，我认为贤能的人应该在边疆尽忠效死，有钱的人应该捐献钱粮支援国家，都这样做，那么匈奴就可以消灭了。"使者回到朝廷，把卜式的话原原本本地讲给天子听。

匈奴可灭也。[9]”使者具[10]其言入以闻。天子以语丞相弘。弘曰:“此非人情[11]。不轨之臣,不可以为化而乱法,愿陛下勿许。”于是上久不报式,数岁,乃罢[12]式。式归,复田牧。岁余,会军数出,浑邪王等降,县官费众,仓府空。其明年,贫民大徙,皆仰给县官,无以尽赡。卜式持钱二十万予河南守[13],以给徙民。河南上富人助贫人者籍[14],天子见卜式名,识之,曰[14]:“是固前而欲输其家半助边。”乃赐式外繇[15]四百人。式又尽复予县官。是时富豪皆争匿财,唯式尤欲输之助费。天子于是以式终长者,故尊显以风百姓。[16]

天子又把这些话对丞相公孙弘讲了。公孙弘说:“这不合乎人的常情。他是不守本分越轨办事的人,我们不可以因他而乱了正常的法度,希望陛下不要准许他。”于是皇上很久不答复卜式的请求,几年以后,才让他离开京城。卜式回到家乡,继续耕田放牧。一年多后,赶上军队屡次出征,浑邪王等匈奴人来投降,国库耗费太多,粮仓钱库都空了。第二年,受灾的贫民大规模迁移,全仰仗政府供给,政府不能完全满足救济。卜式拿出二十万钱给河南太守,用来补助移民之费。河南太守向朝廷报告富人资助贫民的名册,天子看到卜式的名字,还记得他,说:“这就是从前要捐献他家一半财产资助边防的那个人。”就赏赐卜式相当于四百人的劳役费。卜式又把这些钱全部交给了政府。这个时候,富豪们都争着隐瞒藏匿财产,只有卜式一再要捐献钱财帮助国家。于是天子认为卜式是个忠厚有德的长者,因此尊崇表彰他,以带动百姓效仿。

注释 **1** 卜式:西汉大臣。少时以田畜为业,因捐公助边,武帝赐爵关内侯,官至御史大夫。　中郎:官职名。无定职,侍从皇帝左右的高级郎官。 左庶长:汉二十等爵第十级。 2 河南:郡名。治所在今河南洛阳市东北。 田畜:种田放牧。 3 脱身出分:指分家自过。 4 辄:于是,就。 数(shuò):多次。 5 输:拿出,献出。 6 言事:打官司,告状。 7 分争:争斗,争端。 8 教顺:教导使之和顺。 见冤于人:被人冤枉。 9 死节:为大义而死。 输委:献出财物给国家。 10 具:详细。 11 人情:人之常情。 12 罢:不采纳。 13 守:郡守。 14 籍:簿籍,名册。 15 外繇:《史记集解》引《汉书音义》曰:"外繇谓戍边也。"繇,通"徭"。 16 终长者:始终是为人厚道、有德行的人。 尊显:尊贵显达。 风:教化,诱导。

初,式不愿为郎[1]。上曰:"吾有羊上林中,欲令子牧之。"式乃拜为郎,布衣屩[2]而牧羊。岁余,羊肥息[3]。上过,见其羊,善之。式曰:"非独羊也,治民亦犹是也。以时起居;恶者辄斥去[4],毋令败群。"上以式为奇,拜为缑氏令[5]试之,缑氏便之。迁为成皋令,将漕最。[6]上以为式朴忠,拜为齐王太傅[7]。

而孔仅之使天下铸作器[8],三年中拜为大农,列于九卿。而桑弘羊为

当初,卜式不愿意做郎官。皇上说:"我有羊在上林苑里,想要你去放。"卜式这才上任做郎官,穿着麻布衣服和草鞋放羊。一年多,羊长得又肥壮,繁殖得又多。皇上路过,看见了他放的羊,夸奖他。卜式说:"不单是牧羊,治理百姓也同牧羊一样。让他们按时劳作,按时休息;出现不好的就淘汰,不要让他带坏了一大群。"皇上认为卜式是个奇人,任命他做缑氏县令,结果缑氏县的人都喜欢他。又调他任成皋县令,结果那里的漕运成为全国最好的。皇上认为卜式朴质忠厚,就任命他做齐王的太傅。

孔仅倡导天下铸造铁器,三年内就升为大农令,列于九卿。桑弘羊做了大农丞,主管各种计算统计的事务,

大农丞,管诸会计事,稍稍置均输以通货物矣。[9]

始令吏得入谷补官[10],郎至六百石。

开始设置均输官以使货物流通。

从这时起,已试为吏的可以通过缴谷物而做官,要做郎官的也可以通过缴谷物升到六百石那一级。

注释 1 郎:皇帝侍从官侍郎、中郎、郎中等的统称。 2 屩(juē):草鞋。 3 息:增长。 4 辄:立刻。 斥去:摒弃,淘汰。 5 缑(gōu)氏令:缑氏县县令。缑氏,县名。在今河南偃师市东南。 6 成皋:县名。在今河南荥阳市西北。 将漕:管理水运。 最:成绩最佳。 7 太傅:诸侯王国高级官员,职掌辅导、监督国王。 8 铸作器:铸造铁器。 9 会计:即管理朝廷的财物赋税并按年月进行统计。 稍稍:逐渐。 均输:官名。指均输令、丞。武帝时置,负责统一征收、买卖和运输货物,目的是稳定物价,以免商人操纵市场。 10 入谷补官:缴纳粮食,升迁高官。

自造白金五铢钱后五岁,赦吏民之坐盗铸金钱死者数十万人。[1]其不发觉相杀者[2],不可胜计。赦自出[3]者百余万人。然不能半自出,天下大抵无虑皆铸金钱矣。[4]犯者众,吏不能尽诛取,于是遣博士褚大、徐偃等分曹循行郡国,举兼并之徒守相为利者。[5]而御史

自从造白金和五铢钱以来的五年中,因偷铸金钱而被判为死罪的就有几十万人。那些有罪该杀而未被发现的人,无法计算。由于自首而赦免的罪犯有一百多万人。然而自己出来自首的还不够半数,天下差不多人人都私铸钱币。犯罪的人多,官吏不可能把他们全部逮捕杀头,于是派博士褚大、徐偃等分路到各郡国查办,检举揭发那些兼并他人财产的人以及非法牟利的郡守和诸侯国相。而御史大夫张汤正受宠当权,减宣、

大夫张汤方隆贵用事，减宣、杜周等为中丞，义纵、尹齐、王温舒等用惨急刻深为九卿，而直指夏兰之属始出矣。[6]

杜周等人做御史中丞，义纵、尹齐、王温舒等人因为执法残酷严厉而被升为九卿，于是，像绣衣直指夏兰一类的人开始出现了。

注释 1 五岁：当作“三岁”。自元狩四年冬造白金，至元鼎元年赦天下，前后四年，故只可言“后三岁”。 坐：因……而犯罪。 2 不发觉相杀者：有罪该杀而未被发现的人。 3 自出：自首。 4 不能半自出：自首者不到一半。 大抵无虑：大凡、大致，差不多。二语义同叠用。 5 褚大：汉代博士，胡毋生弟子，治《公羊春秋》。 徐偃：汉代博士，申公弟子，治《鲁诗》。 分曹：分批，分班。 循行：巡视。循，通“巡”。 守相：郡守、诸侯国相。 6 隆贵：显贵。 减宣、杜周：西汉武帝时官员，官至御史中丞，以执法严酷著称。事见《酷吏列传》。 中丞：御史中丞。御史大夫之属官。 义纵、尹齐、王温舒：西汉武帝时官员，官均至九卿，皆为酷吏。事见《酷吏列传》。 直指：绣衣直指之省称。武帝时政府特派官员，衣绣衣，持斧仗节，有权诛杀。亦称直指使者。 夏兰：人名。武帝时酷吏。

而大农颜异诛。初，异为济南亭长[1]，以廉直稍迁至九卿。上与张汤既造白鹿皮币，问异。异曰：“今王侯朝贺以苍璧[2]，直数千，而其皮荐反四十万，本末不相称。”天子不说[3]。张汤又与

大农令颜异被诛杀。当初，颜异任济南亭长，因为廉洁正直，逐渐升到九卿的位置。皇上和张汤制造出白鹿皮币后，询问颜异的看法。颜异说：“现在诸侯王朝见天子献礼用苍璧，价值只不过几千钱，但是璧下面垫着的皮币反而价值四十万，本末倒置，太不相称了。”天子听了不高兴。张汤又和颜异有矛盾，恰好有人

异有郤，及人有告异以它议，事下张汤治异。[4] 异与客语，客语初令下有不便者，异不应，微反唇。[5] 汤奏当异九卿见令不便，不入言而腹诽，论死。[6] 自是之后，有腹诽之法比[7]，而公卿大夫多谄谀取容矣。

因为其他问题告发颜异，案子交给张汤审理。颜异跟客人谈话，客人说开始颁发的某一法令中有些不便利的地方，颜异不回答，稍微动了动嘴唇。张汤便上奏天子说，颜异身为九卿，发现法令有不妥当的地方，不在朝廷上讲，却在心里诽谤，应当判处死罪。从这以后，便有了腹诽这条罪名，于是公卿大夫大都开始对皇上谄媚阿谀，只求自保了。

注释　1 济南亭长：济南郡所属之亭长。济南，郡名。治所在今山东济南市章丘区西北。亭长，西汉时十里设一亭，亭有亭长，掌当地治安、民事。　2 苍璧：深青色的玉。　3 说：通“悦”。　4 郤：通“郤”，嫌隙。　治：审理。　5 初令下：刚下达之法令。　微反唇：嘴唇微动但未言。　6 当：判决，判处。　论：定罪。　7 比：指有判例可比照。

天子既下缗钱令而尊卜式，百姓终莫分财佐县官，于是杨可告缗钱纵矣。[1]

天子颁布了缗钱令并且尊崇卜式以来，百姓还是没有分出财产帮助政府，于是，告发商人隐瞒财产的所谓告缗案就盛行起来了。

郡国多奸铸钱，钱多轻，而公卿请令京师铸钟官赤侧，一当五，赋官用非赤侧不得行。[2] 白金稍贱，民不宝用[3]，县官以令

郡国大都不依法令铸钱，钱的重量大多都很轻，公卿请求下令京都铸造钟官赤侧钱，一文赤侧钱相当于其他铜钱五文，向官署缴纳赋税不允许使用赤侧钱以外的其他钱。白金的实际价值较低，百姓不重视，政府用

禁之，无益。岁余，白金终废不行。

是岁[4]也，张汤死而民不思。

其后二岁，赤侧钱贱，民巧法用之，不便，又废。于是悉禁郡国无铸钱，专令上林三官[5]铸。钱既多，而令天下非三官钱不得行，诸郡国所前铸钱皆废销[6]之，输其铜三官。而民之铸钱益少，计其费不能相当，唯真工大奸乃盗为之。[7]

法令强制干预，也无济于事。一年多时间，白金最终被废止不用了。

这一年，张汤死了，但是老百姓都不思念他。

又过了二年，赤侧钱也贬值了，百姓取巧地使用它，对国家不利，又作废不用了。于是国家全面禁止郡国铸造钱币，专门命令上林苑所属的三官铸造钱币，等三官所铸的钱多起来后，朝廷就颁布命令，在全国范围内不是三官所铸造的钱不能流通，那些郡国先前所铸造的钱币全作废销毁，把那些铜上缴给上林苑的三官。百姓中铸造钱币的更加少了，因为成本高，不合算，只有真正善于铸钱的工匠、大奸商才偷着制造这种钱。

注释　**1** 杨可告缗：西汉武帝打击富商大贾的措施。元狩四年(前119)西汉政论发布“缗钱令”，征收富商大贾的财产税。元鼎三年(前114)又发布“告缗令”，对隐匿不报或报而不实的商贾，没收其财产，并奖励告发。在杨可主持下，“告缗令”得以全面推行。　纵：放纵，放任。**2** 奸铸钱：《史记索隐》：“谓多奸巧，杂以铅锡也。”　钟官：汉代职掌铸钱之官府，始属水衡都尉，后属少府，设有令、丞。　赤侧：以赤铜为钱之外郭，故名赤侧。《史记集解》引《汉书音义》曰：“俗所谓紫绀钱也。”　**3** 宝用：珍重使用。　**4** 是岁：指元鼎二年，即公元前115年。《史记索隐》引乐产云：“诸所废兴，附上罔下，皆自汤，故人不思之也。”　**5** 上林三官：西汉水衡都尉所属钟官、辨铜、技巧(一说为均输、钟官、辨铜)三官署之合称,其均设在上林苑中,故名。 6 销:熔化,销毁。 7 不能相当:不合算,亏本。 真工:技术绝妙之人。 大奸:财势雄厚之豪富。

卜式相齐,而杨可告缗遍天下,中家以上大抵皆遇告。杜周治之,狱少反[1]者。乃分遣御史廷尉正监分曹往,[2]即治郡国缗钱,得民财物以亿计,奴婢以千万数,田大县数百顷,小县百余顷,宅亦如之。于是商贾中家以上大率破,民偷甘食好衣,不事畜藏之产业,而县官有盐铁缗钱之故,用益饶矣。[3]益广关,置左右辅。[4]

卜式任齐相国的时候,杨可主持的"告缗令"颁行于天下,中等财产以上的人家大体上都遭到告发。杜周审理这类案件,案子很少有能翻过来的。这时朝廷又派遣御史廷尉正监分批去各地,就地处理各郡国的告缗案,没收的钱财物资以亿来计,没收的奴婢用千万来计,没收的田产,较大的县有几百顷,较小的县有一百多顷,没收的房子也有这样多。于是经商做买卖的中等以上的人家大都破产了,老百姓都开始得过且过,吃好的穿好的,没有人再从事能够积蓄财富的产业了,而政府因为有盐铁和告缗收入,变得越来越富足了。又把函谷关迁到新安东界以扩大关中地盘,并设置了京都左右辅都尉。

注释 1 反:翻,翻案。 2 御史:汉时亦称侍御史,是由御史大夫下属之御史中丞统领之官员,有员十五人,分别负责监察百官、掌管符玺、治书、弹劾等事宜。 廷尉正监:汉时廷尉下属有廷尉正和廷尉左、右监,为廷尉之副职和助理。 3 大率:大都。 偷:苟且。 4 益广关:更加扩大中央在关中的直属领地。元鼎三年(前114),将函谷关(在河南灵宝市东北)向东迁移三百里,至今河南新安县东。 置左右辅:新设置了左冯翊、右扶风两个行政区划，此二辅和原来之京兆尹合称为三辅，共分关中地并起辅卫京师之作用。

初，大农管盐铁官布多，置水衡，欲以主盐铁；[1]及杨可告缗钱，上林财物众，乃令水衡主上林。上林既充满，益广。是时越欲与汉用船战逐，乃大修昆明池，列观环之。[2]治楼船，高十余丈，旗帜加其上，甚壮。于是天子感之，乃作柏梁台[3]，高数十丈。宫室之修，由此日丽。

起初，大农令主管的盐铁官分布太广，数量太多，就设置水衡都尉，让它主管盐铁事务；等到杨可主持的"告缗令"在全国推行后，上林的钱财物品就多了，于是下令水衡都尉主管上林。上林装满后，又想要扩充它的规模。这时候南越要与汉朝进行水战，于是大修昆明池，在池四周广建亭台楼观。又修造楼船，高十多丈，各种旗帜插在船上，十分壮观。于是天子受到感动，就建造柏梁台，高几十丈。宫殿的修建，从这时候开始愈来愈豪华富丽。

注释 1 布:《史记索隐》:"布谓泉布。"《史记新证》直按:武帝时有钱之称，无布之称，旧注皆非也，盖谓大农所管盐铁官分布甚多。 水衡:即水衡都尉。管理上林苑及皇室财政收入，后兼掌国家铸钱。 2 战逐:战斗驰逐。 昆明池:在今西安市西南。 观:楼台一类的建筑。 3 柏梁台:汉武帝时所建台名。一说因以香柏为之，故名；一说因以百头梁为台，故名。

乃分缗钱诸官，而水衡、少府、大农、太仆

于是又把缗钱分给各个官署，因而水衡、少府、大农、太仆都分别设置农各置农官，往往即郡县比没入田田之。[1]其没入奴婢，分诸苑养狗马禽兽，及与诸官。诸官益杂置多，徒奴婢众，而下河漕度四百万石，及官自籴乃足。[2]

官，常常让就近的郡县组织人到刚没收来的田地上去耕种。所没收来的奴婢，分派到皇家各苑囿中去养狗马、飞禽走兽，或分给各官署使用。设置的官署越来越杂，也越来越多，官奴苦役众多，经由黄河水运来的粮食每年达四百万石，但还需要各官署自己去采购粮食才够用。

所忠[3]言："世家子弟富人或斗鸡走狗马，弋猎博戏，乱齐民。[4]"乃征诸犯令，相引数千人，命曰"株送徒"。[5]入财者得补郎，郎选[6]衰矣。

所忠向皇帝建议说："一些贵族子弟和有钱人，有的斗鸡走狗跑马游玩，有的打猎赌博戏耍，败坏民风。"于是皇帝下令逮捕这类人，他们互相牵连供出的总共有几千人，称他们为"株送徒"。捐献钱财的人可以补做郎官，于是郎官选拔制度开始走向没落。

注释　**1** 太仆：官职名。九卿之一，管理皇家车马及官府畜牧业。　往往：常常。　即：就近。　比：刚刚。　**2** 杂置：设置了各种名目的官员。　徒奴婢：没入官府之奴婢有如囚徒，故云。　下河：指潼关以东的黄河。　度(duó)：估计。　籴(dí)：买粮。　**3** 所忠：人名。武帝近臣。　**4** 世家：世代为官之家。　走狗马：赛狗赛马。　弋(yì)：射猎。　博戏：赌博。　齐民：平民。　**5** 征：拘捕。　引：牵连，告发。　株送徒：即株连犯。　**6** 郎选：选拔郎官之制度。

是时山东被河灾[1]，及岁不登数年，人或相食，方一二千里。天子

这时候崤山以东遭受黄河水害，连年没有收成，有些地方甚至人吃人，灾区方圆一二千里。天子很怜悯他们，

怜之，诏曰："江南火耕水耨，令饥民得流就食江淮间，欲留，留处。[2]"遣使冠盖相属[3]于道，护之，下巴蜀粟以振之。

下令说："江南一带火烧野草种田，水灌田地耕作，让挨饿的百姓迁移到江淮一带就地取食谋生，想留在那里的人，就留在那里加以安置。"朝廷派遣一批又一批官员沿途管理贫民迁移，并运来巴蜀的粮食用来赈济灾民。

注释 1 被河灾：因黄河发水而受灾。 2 流：指流散。 欲留：想留在江淮的。 留处：留下来安置。 3 相属：络绎不绝。

其明年[1]，天子始巡郡国。东度河，河东守不意行至，不辨，自杀。[2]行西逾陇，陇西守以行往卒，天子从官不得食，陇西守自杀。[3]于是上北出萧关，从数万骑，猎新秦中，以勒边兵而归。[4]新秦中或千里无亭徼，于是诛北地太守以下，而令民得畜牧边县，官假马母，三岁而归，及息什一。以除告缗，用充仞新秦中。[5]

第二年，皇上开始巡视各郡国。东行渡过黄河，河东太守没有预料到天子会来到，没有办好接待事务，自杀了。皇上又向西越过陇山，陇西太守因为天子到来得突然，随从官员吃不上饭，也自杀了。于是皇上北出萧关，跟随着几万骑兵，在新秦中打猎，部署了边防军队以后回京。新秦中有的地方千里之内没有亭哨关卡，于是皇上杀了北地太守以下官吏，并且下令百姓可以在边境地区各县养畜放牧，公家借给母马，三年以后归还，等到繁衍生息十匹时上缴一匹。为鼓励人们到新秦中去，皇上下令在那里不实行"告缗令"。

既得宝鼎，立后土、

获得宝鼎以后，在汾水建立后土祠、太一祠，公卿商议封禅的事，因而太一祠，公卿议封禅事，而天下郡国皆豫治道桥，缮故宫，及当驰道县，县治官储，设供具，而望以待幸。[6]

天下各郡国都预先修道建桥，维修旧有的宫殿，尤其是那些天子要路过的县，都加紧准备行宫陈设，置办供天子使用的器具，盼望着天子的驾临。

注释 1 其明年：指元鼎四年（前113）。 2 度：通“渡”。 河东：郡名，治所在今山西夏县西北。 意：想到，料到。 不辨：未做好迎接工作。辨，通“办”，治理，办理。 3 陇：陇山。绵延于今陕西、甘肃二省交界地带。 陇西：郡名。治所在今甘肃临洮。 卒(cù)：同“猝”，突然。 4 萧关：关隘名。在今宁夏固原市东南。 勒：统率，部署。 5 亭徼(jiào)：边塞上的防御工事。 北地：郡名。治所在今甘肃庆阳市西北。 息：生息。 充仞：充实。仞，通“牣”，满。 6 得宝鼎：指元鼎四年（前113）六月，在山西汾阴得宝鼎。 后土：指后土祠，祭地神。 太一：即泰一。泰一祠，祭北极神，或云天神。秦畤建在甘泉山。 豫：预先。 当驰道县：驰道所经过的各县。驰道，专供帝王通行之道。 官储：此处指准备行宫陈设。 供具：供帐用具。 幸：指皇帝经过或居住。

其明年，南越反，西羌侵边为桀。[1]于是天子为山东不赡，赦天下，因南方楼船卒二十余万人击南越，数万人发三河以西骑击西羌，又数万人度河筑令居。[2]初置张掖、酒泉郡，而上郡、朔方、

第二年，南越反叛，西羌侵犯边境逞暴，崤山以东闹灾荒收成也不好，于是大赦天下，凭借南方楼船军队二十多万人打击南越，发动几万人从三河向西用骑兵打击西羌，又派几万人渡过黄河修建令居城。开始设置张掖郡、酒泉郡，而在上郡、朔方郡、西河郡、河西地区设立田官，在边境负责侦察警戒的斥塞卒六十万人，

西河、河西开田官，斥塞卒六十万人戍田之。[3]中国[4]缮道馈粮，远者三千，近者千余里，皆仰给大农。边兵不足，乃发武库工官兵器以赡之。[5]车骑马乏绝，县官钱少，买马难得，乃着令，令封君以下至三百石以上吏，以差出牝马天下亭，亭有畜牸马，岁课息。[6]

在那里一边驻守，一边种田。中原地区修筑道路运输军需粮饷，远的三千里，近的一千多里，开销都由大农令供给。边境武器不够用，就拿出国家武库及外郡工官打造的兵器来满足需要。战车骑兵用马缺乏，国家钱少，买马很难办到，于是制定法令，规定从封君以下至三百石以上的官吏，按等级向天下乡亭缴纳母马，乡亭都有畜养的母马，每年要向国家缴马驹作为赋税。

注释 **1** 其明年：指元鼎五年(前112)。 西羌：当时活动于今青海、甘肃一带的部族。 桀(jié)：凶暴，肆虐。 **2** 因：凭借。 三河：即河内、河南、河东三郡。 令(lián)居：城名。在今甘肃永登县西。 **3** 张掖：郡名。治所在今甘肃张掖市西北。 酒泉：郡名。治所在今甘肃酒泉市。 上郡：郡名。治所在今陕西榆林市东南。 朔方：郡名。治所在今内蒙古自治区杭锦旗北。 西河：郡名。治所在今内蒙古自治区准格尔旗西南。 河西：地区名。泛指今甘肃、青海两省黄河以西地区。 开田官：在以上四地区临时设置的开垦田地之官。 斥塞卒：开拓边塞之士卒。 **4** 中国：中原。 **5** 边兵：边塞武器。 武库：储藏兵器的仓库，长官为武库令。 工官：掌管制造武器，设在外郡，输于京师。 **6** 车骑马：供战车和骑兵所用之马匹。 着令：制定法令。 以差：按照等级。 畜牸(zì)马：畜养母马。牸，雌畜。 岁课息：每年以马驹作为征收的利息。课，按规定缴纳赋税。

齐相卜式上书曰："臣闻主忧臣辱。南越反，臣愿父子与齐习船者[1]往死之。"天子下诏曰："卜式虽躬耕牧，不以为利，有余辄助县官之用。今天下不幸有急，而式奋愿父子死之，虽未战，可谓义形于内。[2]赐爵关内侯[3]，金六十斤，田十顷。"布告天下，天下莫应。列侯以百数，皆莫求从军击羌、越。至酎，少府省金，而列侯坐酎金失侯者百余人。[4]乃拜式为御史大夫。

齐相国卜式给天子上书说："我听说主上有忧虑就是臣子的耻辱。南越反叛，我愿意和我儿子以及齐地熟习驾船的人一起去与南越决一死战。"皇上下诏令说："卜式早先亲自种田放牧，不以此谋私利，有剩余就捐助给国家使用。现在天下不幸有了急难，而卜式父子自愿去与敌决一死战，他们虽然没有参战，但他们内心的忠义已经表现出来了。赏赐给他关内侯的爵位，黄金六十斤，良田十顷。"通告全国，全国人没有谁响应。全国的列侯有几百人，没有谁要求参军出击西羌、南越的。等到八月诸侯朝见献酎金时，少府检查诸侯进贡的金子成色，因为进贡的酎金分量不足，失去侯爵的有一百多人。于是皇上任命卜式做御史大夫。

式既在位，见郡国多不便县官作盐铁，铁器苦恶，贾贵，或强令民卖买之。[5]而船有算，商者少，物贵，乃因孔仅言船算事。上由是不悦卜式。

卜式上任后，发现郡国多数人认为政府制作盐铁不便利，百姓深受铁器质量不好的苦，卖的价格又贵，有的还强行命令百姓购买。因为船有算赋，商人用船运货就少了，致使物价昂贵，于是卜式就通过孔仅向皇上反映船只征收算赋的问题。皇上因此而不怎么喜欢卜式了。

注释 1 习船者：善于掌船者。 2 奋愿：奋不顾身，自觉自愿。 义形于内：大义从内心显现出来。 3 关内侯：汉二十等爵的第十九级，仅次于列侯。列侯有封邑，而关内侯一般没有。 4 至酎(zhòu)：指到八月祭宗庙时。酎，醇酒。汉律，每年八月，天子以酎酒祭宗庙，诸侯王、列侯须按规定献金助祭，名“酎金”。 省(xǐng)：查看，检查。 5 苦(gǔ)恶：粗制滥造，不坚固。苦，粗劣。 贾(jià)：同“价”，价格。 卖买：此指购买。

汉连兵三岁[1]，诛羌，灭南越。番禺以西至蜀南者置初郡十七，且以其故俗治，毋赋税。[2]南阳、汉中以往郡，各以地比给初郡吏卒奉食币物，传车马被具。[3]而初郡时时小反，杀吏，汉发南方吏卒往诛之，间岁[4]万余人，费皆仰给大农。大农以均输调盐铁助赋，故能赡之。[5]然兵所过县，为以訾给毋乏而已，不敢言擅赋法矣。[6]

汉朝连续出兵三年，打败了西羌，灭亡了南越，从番禺以西到蜀地南方一带设置新郡十七处，并且根据那里原来的风俗加以治理，不征收赋税。南阳、汉中以南各郡，各自根据地理位置，就近供给新郡的官吏士卒俸禄、粮食、货币、物资，以及驿传所用的车马器具等。但新郡时常有小规模的叛乱，政府官吏经常被杀害，汉朝发动南方的吏卒去镇压叛乱，隔一年就得去一万多人，费用开支全靠大司农提供。大司农根据均输法调整盐铁收入补贴税收，因此能够供应这笔费用。然而军队所经过的各县，只能根据需要勉强保证不缺少罢了，再也不敢巧立名目搜刮百姓了。

注释 1 三岁：指自元鼎五年至元封元年(前112—前110)。 2 番(pān)禺：古地名。在今广州市。 初郡十七：新郡十七处。《史记集解》引晋灼曰：“元鼎六年，定越地，以为南海、苍梧、郁林、合浦、交趾、九真、日南、珠崖、儋耳郡;定西南夷,以为武都、牂柯、越嶲、沈犁、汶山郡;及《地理志》《西南夷传》所置犍为、零陵、益州郡,凡十七也。” 3 汉中:郡名。治所在今陕西安康市西北。 以往:指此地以南。 各以地比给初郡:各按其地比较接近的供给初设之郡。比,挨着,靠近。 传(zhuàn)车马被具:驿站所用的车、马、幔饰等器具。传,驿站。被,车幔、车盖等。 4 间岁:相隔一年。 5 均输:统一征收、买卖、运输货物。 调:调剂。 6 訾给:供给。訾,通“资”。 擅赋法:《史记集解》引徐广曰:“‘擅’一作‘经’。经,常也。惟取用足耳,不暇顾经常法则也。”

其明年,元封元年,卜式贬秩为太子太傅。[1]而桑弘羊为治粟都尉[2],领大农,尽代仅管天下盐铁。弘羊以诸官各自市,相与争,物故腾跃,而天下赋输或不偿其僦费,乃请置大农部丞数十人,分部主郡国,各往往县置均输盐铁官,令远方各以其物贵时商贾所转贩者为赋,而相灌输。[3]置平准于京师,都受天下委输。[4]召工官治车诸器,皆仰给大农。大农之诸官尽笼[5]天下之货物,贵即卖之,贱则买之。如此,富商

第二年,即元封元年,卜式被贬为太子太傅。而桑弘羊担任治粟都尉,主管大司农的事务,取代孔仅管理全国盐铁。因为诸多官府各自买卖,互相争利,物价因此飞涨不定,而各地送缴的赋税物资有的还不够用来补偿运输的费用,桑弘羊于是奏请设置大司农部丞几十人,分别主管各郡国的大司农事务。大多数县又都设置了均输官、盐铁官。让偏远地方把它们那里出产的在别处价格高而易被商人转贩的货物充当赋税运往京城,由政府再调配转运各地。并在京城设置平准令,统一管理全国各地输送来的物资。召集工官制造车子和各种器具,费用都由大司农提供。大司农所属的各官署掌握着

大贾无所牟大利，则反本，而万物不得腾踊。[6]故抑天下物，名曰“平准”。天子以为然，许之。于是天子北至朔方，东到太山，巡海上，並北边以归。[7]所过赏赐，用帛百余万匹，钱金以巨万计，皆取足大农。

国家全部的货物，货物在市场上价格贵了，国家就卖出；价格贱了，国家就买入。这样，富商大贾没有牟取暴利的机会了，就回去务农，而所有物价便不会忽高忽低了。这样就可以稳定全国物价，所以称这种做法为“平准”。天子认为这样有道理，允许实行“平准法”。于是天子北到朔方，东到泰山，巡行海上，沿着北方边境走了一趟后回京。一路上的赏赐，用去帛一百多万匹，钱币、黄金用亿来计算，全部由大司农提供。

注释 1 元封元年：即公元前110年。元封为汉武帝第六个年号。 贬秩：降职。秩，官吏的品级第次。 太子太傅：皇太子辅臣，负责辅导、翼护太子。 2 治粟都尉：又名搜粟都尉，官名。管理全国租税及盐铁事务。 3 市：经商，买卖。 腾跃：物价上涨。 赋输：赋税收入。 僦(jiù)费：运费。《史记索隐》引服虔云：“雇载云僦，言所输物不足偿其雇载之费也。” 大农部丞：大司农之属官。 分部主郡国：划分区域主管各郡国之赋税。 灌输：调配流通，运输。 4 平准：即平准令，掌管全国物资调拨，平抑物价。 委输：输送积聚的货物，转运。 5 笼：收罗，垄断。 6 牟：求取。 反本：返回搞农业。 7 太山：即泰山。 並(bàng)：通“傍”，沿着。

弘羊又请令吏得入粟补官，及罪人赎罪。令民能入粟甘泉各有差，以复终身，不告缗。[1]他郡

桑弘羊又奏请让官吏可以通过捐献粮食补官，犯罪的人缴纳粮食可以赎罪。让百姓能缴纳粮食到甘泉宫仓库的，按照各种等级差别，可以免除终身赋税徭役，不在告缗的范围

各输急处，而诸农各致粟，山东漕益岁六百万石。[2]一岁之中，太仓[3]、甘泉仓满。边余谷诸物均输帛五百万匹[4]。民不益赋而天下用饶。于是弘羊赐爵左庶长，黄金再百斤焉。[5]

内。其他郡各自运粮到急需的地方，而各农业部门也各自送来粮食，崤山以东漕运数额增加到每年六百万石。一年当中，太仓、甘泉宫的粮仓就装满了。边境有了多余的粮谷和物资，按均输折算合帛五百万匹。老百姓不增加赋税，天下的用度就宽裕起来了。于是皇帝赏赐给桑弘羊左庶长的爵位，赏给他黄金二百斤。

是岁小旱，上令官求雨。卜式言曰："县官当食租衣税而已，今弘羊令吏坐市列肆[6]，贩物求利。亨[7]弘羊，天乃雨。"

这一年有小旱，皇上命令官员求雨。卜式建议说："国家官吏应当是靠租税维持吃穿用度，现在桑弘羊让做官的人坐在市场中，买卖货物，谋求利润。烹了桑弘羊，天就会下雨。"

注释　1 甘泉：此指甘泉仓，国家粮仓。　复：免除赋税。　2 急处：急需之处。《史记索隐》："谓他郡能入粟，输所在急要之处也。"　诸农：指诸农官。　益岁：每年增加。　3 太仓：国家粮仓。　4 边余谷诸物均输帛五百万匹：边余谷及诸物，由均输法折合约为帛五百万匹。　5 左庶长：汉二十等爵之第十级。　再：二。　6 坐市列肆：坐于街市做买卖。肆，店铺。　7 亨(pēng)："烹"之本字。

太史公曰：农工商交易之路通，而龟贝金钱刀布之币兴焉。[1]所从来久远，自高辛氏之

太史公说：农、工、商业之间互相贸易，龟、贝、金、钱、刀、布各种货币也就产生了。这种情况由来已久了，自高辛氏以前年代太远，没有办法得

前尚矣，靡得而记云。[2]故《书》道唐虞之际，《诗》述殷周之世，安宁则长庠序，先本绌末，以礼义防于利；[3]事变多故而亦反是[4]。是以物盛则衰，时极而转，一质一文，终始之变也。[5]《禹贡》九州，各因其土地所宜，人民所多少而纳职焉。[6]汤武承弊易变，使民不倦，各兢兢所以为治，而稍陵迟衰微。[7]齐桓公用管仲之谋，通轻重之权，徼山海之业，以朝诸侯，用区区之齐显成霸名。[8]魏用李克，尽地力，为强君。[9]自是之后，天下争于战国，贵诈力[10]而贱仁义，先富有而后推让。故庶人之富者或累巨万，而贫者或不厌[11]糟糠；有国强者或并群小以臣诸侯，而弱国或绝祀[12]而灭世。以至于秦，卒并海内。虞夏之币，金为三

到资料加以记述。所以《尚书》记载唐尧、虞舜的时代，《诗》叙述殷商、周代的社会情况，若世道安定太平就会兴办教育，用礼义来约束人们争利；若世道不太平，情况也就与此相反了。所以物盛则衰，物极必反，有时重质朴，有时重文采，这都是循环变化的。《禹贡》记载的九州，都是按当地的出产和人民收入缴纳贡赋。商汤和周武王承接末世的衰败局面进行变革，致使百姓不疲敝倦乏，小心谨慎地把天下治理得很好，但之后还是慢慢地衰败了。齐桓公采纳管仲的谋略，通过对物价贵贱的控制，开发山海物产资源，使得诸侯前来朝拜，凭着小小的齐国，成就了霸业。魏国任用李悝，充分开发土地资源，使魏文侯成为一代英主。从这以后，天下处于战国时代，互相争斗，尊崇欺诈和武力而轻视仁义道德，推崇占有财富而贬黜讲究辞让。所以平民百姓中富有的人有的累积上亿，而贫穷的人有的连糟糠都吃不饱；强大的诸侯国兼并那些小的诸侯，使他们称臣服从，而弱小的诸侯国有的断绝了祖宗的祭祀，国家也灭亡了。这样

品，或黄，或白，或赤；或钱，或布，或刀，或龟贝。及至秦，中一国之币为二等，黄金以溢名，为上币；[13]铜钱识[14]曰半两，重如其文，为下币。而珠、玉、龟、贝、银、锡之属为器饰宝藏[15]，不为币。然各随时而轻重[16]无常。于是外攘夷狄，内兴功业，海内之士力耕不足粮饷，女子纺绩不足衣服。[17]古者尝竭天下之资财以奉其上，犹自以为不足也。无异故云，事势之流，相激使然，曷足怪焉。[18]

一直到秦代，终于统一了天下。虞舜和夏朝时的货币，金属类分为三等，有黄金、白银、红铜；此外还有钱、布币、刀币、龟甲、贝壳。到了秦代，把全国的货币统一为两种，黄金用镒作单位，是一等货币；铜钱上的文字标记是“半两”，实际重量和所示的分量相同，是二等货币。珠、玉、龟、贝、银、锡一类的东西，作为装饰物和收藏品，不作为货币使用。尽管这样，各种货币的价值都是随着时代变化的。于是国外征伐夷狄，国内开展各种建设，天下的男人努力耕作却不能提供足够的粮饷，天下的女人纺线织布却不能提供足够的衣服。古时候曾有倾尽全天下的物资钱财供奉皇上还不够的事。这没有别的缘故，就是由于事物的发展变化和时代的风气促成的，有什么好奇怪的呢！

注释　1 龟贝：即龟甲、贝壳，古代曾用作货币。　金：此指黄金、白银、铜，后均铸成一定的形状，作为货币流通。　钱：此指铜铸环钱，秦国最早使用。　刀：指刀币，最早流行于齐国，铜铸，因形似刀，故名。　布：即泉布，古以布为币，所谓“抱布贸丝”。后来“布”又指仿照农具“镈”的形状铸造的一种金属货币，因“镈”形似铲，又名铲币，主要流通于春秋时之周王室及晋。　2 高辛氏：指帝喾。　尚：久远。　靡：无，没有。
3 长(zhǎng)：尊敬，尊重。　庠(xiáng)序：古代地方学校名。殷曰庠，周曰序。 先本绌末:看重农业而排斥工商业。本,指农业。绌,通“黜”,排斥。末,工商业。 4 反是:与此相反。 5 转:转化。 质:质朴。 文:文采。6《禹贡》:《尚书》中之篇名,中国最早的历史地理著作。因相传禹别九州,定其贡物,故称。 所:助词,之,的。 纳职:纳贡。职,贡献,贡物。
7 汤武:商汤、周武王。 兢兢:小心谨慎,勤勉的样子。 陵迟:衰颓。
8 通轻重之权:随着形势的变化实行管仲的轻重之法。轻重,出自《管子·轻重篇》,后成为管子的一种经济理论,即根据时代的发展变化调节商品、货币流通和控制物价。权,权变,视权宜而变化。 徼:通“邀”,求取,开发。 9 李克:应为李悝(kuī),战国时魏文侯相,在魏实行改革。 尽地力:尽量挖掘土地之潜力。 10 诈力:欺诈与武力。 11 厌:通“餍”,饱。 12 绝祀:断绝祭祀活动,即灭亡。 13 中一:折中统一。 溢:通“镒”,二十两为一镒。 14 识(zhì):标记,指钱币上之文字。
15 宝藏(zàng):宝物,财宝。 16 轻重:此指贵贱。 17 士:此指男子。 纺绩:纺织。绩,缉麻搓绳。 18 无异故:没有别的原因。 事势之流:事物之趋向。 相激:相互冲击,相互作用。此指事物发展之趋势与人为政策相互作用。